社会政策丛书
SOCIAL POLICY SERIES

以医促养服务体系构建

——基于西南中部农村千名老人调查的探索

CONSTRUCTING THE SYSTEM
FOR THE ELDERLY SERVICE
WITH HEALTH CARE SUPPORT

王彦斌　盛莉波　袁青欢　著

社会科学文献出版社
SOCIAL SCIENCES ACADEMIC PRESS (CHINA)

目　录

绪 论

习近平总书记在党的十九大报告中强调，要“积极应对人口老龄化，构建养老、孝老、敬老政策体系和社会环境，推进医养结合，加快老龄事业和产业发展”①。关注老年人的健康是中国社会主义改革及其优越性的重要体现，更是近年来中国政府“健康中国”战略推进的重要体现。国家为此提出了“医养结合”的相关政策，各地政府也对之进行了相关的探索和实践。然而从近几年的实践探索看，许多地方的探索，更多偏向于产业化的机构式医养结合实践，对于当地大多数老年人的医养困境基本没有起到解困作用，尤其是在欠发达地区的农村。中国欠发达地区农村的现状，决定了机构式医养结合是不实际的。2019 年 12 月，国家颁布把健康领域作为公益性事业对待的《中华人民共和国基本医疗卫生与健康促进法》，为“健康中国”的战略提供了制度化保障。作为一项应该惠及广大人民群众的公共政策，医养结合服务在欠发达地区实施必须要考虑目标及实施效益的最大化，为此必须探讨一种面对现实的分层次的医养资源结合服务体系，而非简单的机构式医养结合，通过一种分层次的医养资源结合体系构建及其制度化，使之既能够切合中国欠发达地区农村当前现状，又能够解决诸多老年人面临的健康养老实际问题，让农村的大多数老年

① 习近平：《决胜全面建成小康社会　夺取新时代中国特色社会主义伟大胜利——在中国共产党第十九次全国代表大会上的报告》，新华网，2017 年 10 月 27 日，http://www.xinhuanet.com//politics/19cpcnc/2017 - 10/27/c_1121867529.htm，最后访问日期：2022 年 4 月 16 日。

人都能享受国家富强带来的政策福利。

一 研究背景与价值

进入21世纪，中国正式进入老龄化社会。2000年实施的第五次全国人口普查数据表明，当年60岁以上人口为1.3亿人，占总人口的10.20%；65岁以上人口为8811万人，占总人口的6.96%，[①] 按国际标准衡量，中国社会已属于典型的老年型社会。由于近几十年实施的计划生育政策和中国社会经济发展的特点，中国的老龄化社会飞速发展，加上未富先老的特点，在许多人始料未及的情况下，老龄化已成为所有中国人必须直面的社会问题。近些年来，中国老年人的绝对数和相对数都在持续增加，截至2020年10月，全国"60岁及以上人口为264018766人，占18.70%，其中65岁及以上人口为190635280人，占13.50%"[②]。第七次全国人口普查数据显示，中国老龄化程度城乡差异明显。乡村60岁、65岁及以上老人的比重分别为23.81%、17.72%，比城镇分别高出7.99个、6.61个百分点。[③] 更为严重的是，近年来在中国的农村，由于国家工业化和城镇化政策的强力驱动，大量的农村中青年人通过社会流动的方式离开农村，老年人的问题开始凸显，"留守老人"甚至"空巢老人"在农村普遍存在，农村养老问题开始从隐性走向显性，成为一种具有广泛性并且亟待解决的社会问题。

中国社会的农村老年人比城镇老年人人口比例更高已成为不

---

① 国家统计局：《第五次全国人口普查公报（第1号）》，国家统计局，2001年5月15日，http://www.stats.gov.cn/tjsj/tjgb/rkpcgb/qgrkpcgb/200203/t20020331_30314.html，最后访问日期：2022年4月16日。

② 国务院新闻办公室：《国务院新闻办就第七次全国人口普查主要数据结果举行发布会》，中国政府网，2021年5月11日，http://www.gov.cn/xinwen/2021-05/11/content_5605842.htm。

③ 国务院新闻办公室：《国务院新闻办就第七次全国人口普查主要数据结果举行发布会》，中国政府网，2021年5月11日，http://www.gov.cn/xinwen/2021-05/11/content_5605842.htm。

争的事实，他们面临的问题也比城镇老年人更多。就个体而言，除经济窘迫外，大多数人因为农业劳动的艰辛往往在老年后病痛较多，半失能或失能疾病常见并且就医困难。从制度保障来讲，与庞大的农村老年人口数量和老龄化的快速发展相对应的是，农村养老服务体系和社会保障体系落后。这就使得农村地区对老年人养老、医疗、疾病预防、康复、保健的服务需求更为迫切，而欠发达地区农村老年人"医养"供需矛盾尤为严重。本书在西南中部地区调查的结果也进一步证实，农村老年人患有慢性病、半失能或失能疾病，生活难以自理的人口比重较大，而且这些地区的医疗条件较差，就医困难重重，使得这些地区的农村老年人的生命质量较为低下。为此，研究欠发达地区农村老年人需求特点及其医养供给状况，如何在现有条件下实施医养结合的相关政策，使广大欠发达地区农村老年人的生命质量能够得到提升，得到良好的健康老龄化的制度保障，对政策制定者和相关学者来说都是一种时代的使命。

"医养结合"是近年来健康老龄化背景下中国政府顺应中国社会的老龄化现状提出的对策。作为一项综合性的公共政策，其有发展相关产业的政策属性，但更应该是一项具有福利性质的事业政策。2011 年 9 月，国务院印发了《中国老龄事业发展"十二五"规划》，提出加强养护、医护型的机构养老服务的建议，开始重视老龄服务的医养结合模式。2013 年，国务院在《关于加快发展养老服务业的若干意见》中开始提出医养结合的相关思路。2015 年 3 月，十三届全国人大二次会议上，"健康中国"概念第一次进入政府工作报告。同年 10 月，十八届五中全会首次提出推进健康中国建设，"健康中国"上升为国家战略。在此基础上，中央政府各相关部门以满足老年人多元化需求、全面提升老年人生活质量为目标，出台了一系列政策措施。国务院办公厅转发了由国家九个政府部门联合发布的《关于推进医疗卫生与养老服务相结合的指导意见》，正式提出"医养结合"政策。这是近些年国家为适应中国人口老龄化提出的一种应对方略，其重点在于解决老年人在养老过程中因年老体衰出现的医疗支持困难的现实问题。九部门推进医养结合养老发展的指导意见，进一步拓宽了医疗与养老结合的范围和层级，使得医养结合不仅限于机构的结合，而且有了基于为老年人提供多渠道、多方式公共健康服务结合可能性的制度空间。

2016 年底，在国务院办公厅《关于全面放开养老服务市场提升养老服务质量的若干意见》中关于医养结合的相关表述是，建立医养结合绿色通道，涉及支持养老机构开办医疗卫生机构并可以纳入医保定点范围、推进养老机构与医疗机构之间的医养对接；同时为解决养老机构医疗技术人员的不足，允许执业医师有条件地到养老机构设置的医疗机构执业等。[①] 从这份文件可以看出，其对关于医养结合政策实施的实践操作有了很多具体指导性意见，但机构结合仍是医养结合的核心内涵。

笔者考察近些年国家医养结合政策出台后各地的基本执行情况得知，大多数地方政府和社会各界，尤其是企业界都把重点放在医养结合的机构结合上，大多数研究者也主要考虑的是养老机构与医疗机构之间的结合。然而，对于中国的广大农村，尤其是欠发达地区的农村而言，这样的政策执行结果很难惠及广大农村老年人。

经过对地方实践的总结，2019 年国务院又进一步提出了关于养老服务工作更具体的、有针对性的相关政策。对于农村医养结合的发展，《关于推进养老服务发展的意见》可以说是一个划时代的文件。这个文件提出了与农村医养结合有关的具体政策："促进农村、社区的医养结合，推进基层医疗卫生机构和医务人员与老年人家庭建立签约服务关系，建立村医参与健康养老服务激励机制。有条件的地区可支持家庭医生出诊为老年人服务。鼓励医护

---

① 国务院办公厅：《关于全面放开养老服务市场提升养老服务质量的若干意见》（国办发〔2016〕91 号），中国政府网，http://www.gov.cn/zhengce/content/2016-12/23/content_5151747.htm。

人员到医养结合机构执业，并在职称评定等方面享受同等待遇。”① 在这份文件中，还对政府机关的具体责任部门做了工作安排。2019 年 9 月 11 日的国务院常务会议进一步确定了深入推进医养结合发展的措施，包括简化审批手续、鼓励社会力量参与、养老护理人才培养、各种相关优惠政策和发展医养保险等。② 虽然未直接针对农村，其更多体现的是鼓励社会资源在医养结合领域进入的政策调整及其衔接，但是从中也能找到有助于当前农村老年人改善健康水平的依据。实际上，在欠发达地区的农村，社会资源不仅指资金、技术等，这些资源的进入确实能够有效地改善欠发达地区农村老年人的健康生活状况，但是也存在“远水解不了近渴”的现实问题。为此，还应该对各种具有地方性特点的社会与文化资源给予发掘，使之成为当前欠发达地区农村老年人改善健康生活条件的现实支撑资源。

从中央政府发布的系列相关文件中可以看出，关于农村的医养结合政策越来越“接地气”了。中国欠发达地区农村的各种基础设施的建设情况较差，涉及老年人养老和健康保障的相关制度与实际支持条件更是不足，但这些老年人应该享受中国社会主义改革带来的成果，得到应有的健康养老保障支持。如果只是在这些地方发展机构式医养结合，其实辐射面是很有限的，能够惠及的人屈指可数，这就违背了中央提出的“健康中国”战略宗旨。《关于推进养老服务发展的意见》中提到的基层医疗机构和医务人员与老年人签约服务、村医参与健康养老服务激励机制，以及村医外出为老年人出诊等，为广开医养结合改革做了最好的制度扩容保障，铺平了在欠发达地区农村实施切实可行的医养结合政策

① 国务院办公厅：《关于推进养老服务发展的意见》（国办发〔2019〕5 号），中国政府网，2019 年 4 月 16 日，http://www.gov.cn/zhengce/content/2019-04/16/content_5383270.htm。

② 《9 月 11 日的国务院常务会定了这 3 件大事》，中国政府网，2019 年 9 月 12 日，http://www.gov.cn/xinwen/2019-09/12/content_5429444.htm。

的道路。

为此，需要创新思路、拓展途径，从理论上整体探讨医养结合的理念创新、制度安排与组织架构的多重关系及其机理和路径选择。其既可以作为国家政策发展的依据，也能够为具体实践工作提供指导。

二　医养结合的实质是以医促养的健康老龄化举措

我国社会的主要矛盾已经转化为“人民日益增长的美好生活需要和不平衡不充分的发展之间的矛盾”[①]，健康老龄化已成为养老领域“美好生活”的需要。医养结合作为一项从国家层面提出的政策，是中国政府面对日益凸显的人口老龄化势态提出的一种养老服务举措及方式，其实质是通过以医促养的方式，以健康促进养老。实际上，出台针对人口老龄化的对策的都是相对发达的国家，其在人口老龄化的过程中要解决的根本问题是医疗如何促进养老质量的提高。应该说，中国提出的医养结合政策有中国的特点，有提升老年人健康养老水平的公益性目标，也有发展中国健康养老产业的生产性目标，但无论如何其受益者首先是中国社会中的老年人。20 世纪 90 年代第五次欧盟框架计划为解决人口老龄化问题而提出的整合照护（integrate health and social care）概念与中国提出的“医养结合”政策在理念上最为接近。按川塔菲罗（Triantafillou）的定义，整合照护是指一套计划周密、组织良好的服务及护理流程，为有着复杂健康需求的老年人提供尽可能好的照护（Triantafillou，2004：12）。

其实，整合照护的主要含义为养老与医疗机构一体化组织合作关系的照护模式，目的在于将结构、组织、经济和社会文化因素以及行动者相结合，构成一个可持续为所有参与者增益的综合

---

① 习近平：《决胜全面建成小康社会　夺取新时代中国特色社会主义伟大胜利——在中国共产党第十九次全国代表大会上的报告》，中国政府网，2017 年 10 月 27 日，http://www.gov.cn/zhuanti/2017 - 10/ 27/content_5234876.htm。

照护系统。该系统一是可优化人力资源，避免工作人员重复设置和工作；二是能够节约成本，在降低医疗费用的同时提高老年人的生活质量；三是能够优化服务方式，为老年人提供一个更好的健康和社会保健环境。国外关于医养结合实践的原初内涵强调的是构建可持续地为所有参与者增益的综合照护系统，由于其在实施过程中供需双方契合的复杂性，近年的相关实践与研究都呈现不是更多强调组织和基础设施，而是更加注重地方特点与特殊人群需求的趋势（Griffin and Coburn, 2014），这对中国发展医养结合老龄健康服务有重要的启迪作用。

从20世纪90年代开始，针对世界性人口老龄化问题及其特点，世界卫生组织提出了“健康老龄化”（healthy aging）和“积极老龄化”（active aging）的概念及方略。人口老龄化，意味着人们的期望寿命延长，而作为生命体的每一个人必然会由此在生命过程中与更多的疾病所伴随，人均期望寿命的提升必然导致社会对医疗系统需求的增加。基于对老年群体研究由关注结果转向重视生命过程的医学健康考虑，世界卫生组织在20世纪90年代提出了“健康老龄化”的概念，其核心是从医疗健康保障角度强调提高老年人的生命质量。

21世纪初，该组织在关注老年人身体健康的基础上，引入了“保障”和“参与”两个维度，提出了“积极老龄化”的政策框架，认为积极老龄化是指为了提高老年人个体和群体的生命质量，社会促使老年人的健康、参与和保障尽可能获得最佳机会的过程。积极老龄化具有鲜明的主动性和进取性，强调人到老年时要继续参与政治、经济、文化和社会事务，尽可能地融入社会生活，保持身心健康，提高生命质量（王彦斌、许卫高，2014）。在积极老龄化理念的理解中，老年只是人生的一个阶段，一样可以对社会做出贡献，社会应保证老年人有机会均衡和处理生活各个方面的权利，老年人有权利、有责任积极参与到社会生活的方方面面。

世界各国经过十多年的积极老龄化政策推行与发展，认识到老年人的健康不只是简单地依赖于医疗技术服务的提升，公共卫生服务作为大健康的手段之一也起着积极作用。世界卫生组织在2015年发布的《关于老龄化与健康的全球报告》中，对健康老龄化有了新的理解，特指“为发展和维护老年健康生活所需的功能发挥过程”（WHO，2016：28）。这一更新的健康老龄化理解，特别强调健康的老年人应该具有良好的内在能力和功能发挥方面的健康表现（WHO，2016：28）。这两个方面的健康表现既涉及人的自主性意识的发挥，也与人的自主意识实现的完整行动能力有关，更蕴含着积极老龄化的内涵。其强调的“内在能力”和“功能发挥”两个维度，不仅保留了主张老年人发挥自己内在能力的权利，还拓展了其功能发挥中的环境制约因素对老年人健康生活的影响。

正是在国外综合照护实践与研究强调以医疗促养老理念的基础上，中国提出了医养结合的实践思路并进行了相关学术探讨。国家推行的医养结合确实具有极强的实际价值，有助于解决老年人因年迈体衰需要医疗护理诸多方面的问题。但目前中国的欠发达地区经济发展水平整体低下，国家公共卫生服务供给不足，各种社会投入有限，亟待解决的问题是：医养结合以何种方式提供服务可以惠及广大农村老年人？如何在现有的条件下尽可能地提升其可能性，延伸其可及性？

三　健康老龄化与欠发达地区农村发展医养结合的困境

“健康中国”战略对于老年人来讲，就是实现健康老龄化。个体的生命总是有限度的，尽管随着营养水平的提升和医疗技术水平的提高，人均期望寿命已经大大延长，但人的老龄期必然存在一个不可逆的渐渐衰老的过程。人口老龄化的到来意味着人的老龄期延长，因此健康老龄化的关键其实是要“使老年人健康和独立生活的寿命更长，尽可能缩短生命带病期，全面促进老年人的身体健康、精神健康和社会参与能力”（崔树义、杨素雯，2019）。从老年人的生命过程来讲，进入国际惯例认定的65岁老年期后，老年人的健康水平不可能完全一样，每个人都会存在健康老龄期、半失能老龄期、失能老龄期，以及最后的衰竭期。从国家推出的“健康中国”战略意义上理解健康老龄化，应该是一种全面而综合的健康老龄化，针对的对象不仅仅指向每个具体的老年人，更应该包含全社会的所有老年人，使每个老年人享有“可获得的最高标准的健康”（WHO，2016：12－13）的基本权利。其理想的状态应该是，使每个老年人的健康老龄期尽可能地延长，在半失能老龄期对之进行强化康复治疗和照护，而在失能老龄期和衰竭期，健康支持主要应该体现在对人的尊严维护的保障照护，诸如减轻疾病痛苦和体面离开世界等方面，而非简单维持生命体征的医疗抢救。由于人总是以群体的方式一代代生生不息地存在，保障老年人的健康福祉不仅能够体现人类社会的文明发展路径并提升社会整体的文明，更能积极促进其他世代的人的福祉。健康老龄期延长的老年人不仅自身能够有良好的生命质量，还可以在积极老龄化的氛围中促进社会进步和减少各种社会的支持性照护，从而对社会整体的发展有积极的促进作用。

从社会整体上说，中国医养结合政策的推行，对中国老年人群体来说不啻为一种消减健康不平等的措施。但要切实推行这个政策，需要认真解决两个重要问题，一是城乡分割，二是东西差距。中国长期的城乡分割，使得农村社会的发展整体上与城市社会存在差距，尤其是在公共服务方面的不足更是突出。而且中国还存在东西部发展程度差别的问题，这个问题由来已久，既与国家发展布局有关，也与其自然特点不无关系。由于这两个因素，中国欠发达地区的农村要解决医养结合的问题也就有了更为突出的难度和特殊性。

我国欠发达地区的农村大多地处“胡焕庸线”西侧。这些地区由于近代工业化和现代化过程中出现的地理与社会区位劣势，长期以来在整体上的发展与发达地区相比存在不足，新中国成立后实行的计划经济体制和“全国一盘棋”的发展布局并未改善这种发展不平衡的状况，“胡焕庸线”西侧的省份很难均衡发展，只能把发展重点优先放在重要城市。尽管近些年从中央政府到地方政府都在尽力建设新农村，尤其是运用“精准扶贫”方式使广大农村地区摆脱贫困，但是欠发达地区的农村在各方面的发展与城市相比还是存在差距的。这就使得农村老年人的养老问题和医疗问题更难解决，特别是发展医养结合养老服务确实存在困难，力不从心。其表现在政府与社会在诸多方面的投入有限，广大农村老年人的需求本身难以满足，同时由于供给不足，服务水平难以保证。

在本研究调查所到之处，大量的农村老年人仍然忍受着病痛在田间地头劳动，更有许多老年人由于长期的过量劳作产生疾病，但居住地远离能看病的村镇卫生室，无法得到及时诊疗。笔者在这项研究调查所到之处发现，无论是欠发达地区农村老年人的养老状况还是医疗状况，都不容乐观。在养老方面，大多数农村老年人居住在自幼生长的农村社区，而大多中青年农民在中国整体的社会现代化与工业化的进程中离开农村进入城市，这使得中国农村的传统家庭养老方式受到了冲击。许多农村老年人成为“空巢老人”，他们的养老由传统的子代家庭养老变成了自我养老，日常生活照料大多是夫妻互助的自我养老。在这种自我养老的状态下，丧偶老年人如果身体状况不好无法自我照料，而子女又不在身边，养老就成了一个棘手的问题。在医疗方面，按照中国现有的农村医疗健康服务体系布局，从村卫生室到乡镇卫生院，再到县级医院，它们共同构成了农村医疗卫生服务网络；村、镇基层医疗卫生机构在欠发达农村地区医疗资源供给中占基础性地位，并成为当地居民的求医首选。然而，受基础设施、医疗设备、医护水平及质量等内外因素的限制，现阶段基层医疗卫生机构的资源供给很难满足当地居民的实际医疗需求，“小病不出村”对大量偏远地区居住分散的农村老年人而言，仍是一个难以解决的困难，因为村卫生室都是设在离很多农村老年人的居住地较远的行政村村委会所在地。欠发达地区农村大多山高坡陡、交通不便，实际上仅仅依靠现有的正式体制医疗卫生服务网络是远远不够的。欠发达地区农村的医养现状表明，要想让广大的农村老年人享受改革带来的美好生活，必须要在“医养结合”方面认真做事，不能仅仅限于机构式的医养结合给少数人带来福利，更应该通过对现有医养资源的有效结合，以促进农村老年人的健康状况改善与提升的思路，解决他们以医促养的现实问题。

实际上，中国的老龄化是在国家整体未富先老的情况下出现的，而机构式的医养结合都是在那些发达的福利国家发展起来的，况且这种发展已经在一些国家的实施过程中引发了不少问题。解决中国的老龄化问题确实需要适时发展医养结合，但机构式医养结合对于目前中国社会发展的整体情况来讲，无论是在城市还是农村，只能是一种“盆景式”的布局；在欠发达地区农村，则更需要考虑其切实的可能性。作为一项国家层面的公共政策，其实现必须充分考虑实施的对象特点、相应的资源供给和条件支持等，充分考虑其可及性的问题。

四　欠发达地区农村必须走医养资源整合的以医促养之路

我国的人口老龄化是在国家与社会尚未全面进入现代化的情况下快速出现的，无论是国家还是社会都准备不足，尤其表现为物质准备整体上不足，同时存在东西部和城乡发展不平衡的问题，制度体系的安排方面也存在大量顾此失彼尚需完善的问题。“健康中国”战略与“医养结合”政策就是中国应对老龄化社会到来的重要举措，但从近几年各地的实践情况看，可以说各地地方政府对相关政策的理解及其针对性明显不足，也未真正形成全国性的政府、市场和社会协同参与的动员机制。当前，需要按照习近平总书记提出的“党委领导、政府主导、社会参与、全民行动”① 的

① 《习近平：推动老龄事业全面协调可持续发展》，新华社，2016 年 5 月 28 日，http://www.xinhuanet.com/politics/2016-05/28/c_1118948763.htm，最后访问日期：2022 年 4 月 17 日。

老龄工作方针，根据欠发达地区农村的特点探讨适合其现状的医养结合发展之路。

中国的“医养结合”政策，是在“健康中国”战略的形成过程中提出的，其对于中国的老年人来讲是一种重大的福利，具体的实践操作则得益于西方国家所实践的“整合照护”的启示。医养结合养老服务“旨在为老年人提供连续的、一体化的健康与养老服务”（耿爱生、王珂，2016），其实质是以促进老年人的健康为目标，通过实现医疗服务和社会照护资源的有效整合，让老年人的生命质量与生活质量都尽可能地得到提升，尽可能地享受社会发展带来的美好生活。

作为一种具有公共性特征的健康服务行动，老年人医养需要及其满足的可及性与供给相关。医养结合养老服务必须对其供给能力、供给方式与福利需要和实际需求有充分了解，并通过适宜的组织架构与制度化方式给予保证，才能实现其合法性与有效性。中国的欠发达地区农村，地域广阔、情况复杂，各种社会公共设施普遍薄弱，“医养结合”这样一项基于“健康中国”战略提出的人口老龄化应对政策，一定要考虑实施的低成本、高效益。在实施的过程中，应该考虑其具体实施对象——农村老年人本身的福利需要特点，也要考虑社会及当地的医养资源供给和条件支持等状况，要对之进行充分的调动以服务于当前老年人生命质量与生活质量的改善（王彦斌，2017）。这就需要以老年人的养老需求为核心，依据其养老特征以及医养资源之间的供需矛盾，在现有资源的基础上将医疗资源与养老资源进行整合，从机构结合向资源体系与制度构建思路转变，将健康医疗放在重要位置，进一步明确医养结合的实质是以医促养。只有包含机构结合但更多地在拓展资源结合的层面进行医养结合，欠发达地区农村的医养结合才能在现有条件下有效地提升当地老年人的生命与生活质量。以“以医促养”这种更为契合欠发达地区农村状况的方式增进欠发达地区农村老人的健康生存、生活福祉，可以在一定程度上解决当前这一地区老年人的养老困境，让他们享受到社会主义改革带来的“美好生活”。

欠发达地区农村的健康老龄化，可以通过构建适宜的以医促养养老服务体系以及提供相应的制度支持来实现。在当前条件下，欠发达地区农村老年人的以医促养养老服务要切实走出困境，必须借力于“健康中国”的国家战略，有针对性地深入探索中国欠发达地区实际发展状况与农村老年人的养老困境及其需求特点，通过医疗健康服务促进养老服务发展适宜的“医养结合”。其重要的是从农村老年人医养需要的社会福利理念出发，构建一种多层次、多方式的医养资源结合的服务体系，并通过政府行动及相应政策的主导、一定程度的市场机制激励调节、社会组织与社会网络（作为养老对象的老年人个人、家庭养老责任人、邻里与社区）的协调配合，以社会福利供给多元化方式给予相应的社会资源供给制度保障。

首先，这个以医促养养老服务体系应该是一个多属性医养资源整合、多层级服务组织（群体）架构的组织体系。适合欠发达地区农村的医养结合养老服务体系，必须是一个以社会福利需要理念为导向，能够将农村地区的多属性医养资源整合，拥有多层级服务组织（群体）架构和多元参与资源供给配置支持，并有效利用地方性社会文化资源的服务体系。这样的服务体系，一定要有效地调动欠发达地区农村的各种能充分利用和发挥作用的资源。这就必须从整个欠发达地区农村的现状出发，从县级、乡镇级以及村组级不同层面考虑，通过对各个层级能够满足农村老年人的福利需要的医养条件进行充分挖掘，对相应福利供给者资源进行整合来实现。

其次，进一步强化多元资源供给主体的责任及其激励机制保障。党的十九大报告明确指出，“积极应对人口老龄化，构建养老、孝老、敬老政策体系和社会环境，推进医养结合，加快老龄事业和产业发展”[①]，其目的是推进健康老龄化。健康老龄化要立足于社会中全体老年人的整个老年时期，老年人的情况是多样的，对医疗与养老的服务需求也具有多样性。要支持老年人对医疗与养老服务多样性的需求，提供资源和服务的主体不能只是单一主体，也不能只是单一模式，需要政府、市场、家庭和社会这四大主体协调努力。而处理好这几者关系的核心，是政府守住“底线公平”。政府的“底线”“强调了基础的部分，这是政府必须保障的；底线以上的非基础部分，可以由市场、家庭和个人去负责”（景天魁，2012）。在当前条件下，重点是协调政府、市场和社会三方行动者之间以及它们与社区社会网络之间的关系，并通过确立制度的方式将之制度化，以确保各方行动者的预期行动目标和利益都能够实现，最终使以医促养的“医养结合”能够切实惠及欠发达地区农村的全体老年人。

对于欠发达地区农村健康促进养老的以医促养养老服务体系而言，更需要相应的制度对相关主体发挥制约与使能作用，以保证其向着有利于促进这一体系构建的目标方向行动。在推进欠发达地区农村健康促进养老的以医促养养老服务体系构建过程中，参与这个体系的相关行动者不但需要探讨体系构建的结构性关联，还可以通过发挥自身的能动性促使制度的形成，“创造”出一套有效的制度对之进行保障。按斯科特的理解，制度包括为社会生活提供稳定性和意义的规制性、规范性及文化认知性要素，以及相关的活动与资源（斯科特，2010：56）。所有这些制度成分，以相互独立或相互强化的方式，构成一个强有力的社会框架，既能容纳又能展现这些结构力量（斯科特，2010：59）。“制度对行动产生禁止和制约作用的同时，也会对行动者及其活动产生支持和能使作用，可以为行动提供导引与资源。”（斯科特，2010：58）制

① 习近平：《决胜全面建成小康社会　夺取新时代中国特色社会主义伟大胜利——在中国共产党第十九次全国代表大会上的报告》，中国政府网，2017 年 10 月 27 日，http://www.gov.cn/zhuanti/2017-10/27/content_5234876.htm。

度设置的关键是确保责任承担和利益激励，为制度场域中的行动者提供导引与资源。在欠发达地区农村以医促养养老服务体系中作为主要供给行动者的是政府、市场和社会三大主体。政府是主要的资源供给行动者，在制度建立的过程中有能力有责任承担主导作用，也必须在这个服务体系中发挥制度保障形成的主导作用；作为进入健康养老市场以营利为目的的行动者，市场主体行动者承担着满足欠发达地区农村老年人健康养老多样性的功能，其需要在这个服务体系中获得相应的、有明确市场利益回报的制度保障；主要包括各种公益组织、各类为老年人提供服务的志愿者、村落社会网络关系、基层自治组织等的社会行动者，在欠发达地区农村健康促进的以医促养服务体系构建中也具有重要作用，其行动动机更多的是追求公益性目标，但其中也不乏伴有期望实际利益的目标，在相应的保障制度建设中要注意区分并具体确认。

为此，必须以老年人社会需要福利理念为导向，基于现实考察欠发达地区农村医养结合的健康养老服务体系及其架构的诸多影响因素，探索一种以农村老年人健康福利为基础，多元主体共同参与构建的医养分层级资源结合的健康养老服务制度实施机制，以保障欠发达地区的农村老年人有一个相对健康的晚年。只有这样，才能保障欠发达地区不同生存状况和不同健康状况的农村老年人都能享受到“健康中国”战略下的医养结合政策带来的福祉。

五 本书的研究方法

本书的研究，力图在对中国的欠发达地区农村进行充分调查的基础上，寻求有实际价值的相应对策。为取得具有一般意义的研究结论，本书采用了定量和定性相结合的方式进行综合研究，并最终通过政策分析的方式形成了相关的结论。以下为本研究关于调查地点的确定、调查资料的收集及资料整理与分析方法运用的基本介绍。

（一）调查地点的确定

本书研究的调查地点为X省的A县、B县、E县和F县，Y省的C县和D县。之所以选择此六个县实施调查，基于三个方面的考虑，一是要有欠发达地区农村的特点，二是要有区域行政管辖及制度环境的差异，三是能够用有限的经费完成调查工作。

本研究所调查的地区选择了位于中国欠发达的西南中部地区的Y省和X省中部的一个连片地区。这个地区分别属于Y省的L市和X省的M彝族自治州和N市，该地区山高谷深、交通不便、自然条件欠佳、民族众多、文化多样、经济发展水平较低、社会发展程度不足。同时，该地区又存在省级行政区划管理与制度环境的差异性，分别属于Y省和X省，各自有本省行政管辖特点与法规政策制度特点。应该说，这个地区虽然是一个连片地区，但其自然与社会文化形态的多样性与复杂性足以以典型的样态呈现中国现阶段欠发达地区农村老年人的养老现状及其医养资源供需状况。

这个地区是贫困县曾经大量分布的地区，在本研究所调查的县中，X省的A县、E县和F县，直到2018年和2019年才分别退出贫困县序列。调查这样的地区，可以在某种程度上对中国的欠发达地区农村老年人的整体情况有所了解和进行推论，也能够对国家未来实施“健康中国”战略促进农村老年人健康应采取的措施做出有价值的判断。

调查欠发达地区农村的医养结合政策实施，必须直面这个地区的农村老年人以了解他们的需求，探讨满足其需求的可能性。欠发达地区农村老年人受教育程度普遍不高，大多不识字且理解力有限，而且与外界沟通机会不多，对一些调查内容可能了解不深、不清，本项研究针对老年人的问卷调查均采用调查员对调查对象进行面对面访谈的方式收集资料。为保证样本的分布和数量的足够，本研究调查的样本为1000份。本研究必须采用专门调查员面访式问卷调查获取资料，又力图以大样本数据说明问题，研究经费拮据，需考虑成本与效益的关系问题。为保证面访式问卷调查的切实进行和研究样本基本数量的充足，出于经济的考虑——无力承受大范围的调研差旅费支出，问卷调查控制在三个县实施。农村老年人问卷和访谈微观资料收集的具体实施地点分别是X省的A县G镇与B县的I镇和H镇，Y省的C县J镇和K镇。

（二）调查资料的收集

本书的研究资料收集不仅考虑了中国欠发达地区农村的一般状况，更聚焦于欠发达地区农村的实际情况并对其重点把握，为此调查资料的收集分别从宏观、中观和微观三个层次进行。

1. 宏观资料的收集

关于医养结合的宏观层面资料的收集主要是指对文献资料的收集，这方面资料主要涉及国家和调查地政府颁布的与医养结合问题相关的各种法规政策文件和各种统计数据资料，以及本研究问题关联的国内外实践与理论研究文献，其目的在于分析推进欠发达地区农村养老事业的现状、条件与问题，并对在农村地区实施医养结合创新的可能性进行评估。

2. 中观资料的收集

关于医养结合的中观层面资料采用实地研究方法，以观察法、焦点座谈会和个别访谈的方式进行收集，主要目的是了解当前欠发达地区农村医养资源供给的现状及其困境，寻求地方在实施医养结合政策方面的举措及其突破的经验。在每个调查所及的县、乡镇和行政村及其村小组，主要就医养结合的相关问题开展焦点座谈会，请当地相关部门人员出席，以了解情况并集思广益。在县级层面，请老龄委出面召集县民政局、卫计局、县级各类医院及养老院与医养结合问题相关的负责人开展座谈会。在乡镇级层面，主要邀请乡镇相关主管副镇长、乡镇民政所所长、乡镇医院院长、乡镇敬老院院长，以及部分工作人员开展座谈会。座谈会后对重点人物再展开深度访谈，同时收集当地相关的文件性资料。在行政村及其村小组层面，主要邀请村支书和村委会主任、村小组组长、村医以及一些村民进行座谈。座谈会后对重点人物再展开深度访谈，同时收集当地相关的文件性资料。

3. 微观资料的收集

关于医养结合的微观层面资料主要采用大样本的调查方法和实地研究的个人访谈法收集，其目的是切实把握欠发达地区农村老年人的实际需求及满足情况。基于本研究关于医养结合的思考，专门设计了欠发达地区农村医养结合服务体系构建调查问卷（具体内容详见附录1）。考虑到欠发达地区农村老年人受教育程度普遍不高、识字能力和理解力有限，调查问卷的大多数题项内容在经过多次试调查后进行了较大程度的修订，使之有了更多的地方性通俗表达。也正是基于这种对农村老年人调查经验的认识，本研究采用调查人员面对面对老年人进行问卷调查的方式实施资料收集，由云南大学社会学系的硕士生和博士生组成的调查小组，在2017年春夏两季，分别对在调查点（调查地点的选择理由如上所述）居住的老年人实施了问卷调查。对其中部分不懂汉语的少数民族老年人采用了由当地人进行翻译询问的方式获得调查问卷资料。本研究样本的获取方法为多阶段抽样的判断抽样以及在自然村基础上的整群抽样，到户后仅仅抽取户内的一位老人为样本调查对象。

研究的设计样本为1000份，有效回收的样本为979份，有效回收率约为98%。由于是针对老年人进行的调查，部分参与调查的老年人在调查访问过程中精力不济无法完成问卷或是对一些调查问题没有做到切实理解，最后回收的问卷没能有效完成。另外在调查时曾对部分未满60岁但自称为“老年人”的55～59岁的“农村文化意义上的老人”（在诸多调查农村实地，按当地村民的文化理解，老年人就是那些有孙辈的人，而不是年龄在60岁以上的人的概念）做了访谈，也对他们进行了问卷资料的收集。数据分析时，考虑到与农村社保的关联问题，放弃了59份年龄为55～59岁的样本。后期通过对回收样本的年龄实际有效性甄别整理筛查，最后60岁以上老年人的有效样本数为920份。A县有效问卷301份、访谈39人，B县的有效问卷343份、访谈35人，C县的有效问卷276份、访谈31人。调查对象的性别比例为男40.7%、女59.3%；由于人类老年的预期寿命高于男性，这样的老年人性别比例与整体的比例基本上是吻合的。

对老年人个人情况的具体观察和访谈资料的收集与问卷调查资料的收集同步进行，由调查人员在实施问卷调查的过程中进行判断。对一些有特点也有表达能力的老年人在问卷调查结束后，专门进行有针对性的个人情况访谈。由于调查内容不涉及敏感性，所有的老年人个人访谈都做了录音记录，通过观察与访谈方法获得的资料有105份。

（三）调查资料整理与分析方法

这次调查的资料分析因资料的获取层次不同而采用不同的方法，有量化研究的数据分析，也有质性研究的文本呈现，以及在此基础上的综合研究。

量的研究分析使用调查问卷收集资料，经过初步审核整理后，由专人对每份问卷逐一审核登录，建立原始数据库。建立后的数据库经5%的抽样复录，其差错率为字节数的0.0005，并对相应的差错进行了更正。由于建立的数据库与调查问卷原始资料间的一致性较高，分析使用的数据库也具有较高的可靠性。在此基础上，以单变量频数分布分析和双变量交互分类分析、均值比较、方差分析及相关分析等方法作为主要分析研究手段，在数据资料的基础上形成相应的调查基本结论。量的研究方法分析的数据资料，主要被用于对欠发达地区老年人医养结合养老需求特点、需求满足以及供给方面的分析。

质的研究分析主要使用观察、座谈会以及个人访谈获得的录音或记录资料与调查过程中收集的文件资料。访谈时间为2017年1月至2019年8月。访谈资料经过对录音或记录的文字信息仔细核对整理，全部转换为电子文本，这部分资料主要被用于在微观和中观层面上与调查获取的数据资料进行比对分析，其重点一是丰富和充实关于欠发达地区老年人医养结合养老需求满足情况数据资料的理解和解释；二是具体呈现欠发达地区老年人医养结合养老供给方面的情况，同时将其与收集的宏观政策文件资料和统计数据一起进行深入剖析，进而在此基础上结合本研究的基本观点得出欠发达地区农村推进医养结合良好发展的相应结论。更进一步讲，作为一种质的研究分析，本研究将新制度主义社会学理论关于制度的理解作为分析范式，并以此分析范式作为未来在欠发达地区发展以医促养的医养结合养老服务体系政策的理论依据，对欠发达地区老年人医养结合养老现状进行深入分析，得出基于理论的相应政策结论与对策。

第一章　人口老龄化与中国医养结合政策的提出与发展

进入21世纪，人口的老龄化作为一种不可逆转的趋势，逐渐成为一个全球性问题。在社会生活中，老年群体由于其身体机能的衰退，伴随着衰老和疾病的人口特征，除了退出生产领域，必然需要给予其更多医疗和照护方面的关照。全球人口老龄化伴随人类社会经济发展、社会医学技术进步及营养改善等在世界范围内加剧，针对它带来的问题，世界卫生组织提出了“健康老龄化”的目标。为了实现这一目标，西方发达国家或地区率先提出“整合照护”的理念并践行了这一理念，并对其优势、局限和未来发展做了探讨。为了改变中国老年人医养脱节的困境，中国政府创造性地提出契合中国老龄化特点和健康中国战略的“医养结合”养老服务政策，并在中国各地相应实施发展。

第一节　人口老龄化与整合照护理念的提出

一　全球老龄化背景

（一）老龄化的形成

1956年联合国在《人口老龄化及其社会经济后果》中，第一次提出了“65岁及以上”的人为老年人，这一判断标准主要针对的是发达国家或地区。由于很多发展中国家或地区习惯上把60岁作为老年人的判定年龄并以此为法定退休年龄，1982年在维也纳召开的第一次老龄问题世界大会上，联合国明确将“60岁及以上”作为老年人的判断标准，我国官方数据也常用两种标准说明人口老龄化问题的实际状况。我国经济和社会发展程度呈现不平衡、不充分的特征，考虑到一些既有数据的统计口径和国内外学者习惯于采用两种标准的现实，本书主要采用“60岁及以上”为老年人的判断标准，但在借鉴以往学者研究老龄化问题的成果中并不排斥采用“65岁及以上”的判定标准。

伴随人类社会经济的发展、医学技术的进步及营养提供的改善，在人口平均预期寿命得以延长的同时，生育意愿下降导致的平均生育率的降低，老年人在总人口中的比重呈上升趋势。联合国预测在2000～2050年，全球老年人口预计从约6亿人增加到将近20亿人，平均预期寿命也将从1950年的66岁上升为2050年的76岁；与老年人口增长速度预计增长一倍相比，儿童的比例预期将下降1/3。① 依据目前国际通行标准，“一个国家或地区60岁及以上的人口超过10%，或65岁及以上人口超过7%，这个国家或地区可称为老年型国家或地区”（唐均、刘蔚玮，2018）。

从全球人口老龄化趋势看，世界老年人口以及发达国家和发展中国家的老年人口占比都呈现上升趋势，这一趋势已不可逆转。1950年，“65岁及以上”的世界老年人口所占比例才5.1%，而2015年这一比例增加到8.3%。世界老年人口与世界总人口增长速度在20世纪80年代之前基本保持一致，在此之后，老年人口增长速度越来越快于总人口的增长速度。其中，从1950年到2100年，发达国家引领着全球老年人口老龄化的进程（见图1-1）。不仅如此，发达国家率先从老龄化迈向高龄化，有学者指出，“发达地区人口中80岁及以上高龄人口比重由1950年的不足1%，上升到2015年的4.7%；高龄人口占老年人口的比例由1950年的12.9%，上升

① 联合国：《联合国老龄化议题——老龄化问题概况》，2019年1月26日，http://www.un.org/chinese/esa/ageing/introduction.htm。

到 2015 年的 26.8%”（陈卫，2016）。

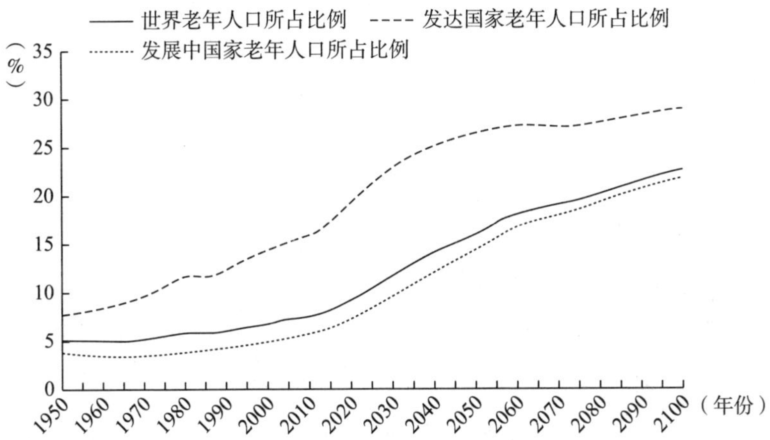

图 1－1　1950～2100 年世界、发达国家和发展中国家老龄化趋势（65 岁及以上）

资料来源：陈卫《国际视野下的中国人口老龄化》，《北京大学学报》（哲学社会科学版）2016 年第 6 期。

相对于发达国家，发展中国家的老龄化虽然在时间起点上远落后于前者，但是发展速度明显快于发达国家。所以，全球人口老龄速度正由缓慢走向加速，从时间、规模及程度上发达国家远超发展中国家，但速度上后者明显快于前者。

从洲际对比看，非洲、亚洲、欧洲、北美洲、南美洲和大洋洲在 1961 年至 2017 年，呈现的人口老龄化趋势也不同（见图 1－2）。

首先，全球各地区老龄化进程不同步，欧洲、北美洲和大洋洲的老龄化起点及程度远高于世界平均水平，其他三个洲低于世界平均水平。其次，欧洲作为老龄化比较严重的洲，每年的增速也是最快的，六大洲老龄化（65 岁及以上）的年增长率排序是欧洲第一，大洋洲、亚洲、南美洲和北美洲居中，而非洲排名最后。另外，有些学者指出，“全球老龄化率的变异系数从 1960 年的 0.54 增加到 2017 年的 0.69”（Li，et al.，2019），在此期间，全球老龄化率和老龄化人口增加与其数量呈正相关，欧洲大多数国家

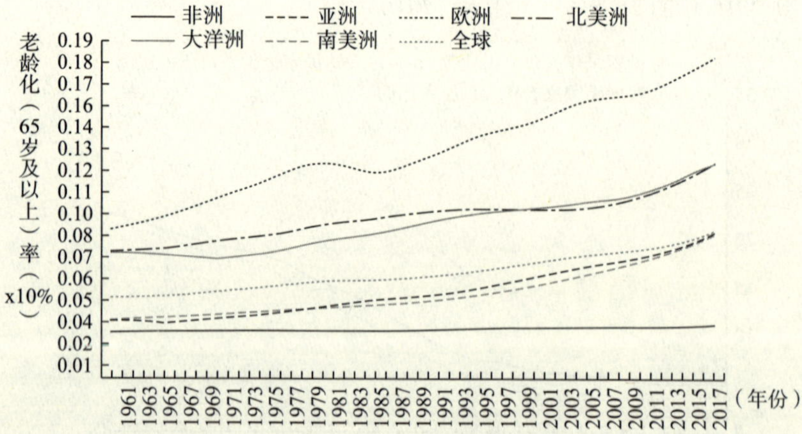

图 1-2　非洲、亚洲、欧洲、北美洲、南美洲和大洋洲的全球老龄化趋势（65 岁及以上）

资料来源：J. M. Li, X. L. Han, X. X. Zhang and S. X. Wang, "Spatiotemporal Evolution of Global Population Ageing from 1960 to 2017," *BMC Public Health* 19 (2019)：127。

在老龄化率方面属于最高水平，如瑞典、德国、奥地利、比利时和英国。

总之，全球人口老龄化的形成，不管是从发达国家与发展中国家的对比来看，还是从六大洲的视角来分析，全球老龄化在分化日益严重的同时，总体呈现上升趋势。当然，在全球人口老龄化这一趋势中，发达国家与发展中国家在时间起点、规模、速度和程度上存在差异，从而呈现各自的特点。

（二）老龄化的特点

伴随着全球的发展差距，全球人口老龄化也呈现明显的"南北差距"特征。具体而言，发达国家和发展中国家虽然都出现了生育率下降和预期寿命提高的现象，但也存在诸多差异。

第一，发展中国家进入老龄化社会时间晚于发达国家，但来势更猛。1950～2005 年，发达国家"60 岁及以上"人口占总人口的比例约从 10% 上升为 20%，而发展中国家 2005 年这一比例尚不足 10%（见图 1-3）。可见，发达国家率先进入老龄化社会。但是，2005～2050 年，发展中国家的老龄化速度远快于发达国家。虽然，发达国家的老龄化程度远高于发展中国家，但发展中国家老龄化发展进程更快。

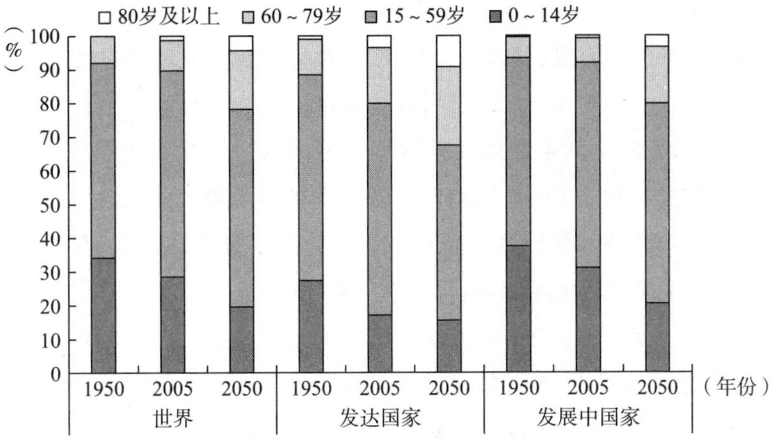

图 1-3　世界及发达国家、发展中国家的老龄化状况

资料来源：王丽民《老龄化的全球解决方案与国家利益的非中性》，《湖北社会科学》2018 年第 1 期。

第二，发达国家的老年群体中男性所占比例持续提升，而发展中国家这一比例持续降低。例如，2000～2050 年，预计发达国家男性老年人比女性老年人“由 71∶100 上升至 78∶100”①；与发达国家相比，发展中国家老年人群中男女两性比由 2000 年的 88∶100 下降为 2050 年的 77∶100。

第三，发达国家的老龄化进程是逐渐发展的，而发展中国家却是跳跃式发展的。即使如此，前者仍然面临退休金制度的可持续性问题，而后者则同时面临发展问题和人口老龄化问题。

第四，从区域上看，在发达国家，多数老年人生活在城镇地

① 联合国：《联合国老龄化议题——老龄化问题概况》，2019 年 8 月 28 日，http://www.un.org/chinese/esa/ageing/introduction.htn。

区。但在发展中国家，许多老年人生活在农村地区。从家庭形态上看，与发达国家相比，发展中国家的多数老年人生活在几代同堂的家庭里。

第五，发达国家的高龄人口比重增长迅猛。“比如发达国家或地区80岁及以上高龄人口比例由1950年的不足1%，上升到2015年的4.7%”（陈卫，2016），随之高龄人口占老年人口的比例也从12.9%上升至26.8%，规模增长了6倍。

第六，发达国家的女性生育率普遍下降。从生育更替水平看，“大多数发达国家经历了低于更替水平的生育率”（刘文、焦佩，2015），如西欧和北欧各国及日本，女性的生育率低于1.5%。

（三）全球老龄化影响与健康老龄化

全球人口老龄化，对人类生活的政治、经济、社会和文化方面都产生了重大影响。但是，发达国家与发展中国家由于人口老龄化产生的时间、速度、规模和程度等方面的差异，所造成的影响也有所不同。从政治方面看，人口老龄化影响发达国家的投票方式，而对发展中国家没有显著影响。从经济领域看，发达国家的人口老龄化进程与经济发展是同步的，而发展中国家同时面临发展问题和人口老龄化问题。从社会方面看，发达国家老年人多数居住在城镇，但发展中国家的许多老年人在农村地区生活，因此，人口老龄化在社会保健、医疗照护、家庭组成、住房与迁徙和生活安排方面存在差异。从文化方面看，老年人口的识字率除少数发达国家基本实现普遍识字外，大多数发展中国家老年人的识字率普遍较低。[①] 人口老龄化问题已然成为全球性议题，尽管具体政策会因国家和地区而异，但人口老龄化是一种全球性趋势，全世界必须共同努力，以便为政策一体化提供广泛公正的支撑。因此，各国需要把应对老龄化问题同其他社会经济发展问题联系

① 联合国：《联合国老龄化议题·世界人口老龄化：1950～2050》，https://www.un.org/chinese/esa/ageing/trends.htm，最后访问日期：2022年4月17日。

在一起，打破年龄歧视，树立老年人能够改善自身与整个社会的意识。

针对全球人口老龄化问题及其特点，世界卫生组织（World Health Organization，简称“WHO”）在1990年提出了“健康老龄化”（healthy aging）的概念，其核心是从医疗保健视角“强调提高大多数老年人的生命质量，缩短其带病生存期，使老年人能以正常的功能健康地存活到生命终点。到了2002年，该组织在关注老年人身体健康的基础上，引入了‘保障’和‘参与’两个维度”（杜鹏、董亭月，2015），从关心老年人的社会与精神问题方面，提出了“积极老龄化”（active aging）的政策框架，与前者形成了一种扬弃关系。“积极老龄化”政策框架经过十多年的推行与发展，各国在养老保障制度覆盖率水平及老年人社会参与水平上取得了显著成就。不过，由于公共卫生服务在应对人口老龄化过程中的积极作用，世界卫生组织又重新回到“健康”视角上，并在2015年的《关于老龄化与健康的全球报告》[①] 中，提出了“为发展和维护老年健康生活所需的功能发挥过程”（WHO，2016：28）这一健康老龄化的定义。该定义中包括内在能力（intrinsic capacity）和功能水平（functional ability）两个维度，从而与积极老龄化的概念构成了扬弃关系。当然，还要进一步厘清两个概念中的核心观念的差异，才能把握“健康中国”战略的意义。

首先，1990年提出的“健康老龄化”建立在以“需求为基础”之上，把老年人视为或设想为消极对象、需要被满足的对象、一个依赖性很强的群体，把老年人等同于依赖者、消耗者。因此，各国依据社会经济所做出的努力，只从医疗保健上提高老年人的生命质量，缩短其带病生存期，使老年人以正常的功能健康地存活到生命终点，忽视了他们的心理需求。

① 《关于老龄化与健康的全球报告》2015年发布了英文版，但是中文版在2016年问世，为了尊重版权，注释时间（2016年）与发布时间（2015年）出现了不一致的问题。

其次，2002年提出的“积极老龄化”重点关注的是老年人的权利问题，从而实现了从“需求”向“权利”的转变。积极老龄化以“权利”为基础，并提出老年人有“机会均等”的就业诉求，以及有权处理生活的方方面面，包括提高其在社区生活中的参政能力。当然，它的出现“不是偶然的，而是经过了一个长期大量科学研究已取得成果后”（郭沧萍，2013），由各国的权威学者共同讨论而产生的。实际上，从历史视角看，17、18世纪人类社会就出现了死亡率缓慢下降的现象；到了19世纪中叶，法国和比利时已出现了人口老龄化；至1950年，国际老年学会成立。人类对人口老龄化的认知经历了由“自在”到“自为”的过程，这一过程充分说明了各国对老年人健康福祉的认识不是一蹴而就的。

最后，2015年世界卫生组织提出的健康老龄化概念以发展和维护老年健康生活为目的，引入了“内在能力”和“功能发挥”两个维度，实现了对积极老龄化的扬弃。当然，国外学者及我国学者针对人口老龄化问题，还提出了“成功老龄化”（Rowe and Kahn，1987）和“生产性老龄化”（林卡、吕浩然，2016）概念。不过，这两种概念在提倡老年人积极作为“劳动者”参与社会生产同时，忽视了老龄群体不可避免的年龄限制。故此，与前面几个概念相比，健康老龄化保留了“以老年人为权利”打破年龄歧视的主张，还拓展了功能发挥中的环境制约因素。换言之，在提倡老年群体积极发挥自身内在能力的同时，不应忽视如建筑环境、人际关系、态度和价值观、卫生和社会政策、支持系统及其提供的服务等环境因素对他们健康生活的影响。

总而言之，关于老龄化问题的认识，经历了由关注老年人的“需求”，到老年人的“权利”维护，再到既关注老年人的“需求”也关注他们的“权利”的发展过程。有学者认为：“养老服务以健康老龄化为目标，提供照顾与治疗，持续改善老人身体功能和生活资料，进行疾病预防延迟或避免健康老人进入半自理状态，或者半自理老人陷入失能状态，给予老人终末期疾病安慰。”（赵晓芳，2014）所以，设定了目标（健康老龄化）后，怎样实现（手段选择）其目标成为需要思考的问题。

二 整合照护理念的提出

（一）整合照护理念的提出及内涵界定

西方发达国家最先实现工业化，进入现代化社会，也最早面临人口老龄化问题。为了应对这一问题，它们最先提出“整合照护”（integrate health and social care）理念并对其实现方式进行了探讨。虽然该理念的提出是为了实现健康老龄化，是一种手段或选择，但是“整合照护”怎样实现成为现代社会所要面临的又一难题。如今，现代社会发生了重大变化，在传染病的减少和营养的改善使越来越多的人寿命延长的同时，家庭规模缩小、个人流动性增加和离婚率上升等因素导致老年人的社会支持水平逐渐下降。这就使得医疗和养老服务共同面临一个主要困境，即伴随着老年人群预期寿命的增长，其社会支持水平反而下降了。这一矛盾，不是医疗服务或养老服务提供者单独一方所能解决的，需要双方整合所有资源，并得到政策的支持才有可能推进。因此，“推进医疗和养老服务一体化不是一个选项，而是一个抉择”（Billings, Alaszewski and Coxon, 2004），为了应对全球老龄化问题而提出健康老龄化有其现实根据，而“整合照护”养老服务也就成为一种抉择。

英国完成工业革命后，从中央到地方依据人口规模逐年建立起公立医院和养老服务机构。经历了上百年的发展，市场上还出现了私立医院和疗养院，多数城镇已建有完善的医疗体系和养老体系。二战以后，英国已经开始考虑全方位的医疗和康复服务，“一是预防并通过医疗医治疾病、伤残；二是在医疗过程中和医疗后进行康复和适应工作方面的治疗”（贝弗里奇，2008：150）。不过，整个 20 世纪 40 年代，英国的医疗机构与养老服务机构之间的边界问题一直存在争议。从20世纪40年代起，英国中央政府多次尝试克服这个边界问题，虽然做了很多努力，但是成效有限。到了20世纪60年代，推进医疗及养老服务一体化还是英国政府努力的政策目标，如“联合工作”、“伙伴关系”和“协作”等各种术语都曾被用于讨论这一问题，但是“整合照护”的实际含义从未在政策文件中得以明确，人们对这一术语和其他相关术语的理解是“理所当然的或假定的”（Alaszewski，Baldock，Billings，Coxon and Twigg，2003）。

直至20世纪90年代末，欧盟第五次框架计划（the EU Fifth Framework Project）为帮助解决老年人的照护需要才提出了“整合照护”的理念。该计划的第一阶段明确了不同的整合方法，以及建立一体化和可持续照护系统的结构、组织、经济与社会文化因素和行动者。与此同时，它还有助于检索参与国的一些经验、工作方式和示范项目。对这些经验、工作方式和示范项目进一步分析的目的是从成功或失败经验中吸取教训，探索从地方到国家，再到欧洲层面的发展政策问题。实际上，这一计划只涉及四个关键性问题，即“确定欧洲国家为老年人提供整合照护的必要性和障碍；讨论整合照护的替代定义，强调以人为本方法的重要性；探索克服整合照护的选择战略；以及对整合照护评价的选择方法的批判性审查”（Leichsenring and Alaszewski，2004）。可见，这个计划只是一个方案，而不是一个经验总结，并没有对“整合照护”提出一个成熟或达成共识的定义。

当然，有学者也试图给“整合照护”下一个定义，川塔菲罗认为它是指“一套计划周密、组织良好的服务及护理流程，其目标是为了个体当事人的多维需求/问题，或具有类似需求/问题的一类人”（Triantafillou，2004）。他还进一步指出，老年人的整合照护应该由急性病照护、慢性病照护、社会照护、住房以及交通和餐饮等服务组成，同时还应该解决老年人的权利问题，使得他们能够尽可能独立地生活。经过了十来年的政策实施与执行，有些学者同样认为，“整合照护涉及一种训练有素的专业人员执行事先拟定好的协议和流程的综合方法”（Griffin and Coburn，2014）。所以，“整合照护”是一种综合方法或一套计划周密、组织良好的服务及护理流程，其目的是更好地为老年人提供服务。

（二）整合照护养老服务的优势及其特征

西方发达国家所倡导的整合照护养老服务存在以下几方面的优势。一是优化了人力资源。整合照护养老服务利用多学科、跨学科和跨专业的工作方式寻求评估这种方式的有效性，以及安排不同类型的专业人士分工合作来加强信息交流，避免重复工作。譬如，“利用全球定位系统提高团队内部的沟通能力，并且只有一个单一的联络点来反馈推荐和照护计划总结”（Reed et al.，2005）。二是节约了成本。这一养老服务协同工作和各部分的护理系统的整合，将最大限度地减少老年人和服务提供者所遇到的问题。例如，减少访问医疗和社会照护的复杂流程、成本效益、住院时间，以及减少不当的住院治疗并由此减少住院人数来节约成本，减少的医疗和社会医疗费用用来提高老年人的生活质量和身体机能。三是强化了管理方式。在服务的方式上，整合照护是为老年人量身定制的服务，涵盖多个领域的生活，包括身体、心理和社会价值以及护理者的态度，“包括注重老年人的个人喜好、及时发现和适当评估”（Triantafillou，2004）。四是明确了服务目的。整合照护最适合年老体弱的人，“尤其对那些患有长期慢性、精神疾病和需要复杂的治疗或紧急护理的人”（Goodwin and Smith，2011），能够为老年人提供一个更好的健康和社会保健环境。

整合照护养老服务在结构、过程、目的和方法四个层面上有自身的一些特征，从这些特征中也可以进一步理解这种服务的优势。其一，整合照护结构的有机性。整合照护是一个由卫生部门、财务部门、社会团体和服务对象构成的有机整体，这些构成因素之间是一种“合作互动关系”（Watson，2012：7）。这种服务克服了传统养老方式只涉及政府机构中单一部门的缺点，更重要的是，

“整合照护方式”在结构上是一种综合性很强的有机整体。其二，整合照护过程的连续性。从过程来讲，整合照护方式是一个精心策划的、有组织的服务过程，并且是一个连续性比较强的过程，如“从初级医疗照护到专业化护理，这一过程涉及专业组织的四个层次”（Andersson and Karlberg，2000）。服务过程的计划性、组织性、专业性是整合照护养老服务的另一个特征，这一特征打破了传统养老方式的断续性。其三，整合照护目的的多层性。从目的来看，整合照护满足老年人多层次的需求，实现了对年老体弱的人的“无缝隙护理”（Billings et al.，2004）。这种以老年人的需求为中心的养老服务不仅克服了传统养老方式思维的局限，而且明确了这一服务的目标。其四，整合照护方法的综合性。整合照护是一种综合性的方法，老年人具有复杂的、多层次的需求，他们往往需要一系列的专业人士护理者、服务者和机构在同一时间共同治疗和护理。

总之，在适当的地点帮助老年人，使老年人在适当的时间得到适当的照护，保持老年人健康和独立是所有社区和医疗照护系统的基本责任。“履行这一责任的一个基本原则是承诺围绕接受者的需求而提供关怀和支持，而不是提供者或系统的需要。”（PwC Australia，2013）这种以人为本的照护方法涉及个人与他们的照护者、家人、医疗和社会照护团队之间的关系，这种关系建立在相互尊重、信任和协作的基础上，让老年人有权对自己的照护和福利做出正确的决定，无论其所在的位置或环境如何。

（三）整合照护养老服务的路径选择及其局限性

整合照护养老服务的路径选择无外乎有两种方式：纵向整合和横向整合。纵向整合主要是在单个组织结构中跨越特定的服务领域，提供综合护理。例如，1995 年加拿大魁北克省的一家医院就采用了这种整合，工作人员创建了本地服务网络，把长期护理设施、康复和社区组织合并为卫生服务。另一例子是美国的一些卫生保健组织，它们提供医疗保健、医院、康复服务和持续保健服务，并把这些资源整合为一体。横向整合是“为了改善跨越环境的护理协调”（MacAdam，2008）。其中，协调康复服务或癌症护理以获得综合服务，可以被视为横向整合的不同版本。故此整合照护养老服务是为了对在整个生命周期中出现的独特和常见问题提供专门的服务，通过组织机构内的纵向整合和跨组织机构之间的横向整合，以促进提供服务的工作人员之间的跨学科性协作。

虽然整合照护养老服务有诸多好处，尤其是对年老体弱的群体而言，但是这种方式也有各种各样的问题。这种养老服务本身不能一次性完成，因此需要克服的障碍也很多。当然，产生这种问题的原因不是单一的，有客观的，也有主观的。具体而言，主要有以下三方面的问题。

首先，资金来源问题。整合照护所需的资金由谁来承担，成了各国实施这一服务所要面临的首要问题。例如，在迅速老龄化的国家，为脆弱的老年人提供的整合照护服务对资金和资源的需求量将急剧增长，这可能会带来资金短缺的后果。有些国家或地区认为有其他更为紧迫的优先事项需要应对，所以可能不能对老年人提供整合照护服务；有些国家或地区有可能认为这是额外的开销，从而不愿意提供这方面的服务。所以，在资金责任分摊中，家人和老人往往是至关重要的资金支持对象。

其次，实践方式问题。在各种各样的组织与团体之间实现“伙伴关系”或“协同关系”，其内在复杂性，一直是整合照护的一个重要挑战。大多数整合护理方式使用修改后的现有系统，而不是重构新系统，这就意味着虽然节省成本，但以前的问题与矛盾大多数仍然存在。因为所涉及的专业人士需要积极跨越自己专业的界限以减少碎片和重复的工作，可是未必每个人都能够适应或做到这种跨越性发展。

最后，文化障碍问题。在实际运行过程中，“有一种文化的支持对老年体弱的人的照护是至关重要的”（Watson，2012：7－8）。可是，从全世界范围内来看，各个国家都有各自的传统文化，有些国家的文化资源支持整合照护养老服务的开展，而另一些国家的文化却不一定起支持作用，可能会形成文化障碍。

总之，西方社会所实践的“整合照护”养老服务，不管是从概念内涵还是从特征、优越性以及路径选择上看，它的关注点就是帮助老年人实现其最大限度的独立和最小限度的依赖，从而提高他们的生命质量。

第二节 中国医养结合政策的提出与发展

一 医养结合政策的提出背景

（一）中国老龄化的形成及特点

截至2019年末，我国60岁及以上老年人口总数是25388万人，占总人口的18.1%。[①] 早已进入老龄化国家行列的中国，人口老龄化水平不断加深。国家统计局所提供的数据显示，老年抚养比从1982年的8.0%上升为2017年的15.9%。当然，仅仅关注老年抚养比是不够的，2015年的《关于老龄化与健康的全球报告》指出，如果把老年抚养比作为政策制定的出发点，那么就会以实际年龄作为有效标志。可是，“实际年龄”与“功能水平”的联系并不紧密。因为，抚养比有一个前提假设，即假定每个处于15岁至64岁的人都有工作，则每个超过64岁的人被认为是依赖者。可实际上，很多超过64岁的人还属于积极的正式劳动力，反而15岁及以上的人未必都有工作或能参与劳动。一般来讲，中国大多数农村地区的老年人，除非疾病缠身无法劳作，都会参与劳作，属于积极的正式劳动力。因此，仅仅关注抚养比，就会忽视政策和其他外部因素对老年人参与正式工作占比的影响。

我国的老龄化与西方国家相比有许多差异，最明显的是老龄

① 国家统计局：《中华人民共和国2019年国民经济和社会发展统计公报》，2020年2月28日，http://www.stats.gov.cn/tjsj/zxfb/202002/t20200228_1728913.html。

化规模大及增长速度快。中国老龄化超前于现代化，社会发展与人口老龄化之间的矛盾突出，尤其是高龄、失能和患病老年群体的日常照护问题急需解决。相较于他国，我国人口老龄化有以下几个特点。

第一，中国老年人口规模稳居世界第一。1950 年，我国 60 岁及以上老年人口为 4242 万人，占总人口的 7.69%，当时世界老年人口将近 2.14 亿人，我国约占 20%。到了 1990 年，我国老年人口为 9698 万人，占总人口的 8.48%，世界老年人口为 5 亿人，我国约占 19%。奇妙的是，这两个时间点距离中国成为老龄化社会还有好多年。所以，“中国老年人口绝对数量世界第一，是由中国总人口数的规模世界第一造成的”（唐钧、刘蔚玮，2018）。

第二，中国老龄化发展速度较快。人口老龄化产生的原因是老年人数量增长的同时，儿童数量减少。不过，这一原因在中国有其特点。1959～1961 年，中国人口结构出现了变化，但中国老年人口规模及其在总人口中的占比还是随着总人口的增长而同步增长，20 世纪 80 年代全面实行计划生育后，老年人口占比更是呈现迅猛增长趋势（见图 1－4、图 1－5）。

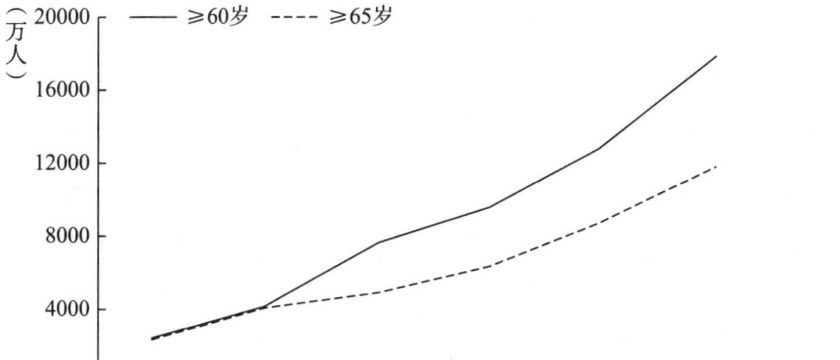

图 1－4　中国老年人口规模的历史发展趋势

资料来源：唐钧、刘蔚玮《中国老龄化发展的进程和认识误区》，《北京工业大学学报》（社会科学版）2018 年第 4 期。

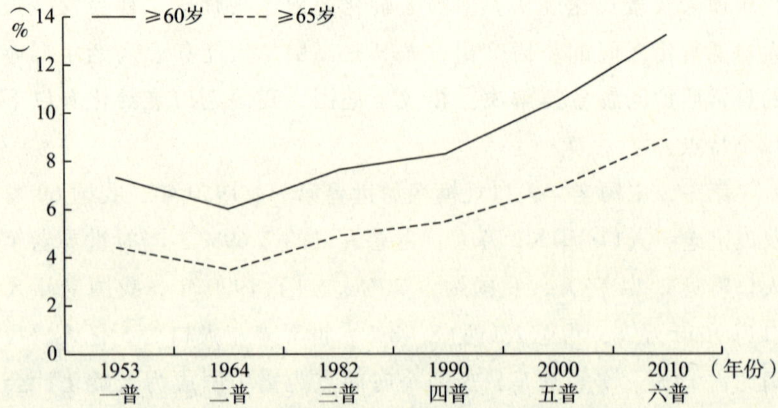

图 1－5　中国老年人口占比的历史发展趋势

资料来源：唐钧、刘蔚玮《中国老龄化发展的进程和认识误区》，《北京工业大学学报》（社会科学版）2018 年第 4 期。

有学者指出，与全球人口老龄化水平相比，我国在 2000 年的老龄化水平达到了 10%（见图 1－5），与全球人口老龄化水平相一致，但到 2050 年，我国的老龄化水平预计会上升为 34%，而全球人口老龄化水平为 22%。所以，“以 60 岁及以上老年人口比重从 7% 增加到 14% 所需的时间看，法国用了 115 年，美国和英国用了 40 多年，而我国只用了 23 年”（邹波，2017）。

第三，中国人口高龄化趋势显著。伴随着我国人口老龄化趋势加快，高龄人口在老年人口中所占比例也同步增长。据全国老龄办预测，中国的老年人口高龄化问题将日益突出，到 21 世纪中叶，全国高龄化水平（80 岁及以上老年人口在 60 岁及以上老年人口中所占比例）预计为 25% ~30%，80 岁及以上“人口规模将保持在 8000 万至 9000 万之间”①。从图 1－6 中可以看出中国老年人高龄化的变化情况，到 21 世纪中叶，每 4 个中国老年人中就有近 1

① 全国老龄工作委员会办公室：《中国人口老龄化发展趋势预测研究报告》，国务院办公室网站，2006 年 12 月 12 日，http://www.scio.gov.cn/xwfbh/xwbfbh/wqfbh/2006/1212/Document/325195/325195.htm，最后访问日期：2022 年 4 月 24 日。

个人年龄达 80 岁及以上。除了高龄化程度不断提高，中国高龄人口的绝对规模也在加速膨胀（翟振武等，2016）。

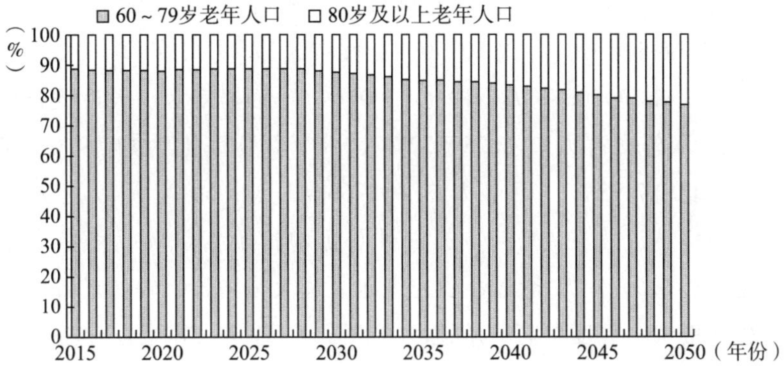

图 1－6　中国老年人口年龄结构变化趋势

资料来源：翟振武、陈佳鞠、李龙《中国人口老龄化的大趋势、新特点及相应养老政策》，《山东大学学报》（哲学社会科学版）2016 年第 3 期。

第四，中国老龄化程度持续加深，但并非世界第一。有学者指出，从 2014 年的数据看，全球老龄化最高的 5 个国家分别是日本、意大利、德国、希腊和葡萄牙。相比之下，我国老龄化水平在 2014 年只有 9.18%，这个水平相当于 1960 年的美国和 20 世纪 80 年代初的日本。从全球平均水平（8.10%）看，这一年我国略高，但是相较于东亚和太平洋地区的平均水平（9.32%），中国还处于低位。与此同时，中国老龄化水平远低于高收入国家发展水平（16.05%），而高于中等收入国家老龄化水平（6.58%）。所以，“中国老龄化程度显著低于高收入国家的平均水平，但是明显高于中等收入国家”（郭金华，2016），从而可知中国老龄化程度持续加深，但并非世界第一。

第五，中国的老龄化具有突出的区域差异。中国老龄化的城乡差异很大，之所以很大，是因为农村劳动力流向城镇后城乡老年人口结构发生了变化。我国农村老龄化有其自身的特点。一是农村老龄化程度远高于城市。有学者预测：“2028 年农村老年人口比重将突破30%，高于城市11个百分点，提前进入重度老龄化阶段。”（邹波，2017）二是农村老龄化速度快于城市。从第五次全国人口普查数据看，我国有农村人口783841243人，60岁及以上人口85568096人，占比10.90%；城市人口292632692人，60岁及以上人口29420070人，占比10.05%。[①] 根据第六次人口普查数据，我国有农村人口662805327人，60岁及以上人口99303297人，占比14.98%；城市人口403760040人，60岁及以上人口46313673人，占比11.47%；农村同比增长了4.08%，而城市才同比增长0.97%。[②] 所以，农村老年人口大幅增长，农村老龄化推进速度更快、程度更高。从地区差异看，“各地人口老龄化进程也有很大差别，最早和最迟进入人口老龄化社会行列的上海（1979）和西藏（2015）之间相差36年。当然，从区域发展看，随着中西部青壮年人口向东部流动，常住人口老龄化呈现东部放缓、中西部不断加快的态势”（邹波，2017）。

（二）中国老龄化与“健康中国”战略

针对老龄化规模最大、速度较快、持续加深及城乡差异较大的特点，中国适时地提出了“健康中国”战略，它既符合国际社会的发展趋势，也契合中国的基本国情。

2016年10月，中共中央、国务院印发了《“健康中国2030”规划纲要》（以下简称《纲要》），把健康视为促进人的全面发展的必然要求、经济社会发展的基础条件、实现民族振兴的重要标志，并提升到战略地位上来。更重要的是，在《纲要》中把“健康老龄化”发展战略囊括在内，“推动医养结合，为老年人提供治疗期住院、康复期护理、稳定期生活照料、安宁疗护一体化的健

① 国家统计局：《第五次全国人口普查公报（第1号）》，2002年3月31日，http://www.stats.gov.cn/tjsj/tjgb/rkpcgb/qgrkpcgb/200203/t20020331_30314.html，最后访问日期：2022年8月27日。

② 国务院人口普查办公室：《中国2010年人口普查资料》，http://www.stats.gov.cn/tjsj/pcsj/rkpc/6rp/indexce.htm，最后访问日期：2022年8月27日。

康和养老服务，促进慢性病全程防治管理服务同居家、社区、机构养老紧密结合”①，并且鼓励社会力量兴办医养结合机构。这些举措说明，依据中国老龄化特点，积极推进“健康老龄化”是实现“健康中国”战略的重要一环。

2017 年，国家卫计委等 13 个部门联合出台了《“十三五”健康老龄化规划》（以下简称《规划》），在《规划》开头就界定了健康老龄化的概念，即从生命全过程的角度，从生命早期开始，对“所有影响健康的因素进行综合、系统的干预，营造有利于老年健康的社会支持和生活环境，以延长健康预期寿命，维护老年人的健康功能，提高老年人的健康水平”②。这与世界卫生组织 2015 年发布的《关于老龄化与健康的全球报告》中的健康老龄化定义有相同之处，但也存在一些不一致。相同点在于目标一致的同时，都指出了打破年龄歧视、环境和综合系统干预的重要性。不同点是，世界卫生组织提出的概念，更重视老年人自身功能发挥，逻辑起点是老年人的内在能力；《规划》中的定义则没有关注到老年人自主性和独立性的维度，而这是积极老龄化的一个重要方面。有学者指出：“健康中国战略应该是一个问题导向型和需求牵引型的战略，从大健康、大卫生出发，根据居民疾病负担和健康主要影响因素来确定主要的健康问题，并以此作为确定战略目标和战略行动的基本依据。”（李滔、王秀峰，2016）然而，从中国老龄化特点出发，积极倡导健康老龄化是实现“健康中国”战略的第一步，也是最重要的一步。因为它不仅有利于老年人群体，而且有利于全社会的发展。

---

① 国务院：《中共中央　国务院办公厅印发〈“健康中国 2030”规划纲要〉》，http://www.gov.cn/zhengce/2016-10/25/content_5124174.htm，最后访问日期：2019 年 11 月 8 日。

② 人口监测与国家发展司：《关于印发“十三五”健康老龄化规划的通知》，http://www.nhc.gov.cn/rkjcyjtfzs/zcwj2/201703/53164cb31b494359a21c607713451342.shtml，最后访问日期：2019 年 11 月 8 日。

首先，它有利于老年人享有可获得的最高标准的健康的基本人权。老年人经常因他们的年龄而感到耻辱和受到歧视，个人、社会和制度层面的权利也受到侵害。健康老龄化有助于解决不利于老年人健康的法律、社会和结构性障碍，阐明政府或非政府行动者尊重、保护和实现这些权利的法律责任。

其次，它有利于社会的可持续发展。客观上，人口老龄化趋势是不可逆转的，如果我们要构建富强民主文明和谐美丽的社会主义现代化强国，在今后的发展中必须考虑到这一人口学的转变。实际上，老年人可以通过很多方式为社会发展做出贡献，有意识地将老年人排除在社会发展之外不仅会损害其福祉并削弱其贡献，也会严重影响其他世代的人的福祉和生产力。世界卫生组织在《关于老龄化与健康的全球报告》中指出，缺乏可及和可负担的卫生保健意味着患有高血压的老年人可能不会接受治疗，而这可能会导致他们中风，不仅影响他们以后对家庭保障的贡献，还需要其他家庭成员（通常是妇女和女孩）为其提供支持性照护，而这些家庭成员则不能继续工作或上学。因此，忽视老年人的需求对于发展的不良影响远远超过了个体的范畴。

最后，它有利于社会整体劳动力的经济最大化。从社会整体效益的角度看，实施健康老龄化后，能够在经济支出最小化的同时实现开发老年人诸多贡献的最大化。例如，老年人通过直接成为正式或非正式的劳动力、税收与消费、将现金和资产转移给下一代，以及依据丰富的人生经历而获得的经验还可以对家庭和社会做出更大贡献。所以，仅仅依据“老年抚养比”来制定相关政策是不可取的，因为它假定每个处于 15 岁至 64 岁的人都有工作，而每个超过 64 岁的人都被认为是依赖者，实际上很多超过 64 岁的老年人都属于积极的正式劳动力，尤其是在农村地区更为突出。

二　医养结合政策的发展

（一）国际政策制定的过程

以健康老龄化为目的，采用“医养结合”的养老服务方式，既是实现健康中国战略的重要一步，也是借鉴西方国家“整合照护”养老服务理念与经验的结果。在通过“医养结合”（“整合照护”）服务促进健康老龄化方面，联合国根据世界人口老龄化趋势（中国也在此中）出台了一系列相关政策。有些学者总结了这些政策文件，简述如下（刘文、焦佩，2015）。[①]

首先，在积极老龄化概念出现以前，联合国针对老年人出台了以下几个文件。1948 年的《世界人权宣言》为老年人权力保障奠定了基础；1976 年的《经济、社会及文化权利国际公约》深化了人权在经济社会领域的内容；1982 年第一次老龄问题世界大会通过了《老龄问题国际行动计划》，明确了各成员国在《国际人权公约》范围内为保障老龄人口权利而应采取的各项措施；而 1991 年的《联合国老年人原则》确立了“独立、参与、照顾、自我充实、尊严”五原则；1992 年的《老龄问题宣言》呼吁扩大国际合作，注意老龄女性问题；1995 年的《老龄人的经济、社会及文化权利》指出各缔约国有义务特别注意促进和保护老龄人口的经济、社会和文化权利，在性别平等的基础上强调老龄人口在工作、社会保障、家庭、生活水准、身心健康、教育文化等方面的权利；1992 年第 47 届联合国大会将 1999 年确定为“国际老人年”，其主题是建立不分年龄人人共享的社会。

其次，提出积极老龄化政策框架后，联合国又推出一系列的政策。如 2002 年，第二次老龄问题世界大会通过了《老龄化马德里政治宣言》和《老龄问题国际行动计划》两个文件，其中前者

---

① 注：在“国际政策制定过程”中涉及的所有文件名称，主要参考了“刘文、焦佩《国际视野中的积极老龄化研究》一文中的相关表述，该文刊载于《中山大学学报》（社会科学版）2015 年第 1 期，第 167～180 页”。

提出了19章的指导原则，后者提出了239项行动建议；2003年，老龄问题区域协商会议主要落实《老龄问题国际行动计划》，促使各国制定出具体执行战略，鼓励各国政府将老龄化问题纳入消除贫困计划，建议各国按年龄和性别进行数据统计；2004年，决定定期发布《联合国人口估计与预测》，按性别和年龄对世界人口状况加以统计，60岁及以上人口比例、抚养比、年龄中位数、各年龄段人口分布状况都被纳入统计和预测范围；而2005年的《把住房纳入贫困弱势群体适当生活标准权利》专门讨论老年人居住问题、《加强老有所为和增进老年健康》则敦促成员国执行《老龄问题国际行动计划》；2006年，审查和评价《老龄问题国际行动计划》的执行情况；到了2010年，设立老龄问题工作组，不限成员名额，每年召开工作会议；2013年，召开了第四次工作会议，对《老龄问题国际行动计划》第二次全球审查与评价的贡献、多边进程最新情况、社会保障和健康权、歧视和获得工作机会四个主题展开小组讨论。

最后，联合国和世界卫生组织在此期间出台并出版了几个非常重要的政策框架，包括2003年的《积极老龄化政策框架》、2015年的《关于老龄化与健康的全球报告》，以及2016年的《联合国教科文组织：中国老龄化与健康国家评估报告（2016）》等。

（二）中国政策制定的过程

中国的“医养结合”养老服务政策的提出得益于西方国家的整合照护实践，主要关注点也与之相一致。其主要是指医疗服务、社会日常照顾和长期护理服务的整合，该服务主要面向老年人，旨在为老年人提供连续的、一体化的健康与养老服务，因此简称“医养结合”（耿爱生、王珂，2016）。无论是西方国家所践行的“整合照护”养老服务，还是我国目前积极推行的“医养结合”养老服务，都是以“老年人”为中心和目标，实现医疗服务和社会照护资源的整合，是一套方法和工具，并非再提出的一种独立的养老方式。从我国推进“医养结合”养老服务的时序看，相较于联合国，中国政府的施策晚，是一个循序渐进的过程。

首先，从国家顶层设计看，渐渐明晰了思路。2011 年 9 月，国务院印发了《中国老龄事业发展“十二五”规划》（国发〔2011〕28 号）①，在这个规划中，最先涉及“医养结合”养老服务，倡导养护、医护型的机构养老服务的建设；2011 年 12 月，国务院办公厅出台了《社会养老服务体系建设规划（2011—2015 年）》（国办发〔2011〕60 号）②，在居家和机构养老等服务的功能定位上规定了医疗保健和康复护理的内容，并力求建立综合服务网点；2013 年 7 月，重新修订实施的《中华人民共和国老年人权益保障法》明确了老年人应享受“医养结合”养老服务；2013 年 9 月，国务院公布了《关于加快发展养老服务业的若干意见》（国发〔2013〕35 号）③，首次正式提出医养融合发展的目标，并将其纳入医保范围，随后又下发了《关于促进健康服务业发展的若干意见》（国发〔2013〕40 号）④，强调了医疗和养老服务相结合的重要性；2015 年 3 月，国务院办公厅印发了《全国医疗卫生服务体系规划纲要（2015—2020 年）》（国办发〔2015〕14 号）⑤，提出加强养老服务的医疗技术支持，统筹养老和医疗资源；2016 年 3 月，为了应对

① 国务院：《关于印发中国老龄事业发展“十二五”规划的通知》，中国政府网，http://www.gov.cn/zhengce/content/2011-09/23/content_1954782.htm，最后访问日期：2019 年 11 月 8 日。

② 国务院办公厅：《关于印发社会养老服务体系建设规划（2011—2015 年）的通知》，中国政府网，http://www.gov.cn/zwgk/2011-12/27/content_2030503.htm，最后访问日期：2019 年 11 月 8 日。

③ 国务院：《关于加快发展养老服务业的若干意见》，中国政府网，http://www.gov.cn/zwgk/2013-09/13/content_2487704.htm，最后访问日期：2019 年 11 月 8 日。

④ 国务院：《关于促进健康服务业发展的若干意见》，中国政府网，http://www.gov.cn/zhengce/content/2013-10/18/content_6067.htm，最后访问日期：2019 年 11 月 8 日。

⑤ 国务院办公厅：《关于印发全国医疗卫生服务体系规划纲要（2015—2020 年）的通知》，中国政府网，http://www.gov.cn/zhengce/content/2015-03/30/content_9560.htm，最后访问日期：2019 年 11 月 8 日。

人口老龄化发展速度快和推动健康中国战略，《中华人民共和国国民经济和社会发展第十三个五年规划纲要》提出了建构“医养结合”养老服务；2016 年 10 月，《“健康中国 2030”规划纲要》鼓励社会资本介入发展健康养老服务市场；2016 年 12 月，国务院办公厅《关于全面放开养老服务市场提升养老服务质量的若干意见》(国办发〔2016〕91 号)① 指出养老服务市场全面放开，它的服务业要成为促进经济社会发展的新动能；2017 年 4 月，国务院办公厅《关于推进医疗联合体建设和发展的指导意见》(国办发〔2017〕32 号)② 提出深化医改的重要步骤和制度创新，实现其优化医疗资源结构布局、促进医疗卫生工作重心下移及资源下沉、提升基层服务能力，最终达到医疗资源上下贯通；2018 年 6 月，国家颁布了《关于促进护理服务业改革与发展的指导意见》(国卫医发〔2018〕20 号)③，强调通过推动护理领域改革与创新，完善相关体制机制，促进护理服务业持续健康发展；2019 年 3 月，国务院办公厅《关于推进养老服务发展的意见》(国办发〔2019〕5 号) 中指出，提升医养结合服务能力，“促进现有医疗机构和养老机构合作，发挥互补优势，简化医养结合机构设立流程”④，实行“一个窗口”办理。

其次，从顶层职能部门层面看，构建了整体推进框架。2015 年 11 月，国务院办公厅转发了九部门联合发布的《关于推进医疗

---

① 国务院办公厅：《关于全面放开养老服务市场提升养老服务质量的若干意见》，中国政府网，http://www.gov.cn/zhengce/content/2016-12/23/content_5151747.htm，最后访问日期：2019 年 11 月 8 日。

② 国务院办公厅：《关于推进医疗联合体建设和发展的指导意见》，中国政府网，http://www.gov.cn/zhengce/content/2017-04/26/content_5189071.htm，最后访问日期：2019 年 11 月 8 日。

③ 国政医管局：《关于印发促进护理服务业改革与发展指导意见的通知》，http://www.gov.cn/zhengceleu/2018-12/31/content_5435177.htm，最后访问日期：2022 年 4 月 24 日。

④ 国务院办公厅：《关于推进养老服务发展的意见》，中国政府网，http://www.gov.cn/zhengce/content/2019-04/16/content_5383270.htm，最后访问日期：2019 年 11 月 8 日。

卫生与养老服务相结合的指导意见》，从政策层面，明确了“医养结合”养老服务方式的目标和重点任务；2017 年 3 月，十三部门联合发布了《“十三五”健康老龄化规划》，首次界定了健康老龄的概念内涵，而实现其目标的方式就是整合医养资源，构建“医养结合”服务网络。

再次，从先行区域看，推进了措施的落实。我国医养结合服务相关政策推进的先行者是山东省。2012 年 12 月，山东省人民政府在《关于加快社会养老服务体系建设的意见》（鲁政发〔2012〕50 号）中，首次“鼓励养医结合，按照政府、企事业单位、社会组织共同兴办的原则，重点推进供养型、养护型和医护型养老服务设施建设……鼓励在规模较大的养老服务机构内设置护理院”[①]。2014 年 5 月，山东省人民政府在《关于加快发展养老服务业的意见》（鲁政发〔2014〕11 号）中提出要推进医养结合，“大力发展老年养护型、医护型养老机构，提升养老机构的医疗服务功能”[②]。2016 年 2 月，《关于印发山东省养老服务业转型升级实施方案的通知》（鲁政办字〔2016〕22 号）突出了医养结合，要求“把保障老年人基本健康养老需求放在首位，对有需求的失能、部分失能老年人，以机构为依托，做好康复护理服务，着力保障特殊困难老年人的健康养老服务需求”[③]。2017 年 7 月，《关于贯彻国办发〔2016〕91 号文件全面放开养老服务市场提升养老服务质量的实施意见》（鲁政办发〔2017〕52 号）要求加快推进医养结合，“建立联合审批制度，做好医养结合项目养老机构设立许可、医疗机构设置审批和

---

① 山东省人民政府：《关于加快社会养老服务体系建设的意见》，http://www.shandong.gov.cn/art/2012/12/6/art_2267_18304.html，最后访问日期：2019 年 11 月 8 日。

② 山东省人民政府：《关于加快发展养老服务业的意见》，http://www.shandong.gov.cn/art/2014/5/28/art_2267_17475.html，最后访问日期：2019 年 12 月 5 日。

③ 山东省人民政府办公厅：《关于印发山东省养老服务业转型升级实施方案的通知》，http://www.shandong.gov.cn/art/2016/3/21/art_10231_13544.html，最后访问日期：2019 年 12 月 5 日。

医保协议管理纳入等工作，打通医养结合绿色通道”[①]。2017 年 8 月，《关于印发“十三五”山东省老龄事业发展和养老体系建设规划的通知》（鲁政发〔2017〕21 号）提出“统筹落实医养结合优惠扶持政策，推进医养融合发展，建立健全医疗卫生机构与养老机构合作机制，积极为老年人提供治疗期住院、康复期护理、稳定期生活照料以及安宁疗护一体化服务”[②]。2018 年 2 月，《关于支持社区居家养老服务的若干意见》（鲁政办字〔2018〕18 号）[③] 指出积极推进医养结合，支持开展老年人家庭医生签约服务。

最后，从欠发达地区省政府的医养结合政策出台情况来看，区域特色鲜明。本书仅以四川和云南两省政府所出台的政策为例进行介绍。

一是四川省医养结合服务相关政策出台的大体历程。2014 年，四川省人民政府出台了两个相关文件，分别是《四川省人民政府关于加快发展养老服务业的实施意见》（川府发〔2014〕8 号）[④] 和《四川省人民政府关于印发促进健康服务业发展实施方案的通知》（川府发〔2014〕14 号）[⑤]，首次提出推进医疗卫生与养老服务相结合，鼓励医疗卫生资源进入养老机构、社区和居民家庭；2015 年 11

---

① 山东省人民政府办公厅：《关于贯彻国办发〔2016〕91 号文件全面放开养老服务市场提升养老服务质量的实施意见》，http://www.shandong.gov.cn/art/2017/7/11/art_2259_24800.html，最后访问日期：2019 年 12 月 5 日。

② 山东省人民政府：《关于印发“十三五”山东省老龄事业发展和养老体系建设规划的通知》，http://www.shandong.gov.cn/art/2017/8/16/art_107851_89814.html，最后访问日期：2019 年 12 月 5 日。

③ 山东省人民政府办公厅：《关于支持社区居家养老服务的若干意见》，http://www.shandong.gov.cn/art/2018/2/6/art_107851_87427.html，最后访问日期：2019 年 12 月 5 日。

④ 四川省人民政府：《关于加快发展养老服务业的实施意见》，http://www.sc.gov.cn/10462/10883/11066/2014/2/14/10293595.shtml，最后访问日期：2019 年 11 月 8 日。

⑤ 四川省人民政府：《关于印发促进健康服务业发展实施方案的通知》，http://www.sc.gov.cn/10462/10883/11066/2014/3/4/10294691.shtml，最后访问日期：2019 年 11 月 8 日。

月，四川省人民政府办公厅印发《四川省养老与健康服务业发展规划（2015—2020年）》（川办发〔2015〕96号）[①]，提出充分发挥医疗资源优势，推进医养结合；2016年8月，省人民政府办公厅《转发省卫生计生委等部门关于加快推进医疗卫生与养老服务相结合实施意见的通知》（川办发〔2016〕57号），要求“大力推动医疗卫生与养老服务体系建设”[②]，推进医疗服务与养老服务有机融合，并推广老年人健康管理和中医“治未病”理念；2017年2月，四川省委、省政府在《关于印发〈“健康四川2030”规划纲要〉的通知》（川委发〔2017〕7号）中提出，“鼓励二级以上医疗机构提供健康养老服务，支持养老机构开设医疗服务机构，提高养老机构基本医疗服务能力”[③]。

二是云南省医养结合服务相关政策的出台大体历程。2014年12月，云南省人民政府印发了《关于加快发展养老服务业的实施意见》（云政发〔2014〕64号），开始重视并提出“医养结合”养老服务，建议在有条件的养老机构设置医疗服务，也同时鼓励民间资金介入该领域；2016年9月，省政府办公厅《关于印发云南省养老服务体系建设“十三五”规划的通知》（云政办发〔2016〕91号）[④] 首次提出构建医养结合型养老护理体系，鼓励“养中设医”和“医中设养”，探索完善异地养老与就医结算

---

① 四川省人民政府办公厅：《关于印发四川省养老与健康服务业发展规划（2015—2020年）的通知》，http://www.sc.gov.cn/10462/10464/10684/13601/2015/12/1/10364229.shtml，最后访问日期：2019年11月8日。

② 《四川省人民政府办公厅转发省卫生计生委等部门关于加快推进医疗卫生与养老服务相结合实施意见的通知》，https://www.sc.gov.cn/10462/c103046/2016/8/10/ea03dd6b198f4773babb7ef3b6907ed8.shtml，最后访问日期：2019年11月8日。

③ 四川省人民政府办公厅：《“健康四川2030”规划纲要出台》，http://www.sc.gov.cn/10462/10464/10797/2017/3/21/10417737.shtml，最后访问日期：2019年11月8日。

④ 云南省人民政府办公厅：《关于印发云南省养老服务体系建设“十三五”规划的通知》，http://www.yn.gov.cn/zwgk/zcwj/yzfb/201911/t20191101_183895.html，最后访问日期：2019年11月8日。

政策，以及实施长期护理保障制度；2016 年 9 月，省政府办公厅转发省卫生计生委等部门《关于推进医疗卫生与养老服务相结合实施意见的通知》（云政办发〔2016〕101 号）提出致力于完善医养结合体制机制和政策法规体系，支持社会力量兴办医养结合机构①；2017 年 5 月，省政府办公厅关于印发《云南省进一步扩大旅游文化体育健康养老教育培训等领域消费实施方案的通知》（云政办发〔2017〕55 号）要求积极推进昆明市、曲靖市和西双版纳州等 19 个省级医养结合试点工作，“鼓励医疗资源相对富余的城市二级医院转型，发展康复、老年、护理、临终关怀等服务”②；2018 年 8 月，省政府办公厅在《关于全面放开养老服务市场提升养老服务质量的实施意见》（云政办规〔2018〕5 号）③ 中，首次提出养老资源向居民社区服务、农村、失能和半失能老年人倾斜，明确了加快建设医养结合型养老护理体系，着力发展居家、社区养老服务，提升农村养老服务能力和水平，鼓励“养中设医”纳入医保范围。

（三）医养结合政策的实践

《中国老龄事业发展“十二五”规划》（国发〔2011〕28 号）的发布，标志着我国正式将“医养结合”养老服务提上实践日程。此后，各地方政府及民营企业开始积极响应中央政策的号召，开始实践“医养结合”养老服务并获得了一定的实践经验。

首先，以“养为主，医为辅”拓展医疗功能，健全养老服务。

---

① 云南省人民政府办公厅：《转发省卫生计生委等部门关于推进医疗卫生与养老服务相结合实施意见的通知》，http://www.yn.gov.cn/zwgk/zcwj/yzfb/201911/t20191101_183884.html，最后访问日期：2019 年 11 月 8 日。

② 云南省人民政府办公厅：《关于印发云南省进一步扩大旅游文化体育健康养老教育培训等领域消费实施方案的通知》，http://www.yn.gov.cn/zwgk/zcwj/yzfb/201706/t20170602_144314.html，最后访问日期：2019 年 11 月 8 日。

③ 云南省人民政府办公厅：《关于全面放开养老服务市场提升养老服务质量的实施意见》，http://www.yn.gov.cn/zwgk/zcwj/yzbg/201911/t20191101_184112.html，最后访问日期：2019 年 11 月 8 日。

例如，北京市第一社会福利院、南京市金康天地护养院、青岛市福山老年公寓和昆明市万爱老年公寓等养老机构内部即可提供医疗服务，是“养中设医”；济宁市兖州区社会福利服务中心、利川市福利院等养老机构将需要医疗服务的内容就近托管于医疗机构，属于“养托管于医”。但是，这种方式有“可能加剧养老机构的分化，增加经营成本”（邓大松、李玉娇，2018）的风险。

其次，以“医为主，养为辅”整合医疗资源，向老年人提供专业、持续医疗服务。比如，河北医科大学第二医院、温州市瑞安场养老护理院、苍南县颐和康复护理院和重庆医科大学附属第一医院等，这些医疗机构内设有养老服务部门，是“医中设养”；北京胸科医院、北京羊坊店医院、大庆市让北医院和北京海淀区老年医院等，都是医疗机构转型为养老康复服务院，属于“医转型为养”。但是，这两种方式如果没有完备的医疗和养老机构机制体系的话，那么各自内部存在的风险会带入对方机构体系从而形成风险叠加效应，也有可能存在滥用医保基金的风险。

最后，以“医养结合”整合资源，为老年人提供便捷的医养衔接服务。譬如，中南大学湘雅三院、湖南省康乃馨养老机构、温州康宁医院和爱欣老年公寓等公立医疗机构与养老机构共同签署合作协议，提供互补性养老服务。当然，医养结合实践还存在敬老院与卫生院合作、民办医疗机构与养老机构签订联合体协议等方式。这一合作方式的服务内容是多样性的，如上门服务、定期巡医、签约“家庭医生”等，其目的是医养资源整合，使老年人的就诊便捷最大化。但是，它要求地理位置相近或交通条件便利，与此同时，还需要注意管理责任界限的问题。

小　结

进入 21 世纪，人口老龄化逐渐发展成为一种不可避免的趋势并成为一个全球性问题。无论从何种视角来看，全球人口老龄化问题都伴随人类社会经济发展、社会医学技术进步和营养改善在世界范围内持续加剧。具体而言，从全球老龄化形势出发，不管从发达国家与发展中国家对比来看，还是从六大洲视角来分析，全球老龄化的分化日益严重的同时，总体呈现上升趋势。从全球老龄化特点看，发展中国家进入老龄化社会时间晚于发达国家，但来势更猛；发达国家的老年群体中男性所占比例持续提升，而发展中国家这一比例持续降低；发达国家的老龄化进程是逐渐发展，而发展中国家却是跳跃式发展。从区域上看，在发达国家，多数老年人生活在城镇区域；发达国家的高龄人口比重增长迅猛；发达国家的女性生育率普遍下降。基于此，人口老龄化问题已然成为全球性议题，尽管具体政策会因国家和地区而异，但人口老龄化是一种全球性趋势，全世界必须共同努力，以便对政策一体化提供广泛公正的支撑。

在西方社会，为了解决人口老龄化问题，西方发达国家或地区率先提出“整合照护”的理念并践行了这一理念的服务方式，并对其优势、局限和未来发展做了探讨。展开来讲，西方发达国家最先实现工业化而进入现代化社会，也最早面临人口老龄化问题；为了应对这一问题，它们最先提出“整合照护”（integrated care）理念并对其实现方式进行了探讨；并把它理解为一种综合方法或一套计划周密、组织良好的服务及护理流程，其目的是更好地为老年人服务。更为重要的是，西方学者还总结了这种服务方式：一是它具有优化人力资源、节约成本和强化管理方式的优点；二是它具有结构的有机性、过程的连续性、目的的多层性和方法的综合性特征；三是它存在资金来源、实践方式和文化障碍方面的问题。

从中国老龄化特点来看，中国老年人口规模稳居世界第一；中国老龄化发展速度较快；中国人口高龄化趋势显著；中国老龄化程度持续加深，但并非世界第一；中国的老龄化具有突出的区域差异。因此，针对老龄化规模最大、速度较快、持续加深及城乡差异过大的特点，中国适时地提出了健康中国战略，它既符合国际社会的发展趋势，也契合于中国的基本国情。为了改善中国老年人医养脱节的困境，中国政府创造性地提出契合于中国老龄化特点和健康中国战略的“医养结合”养老服务政策，并在中国各地相应展开实践。具体而言，从中国老龄化形成来看，我国老龄化与西方国家相比有许多差异，最明显的是老龄化规模大及增长速度快；中国老龄化超前于现代化，发展问题与人口老龄化之间的矛盾突出，尤其是高龄、失能和患病老年群体的日常照护问题急需解决。《国务院关于印发中国老龄事业发展“十二五”规划的通知》的发布，标志着我国正式将“医养结合”养老服务提上实践的日程。各地方政府及民营企业开始积极响应中央政策的号召，开始实践“医养结合”养老服务并获得了一定的实践经验：以“养为主，医为辅”拓展医疗功能，健全养老服务；以“医为主，养为辅”整合医疗资源，向老年人提供专业、持续医疗服务；以“医养结合”整合资源，为老年人提供便捷的医养衔接服务。

第二章　医养结合研究与欠发达地区农村的以医促养

在人口老龄化加速发展的大背景下，中国基于国情进行了医养结合政策相关的有益探索和实践。国内外学者针对医养结合进行了大量研究，对于医养结合的内涵、实施困境及其路径选择提出了富有建设性的洞见，但也存在一些盲点，尤其是对农村地区老年人的医养困境的关注不足。其实，医养结合的实质是以医促养，因此对“医养结合”不能限于既往的理解，医养结合不仅需要多方协同参与，也应该考虑更广泛的辐射面和实施方式。欠发达地区农村实施存在诸多困境，其实现需要在老年人健康养老需求的社会福利理念引导下整合多层次的医养资源，使医疗服务能够为养老服务提供支持和保障。

第一节　医养结合的相关研究

老龄人口快速增长、社会养老问题频发，使得政府、学界对于老年人养老问题的关注度激增。医养结合养老服务，正是基于老年人养老困境所提出的一种提高老年人生命质量、提升现行养老服务质量的持续性照护服务。国内外学界基于各国国情针对医养结合养老服务进行了研究，分别从政策、制度、理念出发，对医养结合的内涵、医养结合的实施困境和与之相对应的解决措施进行分析，从而为医养结合养老服务的推进提供可资借鉴的经验，促进医养结合养老服务体系的构建。

一　医养结合的内涵

（一）国外关于医养结合内涵的相关研究

相较于我国，国外进入老龄化社会的时间更早，因此一些发达国家针对老年人养老问题制定了相关政策以满足老年人养老需求。国外学界对于综合照护概念的内涵阐释侧重于通过医疗资源和养老服务的协调整合解决老年人所遇到的各类问题。基于国外照护实践和研究强调的以医疗促进养老理念，我国学者提出了“医养结合”这一概念并对其展开了相关学术研究。

第一，医养结合概念界定。西方学术界对“医养结合”这一概念并未给出明确的定义，与医养结合相关的概念是 1990 年第五次欧盟框架计划为解决人口老龄化问题提出的“整合照护”（integrate health and social care）概念。最早提出这一概念的是汉克·尼斯（Henk Nies）和菲利普·柏曼（Philip C. Berman），他们认为整合照护是为满足个体的不同需求所提供一整套服务和护理流程，具体包括生活照顾、长期护理、社会关怀等（Leichsenring and Alaszewski，2004）。其主要内涵是整合多方资源，建立政府与医疗机构之间的合作关系，构建一个完整的照护系统（Andy et al.，2003）。2000 年，世界卫生组织提出了“长期照护”（long-term care）概念，其含义是在社会服务领域为老年人提供服务，通过非正式提供照顾者（家庭、朋友、邻居）和专业人员建立起一个合作系统，确保缺乏自理能力的老年人在日常生活中能够得到照料。[①]其具体实践方式可分为正式照护与非正式照护：正式照护是指长期照护机构和人员提供的照护服务；非正式照护则是指家庭、朋友或邻居提供的医疗、护理和康复等服务。整合照护的核心在于整合多方资源，使多方服务主体协同参与，建立起完善的服务

① 世界卫生组织：《建立老年人长期照顾政策的国际共识》，2018 年 1 月 15 日，http://www.who.int/publications/list/WHOHSCAHE_001/zh/。

体系，满足老年人对日常生活照料与医疗护理的需求。在西方学者看来，长期照护承担了家庭成员部分照护功能，它对家庭代际责任进行了重塑，使家庭结构发生了一定变化（张立龙，2015）。

第二，医养结合服务具体实践方式。由于国外进入老龄化社会的时间较早，养老服务体系相对成熟，能够依据老年人的不同需求提供与之相对应的养老服务。美国的PACE（Program of All Inclusive Care for the Elderly）护理模式是一种由政府主导的、以社区为基础的长期照护模式，其主要服务对象是达到退休年龄需要医护且居住在社区或机构的失能和半失能老人（Wieland and Boland，2001）。英国的整合照护模式，是在国家退休年金和卫生服务体系的保障下，以家庭和社区作为活动地点，将需要照料的老年人按照其自身需求进行评估，构建起一个完整的照护系统（Fisher and Elnitsky，2012）。这两种模式均以政府为主导并以社区作为服务地点，但其服务对象有所不同，英国的整合照护模式服务对象的范围更加广泛。加拿大的老年综合护理系统模式SIPA（System of Integrated Care for Older Persons）旨在为身体虚弱的老年人提供以社区为地点的综合基础护理，由家庭医生与社会服务专业人员对老年人进行评估并针对性地为其提供服务。日本的长期介护保险制度，为失能和半失能的投保人提供在家护理或者在专业机构进行护理服务，介护保险参保人自40岁开始参保，64岁及以下自愿参保，65岁及以上强制参保，以保障参保人无后顾之忧（Creighton and IKegarni，2003）。SIPA模式和介护保险制度的保障范围不同，其服务主体也不同，介护保险制度更加关注失能和半失能老人。

可以看出，国外的医养结合在内涵上重点强调多方资源整合的照护，在实践上更多地强调以医疗与养老资源结合为重点的多种实践方式。国外医养结合养老模式的实践，将医疗与养老资源进行结合，重视依靠二者的合作来解决养老问题，对不同类型、不同层次老年人的养老需求提供针对性服务，对于我国医养结合养老服务体系的构建具有一定参考价值。

（二）国内对医养结合内涵的相关研究

国外学术界在整合照护与长期照护方面取得的研究成果对我国“医养结合”的相关研究起到了一定的启示和借鉴作用。在“健康老龄化”理念的推动下，国内学术界开始兴起关于“医养结合”相关问题的研究。近年来随着国家支持医养结合事业发展的相关政策文件颁布，国内学术界对于养老相关问题愈加关注。

第一，医养结合内涵的相关研究。国内学界对于医养结合的内涵目前尚未形成统一解释，医养结合究竟是应偏重“医”还是“养”，学者们对此持不同意见。一部分学者从机构结合的角度强调医疗机构与养老机构的重要性应是同等的；另一部分学者则认为医疗资源和养老资源只有进行充分结合，才能充分发挥其真正功能，以满足老年人的养老需求；还有学者指出，必须依据老年人的不同身体状况提供不同的服务，对于“医”与“养”的侧重点要进行区分。周颖颖和薛兴利（2016）认为，“医养结合”不仅是提供日常生活照料、精神慰藉和社会参与，更为重要的是提供预防、保健、治疗、康复、护理和临终关怀等方面的医疗护理服务。同春芬和王珊珊（2016）指出医养结合是以基本养老服务为基础，以提高老年人疾病诊治、护理、康复等为重点的养老模式。上述学者认为医养结合的重心应倾向于老年人的医疗护理服务。对于医养结合是侧重“医”还是“养”这一问题，学者们普遍认为二者缺一不可，若能够进行有机结合，可以满足老年人的双重需求。例如，杜鹏和王雪辉（2016）指出，医养结合的服务对象应该面向全体老年人，服务主体应包括家庭、社区、养老机构以及医院等。朱凤梅和苗子强（2018）在此基础上进一步解释：“医养结合是指在地理空间上、可及性的一种服务供给的增加。”强调医养结合服务在距离上的可及性，让老年人能够更加便捷地获取医养结合服务资源。

第二，医养结合研究相关理论观点探讨。首先，从微观理论层面来看，张彩和严运楼（2019）从社会交换理论出发探讨政府和社会资本合作模式下医养结合项目的可行性。其次，从中观理论层面来看，刘清发和孙瑞玲（2014）运用嵌入性理论中的结构性嵌入和关系性嵌入视角，分析了医养结合科层组织模式、医养结合契约模式、医养结合网络模式的优缺点及其推行的条件。最后，从宏观理论层面来看，荣超等人（2018）基于社会支持和多中心治理理论对失独家庭医养结合养老模式展开研究。张琼月等人（2019）认为，以多中心治理理论为基础构建多中心管理的"焦点"连接医养结合机构养老模式，能够解决当前医养结合合作管理上所面临的问题。鲍捷等人（2016）以公共物品理论作为研究视角，将医养结合服务界定为"准公共物品"，认为各类服务主体在不同条件下所提供的服务内容的公共物品性质不同，他们以公共物品的生产与提供作为研究视角，对医疗机构与养老机构的结合模式进行了分析。周坚和邓绮琳（2019）以广州市海珠区老年居民以及医养结合服务养老机构为调查对象，在公共产品供给分离理论指导下，通过实地观察、深度访谈和问卷调查等方法，分析医养结合养老服务的供需状况。

第三，医养结合养老服务主体与客体及服务具体实践形式。关于医养结合的服务主体与客体，学者们进行了探讨，并给出了界定。杨翠迎和鲁於（2018）认为，医养结合服务主体是医养结合的管理部门和养老机构。于卫华等人（2013）在此基础上，进一步指出医养结合养老服务的具体提供方应包括护理型医院和具有双向转诊功能的医疗机构。马丽丽等（2016）将医养结合养老服务的主体归纳为："老年公寓、护理院、临终关怀院、各级医院、社区卫生服务中心和社区居家养老服务中心。"上述专家学者对于服务主体的界定，主要基于对医养结合服务相关提供方的考量。而对于医养结合的客体，即"医养结合"服务的对象，也存在不同的理解。有学者指出，医养结合的主要服务对象是老年人（王媛媛，2018）。孔银焕和王华丽（2018）对服务对象的范围进行了界定，他们认为生活能够完全自理的老年人，失能、半失能、大病康复、需长期护理的老年人都应该是医养结合养老服务的客体。学界普遍认可医养结合养老服务应面向健康、基本健康、不健康和生活不能自理的四类老年人；生活不能自理的老年人，主要包括残障老年人、慢性病老年人、易复发病老年人、大病恢复期老年人及绝症晚期老年人。

目前，对于医养结合养老服务的具体实践，部分学者认为应该以在养老机构开设医疗机构、在医疗机构内开设养老机构、养老机构与医疗机构合作三种模式为主（杜鹏、王雪辉，2016）。从医养结合服务模式的分类来看，刘清发、孙瑞玲（2014）将其归纳为三类，分别为“医养结合科层组织模式、医养结合契约模式、医养结合网络模式”。这一划分方式主要依据医疗资源与养老资源配置所占的不同比例。王素英等人（2013）考虑到医疗机构与养老机构的服务取向，从医养结合多元主体协作的角度出发，对现行医养模式进行归纳，将医养结合养老服务模式分为三种，“第一种是‘整合照料’模式；第二种是‘联合运行’模式；第三种是‘支撑辐射’模式”。朱震宇、李放（2018）认为应将医养结合服务类型划分为：养老机构内设医疗机构型、医院内设养老机构型、医疗结构与养老机构协议合作型及上门服务型。隋雨荧等人（2019）依据医养结合服务所提供的具体服务内容在前人研究基础上进一步将医养结合养老服务模式划分为“紧密结合型与松散结合型两种模式”。

第四，医养结合具体服务内容研究。司明舒等人（2019）通过分析不同类型的医养结合机构中老年人养老服务需求发现：“医养结合机构所提供的医疗与养老服务内容范围较为广泛，未能具体地给予不同类型的老年人以相对应的服务，尚未满足老年人的实际需求。”学界针对医养结合为老年人提供的具体服务展开了充分讨论。黄佳豪和孟昉（2014）呼吁在为老年人提供日常生活照料的同时，需要关注老年人精神慰藉和社会参与层面的问题，预防、保健、治疗、康复、护理和临终关怀等方面的医疗护理服务应是重中之重。陈洪珠等人（2017）对居住在养老机构的老人对医疗服务需求进行分析后发现："老年人对于健康体检需求程度最高，其次是健康促进管理，最低的则是慢病管理。"对于老年人养老需要同时考虑到心理和生理两个层面，针对老年人对医与养的不同需求，医养结合服务机构可依据老年人的实际需求提供适宜的服务。

张燕等人（2018）通过调查研究，将医养结合养老服务具体内容细分为"生活照护、精神层面的关心和专业的医疗服务（健康教育、医疗保健、体检及疾病诊治、慢病管理与疾病康复、临终关怀）及文体娱乐服务四个方面"。医养结合养老服务本质上应是医疗与养老服务，为老年人提供持续性的服务，其具体实践具有复杂性和多元性。

二　医养结合的实施困境

当前我国医养结合养老服务在推行过程中存在一些制约因素。既有宏观层面问题，如政府部门之间衔接不畅、城乡间医养资源供需错位等；也有微观层面的细节问题，如医养结合参与主体动力不一、专业人才紧缺以及服务质量参差不齐等。目前的研究成果主要关注以下几方面的问题。

（一）医养结合面临的体制制约

目前，我国医养结合养老服务在实践过程中存在一些问题。首先是相关政策和制度、部门职责不明晰、城乡间供需失衡的问题。这些问题的存在极大地制约了医养结合养老服务的推进。因此，面对医养结合当前所面临的体制困境，国内专家学者分别从制度和供需两个方面展开了相关研究。

第一，行政部门分而治之的体制制约。对于当前中国医养结合的制度性问题，学者们对其进行了探讨。有学者指出，尽管我国政府出台了一系列相关文件，强调发展医养结合的重要性，但是医养牵涉政府部门较多，如民政部、财政部、人力资源和社会保障部、卫生和计划生育委员会等，地方县市涉及的部门更多（王浦劬等，2018）。医疗服务与养老服务机构分属于不同行政部门，一个文件的审批常常需要经过多个部门的审核，造成很多机构心有余而力不足，在复杂的审批程序面前打起了“退堂鼓”。不同政策部门间协调性不足，管理体系存在一定问题，针对养老机构和医疗机构未能形成统一有效的管理，政策碎片化严重。睢党臣和彭庆超（2016）认为，“在医与养之间未能形成政策合力”，形成不同部门间分工而不协作的局面，医养资源难以真正结合做到资源间的共享与融合。吕琦和任晓雅（2019）对此表示认可并指出：“当前我国行政管理部门存在职能重叠部分，现行医养结合管理体制无法保障医养结合养老服务实践的顺利推行，医养结合养老服务的推进存在一定困难。”

第二，城乡医养结合服务供给与需求失衡。医养结合养老服务在推进过程中因为医养资源不均，农村所获得的医养服务不能真正满足其需求。徐广浩、李传实、崔瑞兰（2018）指出：“当前城乡医养结合服务设施覆盖率存在较大差异。城市医养结合服务设施覆盖率可达 80% 以上，但农村地区医养结合服务设施覆盖率仅 40%。”农村地区医养结合服务设施落后，仅能为老年人提供基本照料服务，专业化的医疗服务缺乏，无法真正满足农村老年人的实际需求。项目组成员通过调查研究发现，“欠发达地区农村养老方式以居家为主，机构为辅”（王彦斌、袁青欢，2021），老年人倾向于有社会养老服务支撑的居家养老服务（高矗群、张开宁，2020）。受服务对象和子女经济能力、养老观念和地方传统家庭文化等因素（刘燕，2018）的影响，农村地区形成养老机构过多却无人居住的局面（王彦斌，2017）。这一现状导致医养资源的供给与需求出现问题。当前，农村地区医养结合养老服务发展困难重重，农村老年人无法真正从中获益。李凤月和董申琪（2017）指出，城乡养老服务资源配置不均造成养老机构床位供给与需求失衡，具体表现为城市公办养老机构出现“一床难求”的局面，而农村民营养老机构床位闲置，无人问津。城乡医养资源供需失衡现状究其原因，一是对欠发达地区农村关注度不够，导致对当地实际需求未能进行充分了解；二是对于医养结合服务的具体服务内容没有针对性，没能依据城乡老年人的不同需求提供相应服务。

（二）医养结合面临的资源困境

我国医养结合养老服务除面临体制制约之外，还有亟待解决的资源问题。尤其是当前医养结合机构尚未将医疗和养老服务进行很好的衔接，对于自身定位尚不明确，服务方式僵化，服务内容单一，服务匹配度不高。医养结合相关政策支持力度不够，医养结合机构缺少资金和专业医护人员。学界对上述问题进行了研究，并给出了相关建议和意见。

第一，医养结合机构运行困难。当前医养结合机构面临医疗机构和养老机构之间无法真正无缝对接，解决资金紧缺的问题。一方面，公立医院对于在医院内部设立养老科室的积极性不高，医疗机构与养老机构无法实现紧密合作。朱凤梅和苗子强（2018）指出，“由政府主导兴办的综合类医院，提供医养结合服务的积极性并不高。当前，其收益高的医疗服务已足以获得医保基金的支付”。设立老年康护病房所获得的收益与医院原本能获得的收益差距较大，营收能力较强的医院不愿主动提供相应服务。邓大松和李玉娇（2018）认为，“公立医疗机构人员之所以不愿主动参与到医养结合相关服务之中，是因其能够获得稳定的收入”。公立、高层级、大型养老机构和医院因行业资源丰富、专业人员充足，经济收益丰厚。尽管它们具备增设医疗或养老功能、供给医养结合服务的能力，但因规避经营风险和利润驱动，不愿主动参与。部分民营、基层、小型医养结合机构自身扩展相关业务的能力有限，缺少运行资金，运营状态举步维艰。另一方面，部分医养结合机构处于亏损或未盈利的状态。侯建森和张羽（2015）指出，医养结合型养老机构准入门槛较高，需支付较高费用，且机构内部一部分服务需单独购买，而大多数老年人的收入有限，无法支付高额养老费用，造成医养结合机构资金来源不稳定、机构运转负担沉重、医养结合机构资金短缺难以为继的局面。肖云芳和杨小丽（2017）认为，政府缩减对公立医疗机构的财政投入政策使得部分提供医养结合服务的公立医疗机构在物质经济的诱惑下，通过各种方式过度收取医疗服务费用。这些情况的发生使医养结合养老服务机构的发展愈加困难。

第二，医养结合养老服务专业人员缺乏。目前医养结合相关专业人才紧缺，大部分养老机构从业人员，没有进行过相关专业培训，精神慰藉更无从谈起。2015 年，我国需要养老照护人员约 500 万人，但全国仅有 5 万余名养老护理员持有专业证书。北京师范大学中国公益研究院发布的《2017 年中国养老服务人才培养情况报告》显示："全国失能、半失能老人约有 4063 万，若按照国际上失能老人与护理员 3∶1 的配置标准推算，我国至少需要 1300 万护理员。而目前各类养老服务设施服务人员不足 50 万人，持证人员不足 2 万人，全国养老服务人才需求缺口巨大。"①吕琦和任晓雅（2019）认为，医养结合养老服务专业人才过度短缺是医养结合养老服务推行过程中的短板。专业照护人员缺口较大，而这一缺口通常由非专业人员来补充，无法满足老年人的专业需求。徐宏和江伊诺（2017）进一步指出，"训练有素的专业照护人员缺乏，是医养结合养老服务发展面临的主要困难"。养老服务人才现状使得医养结合的顺利推进存在一定隐患，相关专业人才的培训与培养迫在眉睫。

三　医养结合的路径选择

我国现行医养结合制度体系不完善，资源配置失衡，医养结合相关政策碎片化，政府部分职责划分不明晰，医养结合机构尚

① 《我国养老服务业人才现状》，光明网，2019 年 3 月 25 日，https://m.gmw.cn/baijia/2019－03/25/32673830.html，最后访问日期：2022 年 4 月 11 日。

未形成统一服务标准且服务内容僵化，老年人的精神健康被忽视。学界针对上述问题进行分析，并提出了相应的解决路径。

（一）解决体制制约的路径选择

关于医养结合养老服务在实践中所面临的体制制约困境，学界从政策和制度方面进行了改进对策的研究，为医养结合养老服务的推进提供支持。学者们从明晰医养结合相关部门职能和解决城乡供需错位两个方面，提出了大量建设性意见。

第一，纵横联动实现医养结合，相关部门多元协同。当前医与养的割裂局面，不利于医养结合养老服务的推行。有学者指出：“医养结合是医与养的有机结合，这其中横跨多个部门，需要各部门之间的纵横联动，才能真正做到结合。”（朱志伟，2017）具体而言，成秋娴等人（2016）认为“政府部门应该从分散走向联合，统筹医养结合涉及的相关部门（卫生部、民政部、财政部等）”。各部门由原来各自为政的局面转向多元协同，促进服务形式的转变，重塑顶层设计才能走出当前医养结合制度困境。李长远和张举国（2017）指出：“建立统一、有效的行政协调机制，方能保障医养结合的顺利推行。”在医养结合养老服务的推进过程中，只有行政部门之间统筹协调、多方联动，才能真正推动医养结合发展。目前已经有一些城市成立了相关协调推进机构，打破行政壁垒，确保医养结合稳步推进。例如，上海市建立了医养结合工作协同推进机制，卫计部门牵头负责医疗服务的规划、业务监管、技术指导与支持，民政部门牵头协调其他非医疗服务工作，人社、财政、发展改革委等部门全力配合，形成齐抓共管的推进机制。

第二，统筹规划解决城乡医养服务供需失衡问题。学界对城乡医养结合服务资源的供需问题提出了大量建设性意见。一些学者认为：“农村地区供需错位问题的解决，需要突破局部思维整体建设农村养老服务网络，借鉴卫生系统的三级服务网络经验建设农村养老三级服务网络。”（高矗群等，2018）也有学者指出：“统筹城乡之间养老服务发展，必须要实现养老服务供给均等化。”

（李长远、张会萍，2018）对于城乡养老服务设施应进行统筹规划，解决城乡养老资源不均衡问题，还有学者呼吁："不论是在城市还是农村，医养结合工作的重点还需根据老年人的需求进行调整和改进，并且有针对性地建立一个统筹监管的评估机制，充分整合资源、协调人员，从而规范医养结合养老服务工作，更好地为老年人服务。"（刘晓梅等，2019）要改善当前医养结合服务供需失衡的局面，必须充分考虑农村地区医养需求，整合现有资源，提供多层次、多元化、专业化的养老服务，依据不同地区不同类型的老年人的养老需求，提供针对性的服务。

（二）解决资源困境的路径选择

针对目前医养结合机构在现行体制下面临的收入微薄、机构发展动力不足、政策支持力度不够等运行过程中的"瓶颈"，以及专业医护人员数量不足、现有从业人员资质参差不齐、专业人才紧缺的现状，学者们提供了一些具体的建议，以应对当前医养结合养老服务所陷入的资源困境。

第一，形成对医养结合机构多方协作的支持体系。针对医养结合机构所面临的运转困境，有学者给出了相关建议。周晓丽等人（2019）针对西安市医养结合机构存在的问题指出，应将医养结合机构纳入医疗保险报销行列，明确卫生行政、民政、劳动和社会保障部门对养老机构的监管与职能范围；加强各级管理部门间的协调，是解决医养结合机构发展过程中的关键问题。张琼月等人（2019）认为，"对于医养结合机构供给应给予增加，政府投资力度应加大，鼓励各类社会资本进入医养结合服务体系，缓解医养结合机构资金紧张状态。以政府为主导，构建'焦点模式'，连接养老机构、医疗机构、学校等组织或部门以补足当前养老机构与医疗机构合作模式管理上的缺陷，多方协同助力医养结合服务结构的发展运行"。

第二，建立医养结合专业人才服务队伍。国内专家学者针对当前医养结合人才缺乏问题进行了探讨，并提出了一些解决之策。

一方面，有学者建议高校应与医养机构建立对点人才培养与选拔制度，保障专业人才供给。对于目前有一些基础的医护人员，可以对其进行培训。政府可帮助医养结合相关机构与一些高校、医学院等专业类院校建立长期合作关系，打通人才培养渠道，解决专业人才缺口。周文娟等人（2018）通过对湖北省医养结合机构护养人员的培训状况进行调查分析指出："护养人员学理水平低，对于工作培训的需求大。对护养人员展开广泛培训，能够快速提升医养结合服务质量。"建立健全护养人员培训机制，充分发挥其效能，有助于促进医养结合服务体系的推行。另一方面，部分学者提出应形成相关激励机制。如孙蓉（2018）指出，"公立医养机构应建立考评机制，完善激励机制，鼓励专业人员到农村地区帮助培养农村地区相关人员"，多举措并行，补足医养结合相关专业人才缺口。席杨娟等人（2019）认为，医院可以对相关的护理人员定期进行专业技能培训及考核，学生可以到医院老年病房或者养老机构进行实习，鼓励医学院校开设护理专业或增设相应的老年专业课程。

第二节　强化医养资源整合促进以医促养

欠发达地区医养结合养老服务体系的构建应在健康社会福利理念的指导之下，将现有医疗资源与养老资源进行整合，重视地方性养老文化特征，强化以医疗服务促进养老服务，使老年人能够共享医疗资源和养老资源；同时，充分挖掘利用多元资源，发挥社会、社区、家庭和个体的能动性，满足欠发达地区农村老年人以医促养的养老需求，提升广大农村老年人的生命和生活质量。

一　现有研究的价值和存在的问题

国外医养结合的相关研究起步早，并已形成相应的各种制度保障及其具体措施。实际上医养结合实践的原初内涵是综合照护，强调的是构建持续为所有涉及医与养的参与者增益的综合照护系统。国外侧重于以社区为核心解决老年人长期照顾问题，同时注重政府层面制定医疗卫生服务和日常生活照料相结合的支持体系。借鉴国外经验，对中国医养结合养老服务体系的构建具有重要意义。例如，相较于西方国家，中国的老年人长期保险制度仍处于初始阶段。学习西方国家相对完善的保障制度，促进与各类社会资源之间的合作，以缓解老年人医养结合机构的运行问题，对于完善中国健康养老服务有积极作用。但同样要注意到，国外相关专家学者指出，日本的介护保险制度面临资金缺乏和专业人才不足的问题；而美国的 PACE 模式，由于覆盖范围不够、政府给予支持力度不足等问题面临发展缓慢的困境。更为关键的是，国外研究者提出的理论因其产生的历史背景与制度背景不同难以完全契合中国社会的养老实践，因此需要依据中国老年人养老的现实状况，对之有选择地进行借鉴。

国内关于医养结合的研究，主要集中在对于医养结合的概念、类型、实施困境与相应解决之策的概述性探讨层面，也有一些研究涉及各地医养结合试点的探索。这些研究尽管正在不断深入，但当前仍存在以下几个方面的局限。第一，就研究范围而言，学界关于城市医养结合养老模式的研究成果丰富，但忽视了农村地区所面临的医养结合养老困境。第二，国内关于医、养、利的探讨，以及对于当前“医养结合”机构整合的三种主流模式影响的分析研究具有一定价值，可以在未来欠发达地区农村开展医养结合工作时作为参考，但一些学者所探讨的医养结合养老服务具体实践方式，无法从本质上解决欠发达地区农村老年人养老问题。第三，相关研究者依据目前中国的医养结合实践构建的模式，大多针对医疗机构与养老机构应如何结合展开讨论，缺少全面的系统性研究；在医养机构结合的操作层面，缺乏国外实践与理论强调“系统照护”持续性与可及性的体系与机制的研究。这些研究未形成对实践有广泛导向性的理念，而且从中国医养结合的实践经验与所能查阅的研究文献看，对于广大农村老年人医养结合养老服务问题关注度明显不足。实际上，中国农村地区由于存在经济发展不足、社会保障机制不健全、社会公共服务匮乏，以及国家现代化与城镇化导致中青年人口外流等现实情况，老年人所面临的养老问题比城市更加突出（Cai, Yang and Guo，2014）。相较于城市老年人，农村老年人尤其是欠发达地区农村老年人的医养相关问题的解决需要显得更为迫切。对于欠发达地区农村来讲，当前迫切需要解决的问题是医养结合究竟该以什么样的方式提供服务才能够使广大农村老年人切实受益，以及如何在现有条件下尽可能地提升其可能性和延伸可及性。

二　健康社会福利理念引导的以医促养

我国的社会福利思想，源远流长、博大精深，如《礼记·礼运》中“使老有所终，壮有所用，幼有所长，鳏寡孤独废疾者皆有所养”的仁政理念，《墨子·尚贤》中“有力者疾以助人，有财者勉以分人，有道者劝以教人”的互助帮扶思想（彭华民，2011）。这些福利思想都以“人”为价值导向，究其本质是“以人为本”。这种社会福利的根本目的在于社会能够为个体提供支持和帮助，使“社会共同体达到一个集体的幸福和正常的存在状态”。我国现代社会福利思想不仅包含慈善救济的人文关怀，“同时强调社会福利是全体社会成员应享有的公民权利，是一种制度福利”（彭华民，2011）。社会福利所倡导的公平正义、维护人类尊严、激发人类潜能、提高人类幸福感的价值取向，正是我国社会政策正在进行的实践。

长期以来，人民的健康问题为党和政府所高度关注，1949 年以来中国的社会福利基本上是国家投入人员资金并以机构的方式展开的，通过各种社会福利院、敬老院等机构对一些特殊的个体给予福利照顾。在我国社会福利长期实践历程中，社会福利设置都是为了解决社会治理问题，其出发点是国家本位。今天，我国社会的主要矛盾已经转化为人民日益增长的美好生活需要和不平衡不充分的发展之间的矛盾，为此，更需要“以人为本”，把人民的普遍福利需要放在重点地位并给予制度性的保障。

2016 年，中共中央、国务院印发的《“健康中国 2030”规划纲要》指出：“要通过体制机制创新、预防为主和健康促进提高基本医疗服务质量水平，构建整合型医疗卫生服务体系，以农村和基层为重点，推动健康领域基本公共服务均等化，进一步促进社会公平。建立起覆盖城乡居民的中国特色基本医疗卫生制度，使全民健康的制度体系更加完善。”①健康中国是一项旨在关注全民健康的国家福利，其具体体现的政策之一“医养结合”也不能限于既往的理解，不仅需要多方协同参与，也应该有更广泛的辐射面和实施方式。“医养结合”并非简单的“医疗+养老”机构的结合，必须从兼容满足老年人多重生存福祉需要的社会福利理念出发来构建（王彦斌，2017）。

医养结合养老服务作为一项国家整体层面的社会福利制度设计，应该摒弃简单的社会福利院与医院机构结合的早期思路脉络，立基于“以人为本”的健康社会福利理念的指导，构建兼容老年人这些社会需求并具有可及性和可持续性的医养结合服务体系，其中除了包含医养机构结合的成分，更应拓宽能够惠及更多老年人的医养资源整合层面发展的医养结合，进一步明确医养结合的实质是以医促养的基本思路。在欠发达地区农村，更要以健康社会福利理念为导向，创新全社会多元参与的体制与机制，在现有医疗和养老体系资源可及性基础上构建多层次、多层级医养资源结合服务体系，同时借助“健康中国”这一国家战略，在制度化创新制度保障下，使农村老年人能够切实享受到医养结合政策所带来的福祉。

① 中华人民共和国中央人民政府：《中共中央　国务院印发〈“健康中国”2030 规划纲要〉》，中国政府网，2016 年 10 月 25 日，http://www.gov.cn/xinwen/2016-10/25/lontent_5124174.htm，最后访问日期：2022 年 8 月 22 日。

我国欠发达地区农村老年人医养结合养老服务体系的建构具有一定的特殊性，欠发达地区农村老年人的经济供养、生活照料、精神慰藉现状和医疗资源供给状况都存在重重困境。老年人的养老需要在经济供养、生活照料、精神慰藉三个方面皆得到满足，同时老年人机体衰老导致生命质量降低，也需要得到相应的医疗资源在疾病诊断、治疗疾病、保健康复、医学护理等服务方面的保障，确保老年人晚年生命质量得到提升。目前学界关于医养结合的研究成果已十分丰富，但是关于“医和养”究竟如何结合，以何种方式进行结合，社会各界尚未形成统一的看法。一方强调以满足老年人的医疗服务需求为重心，“以医促养”；另一方则认为养应该成为主要目标，“以养助医”才能真正解决老年人所面临的困难。这两种方式究竟哪一种能真正解决老年人的养老困境？学者们在学理上展开充分讨论的同时，还需要考虑到不同地区老年人对“医”与“养”的不同需求。在欠发达地区农村，由于老年人及其家庭自身能力和社会供给水平的低下，现有的机构性养老资源在数量上无法切实满足农村老年人的养老需求，也不符合农村老年人的养老习惯，本身就难以满足农村老年人的基本需求。农村医疗资源的供给支持更是明显不足，除了医疗机构存在基础设施落后、相关人才缺口较大、资金投入不足的情况，现有医养机构还存在布局错位、专业人员业务水平有限以及服务范围覆盖面小等问题，几乎无力支撑当前欠发达地区农村老年人通过医疗资源提升生命质量。

基于欠发达地区农村老年人自身养老需求和医养结合现状，欠发达地区农村老年人医养结合服务体系的构建应该以社会福利理念为导向，多层级服务组织架构和多元资源配置支持并有效利用地方性社会文化资源。这就需要以老年人的养老需求为核心，依据其养老特征以及医养资源之间的供需矛盾，在现有资源的基础上将医疗资源与养老资源进行整合，从机构结合向制度与体系构建思路转变，将健康医疗放在重要位置，确立以医促养的基本思路。以健康社会福利理念建构欠发达地区农村医养结合服务体系的目标在于，从农村老年人的健康福利需求出发，在现行制度下制定出与之相适应的具体政策，对现有医疗资源与养老资源进行评估，在当前医养结合服务内容的基础上充分发挥“医”对“养”的支持作用。整合现有医养资源，将健康社会福利与医养结合服务体系建构结合起来，进一步确保所有农村老年人能够享有“医养结合”政策所带来的福利，从而为欠发达地区农村老年人谋求老年社会福利，并在一定程度上解决当前农村地区老年人的养老困境，以应对当前养老服务在农村地区发展迟滞的困局。因此，从本质上来说，鉴于欠发达地区农村医养资源的基本结构性状况，应该在健康社会福利理念的根本关怀下，反思主流、惯性的机构式“医养结合”的养老方式适用状况，以一种“以医促养”的更为契合欠发达地区农村状况的方式来增进欠发达地区农村老年人的健康生存、生活福祉。

三　多层次医养资源的有效整合

我国欠发达地区农村医养结合养老服务体系的构建，应建立分层级结合的制度性组织架构。既要考虑欠发达地区农村经济社会发展现状，还需充分考虑农村老年人对医养结合服务内容和方式的实际需求。因此，在技术层面的具体设计上必须充分利用现有的医疗资源和养老资源，采取整合多层次医养资源的方式并分步骤实施。

（一）建构村级医养资源整合服务体系

村庄作为农村老年人日常生活实践的重要场域，为老年人的生活提供了各类资源。从医养结合服务体系时间和空间以及服务内容的可及性上来讲，医养结合服务体系应能够覆盖老年人日常活动区域，即以村庄一级为基础，以此为支撑点延伸医疗资源，健全社区医养服务组织体系。在现代社会结构转型变迁的影响下，以“孝道”和传统养老文化为基础的“反哺”式家庭养老方式近年来不断受到冲击，家庭结构发生变化，家庭养老功能弱化。因此，建构村级医养资源整合服务体系，要注意综合考虑。首先，需要对原有家庭养老的支持能力进行强化，确立家庭养老责任人，明确养老的家庭责任并强化养老的家庭支持能力。其次，应发挥社区内部的互助支持功能。尽管农村社会经历了结构转型，但是“守望相助、邻里亲如一家”的传统美德仍影响深远。由于家庭所能提供的支持有限，需要社区互助这一外生性支持力量，减轻家庭养老负担。老年人互助养老实践，应在老年人自愿参与的前提下进行组织，在制度支持与保障之下开展相关活动。最终目的是在原有养老机制的基础上，为老年人健康养老提供基础服务。再次，应对公共设施进行整合。农村原有公共设施分散且服务功能单一，应将原有公共设施进行整合，对其功能进行拓展，以协同共建的视角从整体上进行把握，充分利用现有资源。最后，应及时关注老年人的精神健康，给予老年人精神慰藉，同时充分发挥老年人的主观能动性，调动老年人的自身资源，提升其生命价值观，满足老年人的双向需求。

（二）建构乡镇级医养资源整合服务体系

欠发达地区农村乡镇相较村庄而言，拥有更加充足的医养资源，是各类资源下沉的终端载体，承担着对村级各类资源的管理、协调等职责，在欠发达地区农村医养结合服务体系中起着承上启下的作用，处于核心位置。就医养结合服务体系而言，乡镇是各类医养资源的集散地，建构乡镇级医养资源整合服务体系，需要对现有医养资源进行配置并整合，乡镇可依据现有条件，对现有医养资源进行挖掘、优化和提升。首先，应对乡镇卫生院的服务能力进行强化拓展，扩充专业医养服务型人才队伍，加强当前乡镇养老机构的服务能力，提高其服务质量。其次，应对乡镇医养资源供给进行整合。根据当地实际情况，制定相关政策，将医疗机构与养老机构与医疗机构进行签约式整合，解决原有医疗和养老机构服务功能单一问题。最后，应发挥乡镇医疗机构对居家养老方式的支持作用，重点从当前居家养老方式入手，以乡镇医疗机构为依托，实现医养服务在空间上的可及性。

政府部门应进一步强化对村级医疗机构介入居家养老服务实践过程的监督与管理。同时应提升村医服务质量，建立相关人才培训机制，提高其服务意愿。利用现代发达信息技术，对老年人信息进行分类整理，及时跟踪管理被服务对象动态信息，确保服务的准确性和有效性。

（三）建构县级医养资源整合服务体系

县级相较村、镇而言，拥有更为多元的医养资源。一方面，县级医疗卫生服务机构承担了整个县大病诊治的职能，可为下级医疗卫生机构提供指导与支持。另一方面，县级养老资源较为多样，既有私立老年公寓、康养院等养老机构，也有公立中心养老院和福利院，能够为村、镇养老机构提供帮助。因此，建构县级医养资源整合服务体系的建构需从以下几个方面入手。首先，应整合县级资源。将县级医养机构进行签约式整合，确保养老机构对医疗机构中老年人的医疗服务制度化，同时拓展现有医养机构的功能并提升其服务品质。其次，应充分发挥县级医疗的轴心功能。关注居家老年人中的“重”“难”病症，建立更为便捷的诊疗体系，对老年人每一阶段的康复状态提供相对应的服务。最后，应将县级医疗资源延伸至居家养老服务网。通过推广医共体建设，由县级医疗机构成立专业医疗团队，充分运用信息系统，助力实现县级医养资源下沉至村镇。

通过对村镇县三级医养资源进行有效整合，建构欠发达地区农村医养结合养老服务体系，着眼于老年人实际养老困境，在原有医养资源的基础之上，对其进行优化和拓展，使其功能能够得到完善和发挥，真正惠及广大农村老年人，以健康社会福利服务理念提升农村老年人生活质量。

小 结

医养结合服务在我国的推行已取得一定成效，但也面临各种困境。学界相关研究阐述了医养结合的内涵，以及现行医养结合模式目前存在的问题并在分析原因的基础上提出相应对策和建议。学者们指出，在健康中国战略背景下，我国医养结合在相关政策、实践、市场、模式等方面都有了快速发展，但仍然存在认识偏差、政策协调性不足、服务模式单一，以及城乡差异突出等问题。要解决这些困境需创新医养结合管理机制和服务模式，分类制定医养结合标准化服务体系和评估体系，实现对于相关人员健康信息的互享和互动，以及进一步统筹加强对城乡医养结合资源的保障等。这些解决路径对于实现老年人对健康资源的可及性、健康机会的公平性和健康能力的有效性具有重要意义。然而，欠发达农村地区面临医养资源配置不均、社会资本缺位、医养结合参与主体动力有限、基层医护人才短缺等多重问题，在具体实践过程中现行模式显然不能完全满足农村老年人多向度的养老需求。

基于此，本书提出欠发达地区农村老年人医养结合养老服务体系的构建，需要在健康社会福利理念的引导下，以切实满足老年人需求为导向并兼具可及性和可持续性。我国当前正处于福利责任上升期，应进一步借鉴健康社会福利理念并立足于中国具体国情，进而明晰医养结合层面中以医促养的思路。首先，应在“健康中国”所关注的以人为本和底线公平这一顶层战略助推下依据现有医养资源建立起以政府为主导核心的底线责任体系并制定出相应政策。其次，政府作为规制性制度主要承担者有着调动和供给资源的能力，其责任的着力点是构建起一套有助于多元主体介入且能够发挥各自优势的多层次医养结合服务体系，并通过对当前医养资源的相应优化来支撑这一体系的运行。最后，多层次医养结合服务体系需要多层级医养资源的整合并分步骤实施。通过构建村、镇和县三级医养资源的整合统筹服务体系，对既有医养资源进行拓展和优化并提升其品质，进一步强化医养资源及服务的契合度，实现医疗资源对养老资源的支撑和支持。从而真正有效满足老年人的养老需求，提升其晚年生活幸福感。

第三章　欠发达地区农村老年人的经济供养

在农村老年人的养老生活中，经济供养扮演着极其重要的角色，直接影响其生命及养老生活的质量。解决老年人在经济供养方面存在的困境，是应对农村养老问题的重要策略。尽管国家和社会日益重视老年人的经济生活，目前也取得了显著成绩，但是，农村绝大部分老年人仍面临没有稳定的工资收入、农村社会福利保障水平与城市相比较低以及家庭养老功能受到家庭结构小型化的冲击等问题。这些客观实际使得经济供养问题成为欠发达地区农村老年人养老的难点。本章从经济供养的需求与供给两个方面对老年人的经济供养进行考察，在对老年人的经济供养需求现状特点呈现的基础上，进而以养老资金的来源作为划分标准，将老年人经济供养的供给分为三个方面——自我供给、家庭供给和社会供给，以此考察农村老年人的经济供养状况及影响因素，为医养资源整合服务体系的建构提供基础事实和背景。

第一节　老年人经济供养的现状

农村老年人对经济供养的需求体现在两个方面：对家庭经济供养的需求和对社会提供的经济供养的需求。支出反映需求，需求大的方面支出也较大，因此，老年人经济上的支出情况可以从一定程度上反映其经济供养上的需求。

一　经济供养的需求

经济供养是老年人养老的必要基础，是老年人维持基本生计和维持一定养老生活质量的重要保障。从调研情况来看，老年人对经济供养的需求具体体现在家庭和社会等支持力量对其日常生活和医疗卫生满足的程度，以及对社会福利保障水平提高的需求等方面。相对应地，其经济支出也主要反映在日常生活和医疗卫生两个方面。

（一）日常生活和医疗卫生是老年人主要的经济支出

随着年龄的增大和身体机能的下降，农村老年人在日常生活和医疗卫生方面的支出日益增多。调查结果显示，被调查者一个月在日常生活和医疗卫生的总支出集中在1000元以下。有81.3%的老年人每月开支在日常生活（衣食住行等）方面，77.5%的老年人每月开支在医疗卫生方面，老年人在其他选项上的开支占比都非常少，有0.5%的老年人每月开支用于补贴儿女，有1.2%的老年人在孙儿女零用上有开销，还有5.3%的老年人每个月会开支在人情往来方面（见表3－1）。除了日常生活和医疗卫生，人情往来也是老年人支出较多的项目。

表3－1　老年人的月开支情况（$n=920$）

单位：个，%

支出项目	频数	个案百分比
日常生活	748	81.3
医疗卫生	713	77.5
补贴儿女	5	0.5
孙儿女零用	11	1.2
人情往来	49	5.3
其他	13	1.4

从访谈结果来看，老年人日常生活支出主要包括食品、衣着、

交通、通信、水电煤气、生活日用品等。对高血压、心脑血管疾病、风湿性骨关节炎等慢性常见疾病的治疗是老年人医疗卫生方面的主要开支。

> 老人一方面自己的收入不高，另一方面生活和看病上支出还是比较大，有些老人就是靠国家给的60元来维持基本生活，所以说在我们农村钱还是比较紧张的。（访谈资料：A县G镇D村副书记）

由于调查地为欠发达地区农村，区域经济发展水平较低，且老年人自身收入不高，这些因素共同制约了其经济支出。例如，2016年，X省的人均GDP为34416元，[①] 农村居民全年人均可支配收入为9020元。[②] 其中，A县的人均GDP为22310元，[③] 是X省人均GDP的64.8%；A县农村常住居民全年人均可支配收入8821元，[④] 低于X省农村居民全年人均可支配收入，仅比X省贫困地区农民全年人均可支配收入7847元[⑤]高出不到1000元。可见，老年人在日常生活和医疗卫生方面的支出较大，但其经济状况不足以应对日常生活和医疗卫生需求。若能从家庭和社会两个层面增强老年人的经济供养能力，这在很大程度上能缓解其经济压力，也能为满足其日常生活和医疗卫生需要提供有力支持。

（二）对社会和家庭经济供养的需求强烈

农村老年人较低的经济收入水平决定了来自家庭和社会的经济供养十分重要。首先，通过对老年人的访谈发现，在生活方面，比起提供饮食、娱乐，老年人更需要的是资金上的补贴。当笔者

---

① 《国家统计局年度数据》。

② 《X省：2016年贫困地区农民人均可支配收入增长11%》。

③ 《A县2016年国民经济和社会发展统计公报》。

④ 《A县2016年国民经济和社会发展统计公报》。

⑤ 《X省：2016年贫困地区农民人均可支配收入增长11%》。

问到“您是否需要他人或养老机构为您提供饮食、娱乐活动”时，常常得到的典型回答如下。

> 一样都不用，都不需要，就是需要补贴，能给补贴的话就要些补贴。（访谈资料：A县G镇N村某女性老年人）

同时，诸如高龄老年人、失能老年人、残疾老年人和独居老年人等特殊老年人对政府层面提供资金支持的需求较强烈。从对D县多个乡镇老年人的访谈情况来看，特殊老年人非常需要政府制定一些新的、额外补助政策来增加其低保金，提高相关补助资金以及提供一定的用于解决日常用品（油、米等）开支的经济援助。[①]

其次，老年人对医疗方面的经济支持的需求较为突出，这在笔者对相关工作人员进行访谈的过程中得到了印证。老年人更需要从各个方面获得对医疗卫生的非实物经济补贴，尤其是大病的医疗费用支持。

> 我确确实实探望了好多老人，我问他们要不要大米，他们说我们也吃不了多少，我们也吃不进去，你们能给就给我们点钱。我问给钱要用在哪里，他们说别的不用，我们只要付点正常的药钱。因为在村卫生室看病才减免得了药费，而平时他跟一般的医生或者在药店买或请人带药都是报销不了的。有些老人一年的医药费都要达到2000左右。（访谈资料：A县G镇L村某村委会工作人员）

---

① 资料来源：《D县养老服务业工作调查报告》《L镇得石社区困难老人需求调查情况》《C村农村养老统计情况》《D县农村敬老院情况调研报告》《D县M镇Y社区60岁以上老人服务需求情况报告》《W乡60岁以上老人服务需求情况报告》《N镇失能、空巢等老年人需求调查说明》《P乡农村养老情况》《Q社区老年人需求情况调查报告》等。

> 我父母生了病之后就一直拖着，最后变成了大病，大病产生的费用不是我们能支付得了的。（访谈资料：A县G镇D村村主任）

在欠发达地区农村，除了经济上的补贴或支持，老年人在医疗卫生上的经济需求还体现在以下两方面。一是老年人对每年定期开展的免费体检需求强烈。他们认为，这类服务有助于提高其健康水平，在一定程度上可以减少医疗开支，减轻经济负担。但是，免费体检服务通常在村委会或村卫生室开展，很难送检到家，很多老年人因交通不便或者无人陪送等无法参加体检，也就无法享受到这项福利。二是老年人存在“看病难、看病贵”问题。具体困难包括经济困难、手续烦琐、交通不便以及老年人自身行动不便等，其中经济困难最为严重。因此，他们表示希望医疗相关机构能够降低医疗费用及护理费用，增加医疗救助金额，简化看病程序。

通过上述分析可以发现，老年人在日常生活和医疗卫生方面需要他人或外界为自己提供经济支持。在现有条件下，此类经济支持更多来源于儿女等家庭成员以及政府。然而，由于欠发达地区农村老年人儿女自身经济状况不佳，支持有限，老年人将经济供养方面的需求尤其是医疗方面的经济支持需求更多地诉诸社会，希望改善其经济供养状况。

二　经济供养的供给

老年人的经济供养主要来源于自我供给、家庭供给和社会供给三个方面。自我供给是老年人依靠个人劳动所得、积蓄或者财产等维持生活；家庭供给通过老年人的儿女、亲戚等家庭成员（主要是儿女）提供的经济支持得以实现；由社会包括政府提供养老经济来源为社会供给。在自我供给方面，老年人通过农业活动获取收入，但是出于身体机能退化以及年龄增大等主客观原因，其通过生产劳动获取收入的能力较低，所得收入有限，经济上的自我供养不足，这也成为他们为养老生活感到忧虑的重要原因之一。在家庭供给方面，欠发达地区农村老年人儿女的生活并不宽裕，对老年人的经济支持有限且不一定稳定，家庭供给存在较大的脆弱性。在社会供给层面，绝大多数老年人稳定的经济支持主要源于新农合、新农保等社会保险，社会养老机构目前所发挥的作用仍然是有限的。

（一）老年人的自我支撑来源单一且被动

1. 老年人的自我供给主要源于农业活动

在农村地区，只要身体条件允许，老年人继续从事农业生产劳动的比重较大。调查结果显示，接近六成的被调查对象仍在从事有收入的劳动进行自我供给，占比为58.2%。其中，超过半数（53.1%）的老年人从事的是诸如种植（38.9%）、饲养（14.2%）等传统农业产业活动，靠打零工和做手工获利进行自我供给的老年人极少，分别占0.9%和1.0%，从事其他活计的只占3.2%（见表3－2）。这表明老年人通过自身的劳动获取经济收入的来源较少，结构单一。

表3－2　老年人的经济来源（n＝920）

单位：个，%

经济来源	频数	有效百分比
种植	358	38.9
饲养	131	14.2
打零工	8	0.9
做手工	9	1.0
闲着	385	41.8
其他	29	3.2
响应总计	920	100.0

在对自身收入进行评价方面，有34.2%的人认为自己的收入

与村寨其他老年人相比处于不高不低状态，有 20.2% 的老年人认为自己过去一年的收入处于中等偏下水平，有 34.9% 的老年人认为自己的收入与村寨其他老年人相比偏低，仅有 10.7% 的老年人认为自己的收入为中等以上。

以上结果说明，农村老年人受制于本身的健康状况、文化和技能水平（陈芳、陈建兰，2013），仍然以种植、饲养等农业活动为主，劳动产出有限，获取经济资源的途径较少，收入水平较低。

2. 老年人的养老忧虑主要源于经济自给能力的缺乏

经济供养是养老的基础，是老年人为维持其衣食住行等基本生活需求所必须获得的、最基本的经济支持（宋吉东，2011）。其中，经济上的自给自足是农村老年人养老的主要支柱之一（陈芳、陈建兰，2013）。在被调查对象中，虽然超过一半的老年人不担心自己的养老问题，占比 58.8%，但认为自己收入足够支撑养老生活所需的老年人仅占 9.5%（见表 3－3）；有 66.8% 的老年人担心没有经济收入而影响养老生活（见表 3－4）。此外，不担心养老问题的老年人对“儿女多”“儿女孝顺”“政府会管”几项的响应最多，占比分别为 25.4%、82.9%、24.7%（见表 3－3）。仅有不到一成（占比 9.5%）的老年人因“自己收入足够”，无须担心经济问题而选择愿意进养老院养老。

对因没有经济自给能力而担心养老问题的老年人进行进一步分析，发现其忧虑的原因为：其一，即便儿女愿意提供经济支持，他们的供给能力也是有限的；其二，孝文化虽然仍在农村地区起一定的作用，老年人也认为儿女孝顺是其不担心养老问题的主要原因，但当老年人体弱多病或与家庭中儿女的个人发展、物质利益产生冲突时，孝文化可能会显示其脆弱性；其三，社会化养老发展不充分（周玲玲、段鑫鑫，2017），一旦老年人没有经济自给能力，其养老就会出现较大问题。

表 3－3　老年人不担心养老问题的原因（$n=539$）

单位：个，%

不担心养老问题的原因	频数	个案百分比
儿女多	137	25.4
儿女孝顺	447	82.9
自己收入足够	51	9.5
同宗族养老	2	0.4
舆论压力	10	1.9
政府会管	133	24.7
其他	46	8.5

表 3－4　老年人的养老忧虑（$n=377$）

单位：个，%

担心的养老问题	频数	个案百分比
没人赡养	80	21.2
没经济收入	252	66.8
无地位威望	3	0.8
无事可做	15	4.0
无心理安慰	6	1.6
没用	19	5.0
其他	169	44.8

笔者通过对被调查对象的访谈得到了与问卷调查较为一致的结果。访谈发现，调查对象及其配偶上一年度的经济收入集中在2000～3000元，收入水平偏低。仍能参加劳动的老年人主要从事种植生产（种菜、种苞谷等）或者饲养（养猪、养鸡、放牛、放羊等）以获取经济收入。可见，多数老年人的养老生活经济来源主要是农业收入。

我们村在家自己养老的老人还是多啊。我觉得养老方式主要是看这个生活能不能过下去，也要看自己的想法了。我们现在自己养自己，基本上已经可以了，不需要娃娃养。因为现在生活比原来好多了，我们自己有土地，还可以动，种点供自己吃的作物，再养点牲口，主要是靠养牛和羊，因为年纪大了以后，天天去盘土地也干不动了，养牛、养羊这些我觉得轻松些。另外就是我自己还搞着点副业，在山上养蜂子（蜜蜂），自己也可以过好。我以前当过六年兵，后面退下来就一直在家务农，我现在的生活除了养的牲口这些来源以外，还有老兵补贴跟保险，所以我觉得老人自己过活是完全可以的。加上现在政策也好了，老年人的这个养老观念也要跟着改变，在养老上，还是要独立点。一个是自己还能动就自己苦来吃，也不需要依赖哪个（谁），一个是老年人自己养老会更自在点。（访谈资料：A县G镇M村某男性老年人）

在我们村，除非是老了已经不能动了，要不就是身体不好带了病的，其他的能动的像我这样七老八十的都还在地里面。有时间都要去地里看看，要不去放牛羊……老人年轻时候就是这么苦过来的。（访谈资料：A县G镇M村某L姓老年人）

村子里的好多老人还是比较积极的，并不是他们的娃娃不养他们，主要的是他们心里的一个想法，就是老人能动就动，闲下来的几乎是生病的。土地能给他们带去经济收入，另外一方面就是大家都这么做，已经形成了一种习惯。（访谈资料：A县G镇M村村支书）

与此同时，老年人不论是在观念上还是在行为上均有体谅儿女经济状况的表现，即认为自己身体健康的情况下，能够在一定程度上帮助儿女，在经济上对儿女没有过多的要求，力图做到自我养老，但自我养老的水平仍然较低。

农村社会中以农业为主的大背景为农民晚年选择自食其力的

养老方式做了基础性的铺垫。在这样的大背景下，农民年轻时的农业生产经验不会随着其年龄的增长而消失，而是转化为晚年继续劳作的能动力。农村中自养主体的独立性的根基正是在长年累月的劳作中日渐形成的。

值得注意的是，被调查地区老年人的储蓄型收入相对较少，且多数老年人并无储蓄养老意识，即将其中青年阶段所储存的资金，待到进入晚年之后用于其物质来源的补充与供给。大多数老人手头没有多余的“闲钱”，即使有节余，大多会用于补贴自己的儿女，或用于日常生活开支、医药费等。因此，老年群体的储蓄型收入并不构成其自养实践的主要经济来源。

3. 老年人经济上的自我供给是无奈之举

受城镇化和人口流动的影响，被调查地区年青一代外出务工以增加家庭收入的情况比较普遍，导致养老和抚幼的双重重担落到老年人身上。一方面，子代外出后家中的土地种植、打理的活计就基本由老人“自愿”承担，农村土地闲置和流转的情况较少，对于老人来说，这既能养活自己，又能帮扶家庭。另一方面，与传统子代赡养亲代的反馈式养老逻辑不同，老人倾向于根据自身家庭结构的变动情况来调整自己的养老方式，继而将对子代的责任感延续到最大限度，目的是不给儿女增加负担，提高整个家庭的生活质量。这使得传统反馈式家庭养老逐渐退化，亲代对子代的抚育继续延伸。

老年亲代对成年子代的资助，既包括一般意义上的经济及物质支持，还包括其承担的一系列无薪“再生产劳动”（如农业劳动）、与其他亲友维持社会关系的互动（互助、婚丧嫁娶等）以及无薪的“照顾劳动”（如砍柴挑水、煮饭、照顾孙儿女等）。伴随青壮年劳动力的外出，亲代承担无薪再生产劳动和照顾劳动的现象在农村地区已经普遍存在，这无疑加重了老年人自我养老的经济负担，是其在家庭结构变动中调整养老方式的无奈之举。

我和我老伴被拆开了，他跟小儿子住，我跟大儿子住。我们家情况就是两个儿子的娃娃都还小，我们老的也想得开，想着娃娃出去打工了嘛，我们在家也应该做点该做的，去地里动一动，帮他们照顾下孩子，这样的话就不存在老年人一天天等着老了，至少我们老了也可以做点老人能做的事，发挥点作用。自己身体也好，心头也轻松。多动着点反而对自己更好，也不能一味指望娃娃的责任义务，现在都推行老人要有积极的心态了，身体好的时候依靠个人自苦（劳动）自吃对老人来说不是坏事。（访谈资料：A县G镇M村某女性老年人）

年轻一辈的义务是养父母，但这个是要娃娃有能力才能做到。他们（儿女）自己都顾不上自己了，根本不可能来管我们。所以我们不自己养（自己）嘛，谁来养我们，也不可能去住敬老院嘛，所以，养老也要变成老人自己的一个义务了。没有什么天经地义的说法，娃娃养不养也不是他们说了算、我们说了算的事情，要看各家的情况。我家的娃娃根本没法养我，我自己苦，反倒是我接着养他们。（访谈资料：A县G镇Y村某男性老年人）

（二）老年人的家庭支撑较为脆弱

按姜向群和郑研辉（2013）基于“六普”数据的研究，中国老年人最主要的生活来源分别是家庭、老年人自身及社会保险。其中，家庭成员的供养排在第一位，占40.72%。在调查地区农村老年人养老生活的经济来源也集中在这三个方面，但在顺序及程度上有所不同。表3－5的数据显示，有67.5%的老年人的经济来源是儿女，这个数值比姜向群和郑研辉的研究高出近27个百分点。

表 3－5　老年人的经济来源情况（$n=920$）

单位：个，%

经济来源	频数	个案百分比
务农	350	38.0
打工	23	2.5
儿女	621	67.5
亲朋接济	4	0.4
最低生活补助	44	4.8
出租房/地	1	0.1
社会保险	615	66.8
做手工/手艺	6	0.7
农业补贴	7	0.8
其他	86	9.3

从调查数据可见，老年人经济供养需求满足的重要途径之一是儿女等家庭成员的帮扶。但在欠发达地区农村，整体的经济水平相对低下，老年人儿女本身的收入有限，加上他们对老年人赡养的意愿、能力等因素则会影响实际的赡养状况和赡养行为，常使得老年人的家庭在经济上的支撑作用相当的脆弱，尤其是儿女的生活出现意外时困难则更是凸显。

来自儿女等家庭成员的经济支持是保障老年人晚年生活最重要的物质基础。调查结果表明，被调查者的经济支持除了其务农和社会保障收入外，主要靠儿女资助。受城乡二元社会结构的影响，农村老年人还无法享受城镇老年群体的社会保障待遇，完全依靠社会养老保障体系暂时无法达到经济自立的理想状态。因此，经济支持上主要依赖老年人的自我供给和儿女的经济支持。当然，老年人的自我供给与其健康状况直接相关。当老年人的劳动及自理能力处于丧失或半丧失状态时，依靠农业生产获得经济自给的部分也将随之阻断，此时若儿女没有足够的经济能力来赡养父母，老年人便会陷入家庭养老困境，尤其是在面临一些健康风险时则更为明显。

养老是代际关系的一项功能性内容，在现有社会发展环境下，尽管农村家庭依然遵循“家本位”思想，但是家庭赡养已经从“无条件回馈”逐渐演变为“有条件交换”，成年或老年亲代是否继续参与子代家庭农业生产、是否照看下一代已经成为子代提供经济支持的衡量条件。子代提供的经济支持在很大程度上也取决于其家庭条件，儿女即便愿意承担赡养责任，但囿于农业生产效率低，再加上常年外出务工，既要承担自身及其小家庭的生存消费，又要肩负下一代的教育责任，经济上的负担和压力较重。

> 我大儿子去世了，他不在了，也不是害怕没有人养。我还有小儿子，但是现在情况确实要困难一些，因为小儿子要养五六个人。现在要靠小儿子给我养老，不管靠不靠得住么，他都还是要养嘛，就是有点困难。（访谈资料：A县G镇L村某女性老年人）

在这种情况下，农村老年亲代通常会主动降低其日常经济需求，以尽量减轻子代的经济压力。

> 除了大病痛我们平常也没有哪样开支，小病小痛倒也不用他们花钱，等哪天走不动了他们还是要管呢。娃娃们负担也很重，现在什么都贵，还有小孩上学，我们手头有的话就算他们给我们也不要。姑娘买的衣服也够穿了，不像你们年轻人，我们一年有换洗的两件就行了。（访谈资料：B县H镇D村某女性老年人）

> 以后不用姑娘儿子出钱了，姑娘儿子也不能说他们不养，只是说他们也有娃娃，万一他们的娃娃大了，用钱地方多，给不起我，也不能说他们良心不好，只能说他们力量有限。只能说儿子苦得什么就吃什么。如果他自立都立不了了，还

怎么拿钱给我么。（访谈资料：A县G镇W村某女性老年人）

外出（打工）的人比较多，孤寡老人丢下的比较多。有一部分人是靠农业生产来维持老人生活。年轻人自己的收入不高，支出又比较大，所以你让他养老人他也难嘛。（访谈资料：A县G镇L村某村委会工作人员）

可见，具体来说，家庭支撑的脆弱性首先表现在儿女等家庭成员能够为老年人提供经济支持的力度较小，主要原因是儿女自身经济能力有限，有时甚至自顾不暇，很少或无法向老年人提供充足的经济支持。

事实上，在无患病状况下农村老年群体的日常经济需求相对很低，他们通常不主动要求家庭成员（主要是儿女）为其提供经济上的支持。他们认为自己能够做得动的事情自己做，不能拖累儿女，希望在力所能及的范围内对儿女有所帮助。但是，当老年人健康出现较大问题时，他们主要依靠自己的儿女提供医疗上的经济支持和日常照料。因此，儿女的经济支持大多集中于医药方面。

那些失能半失能的老人，他们身体不好，得病，瘫痪在床上的，更多的是靠自己的儿女。这个最主要还是他的儿女了。这种情况，我想着儿女应该不会出去打工了。当然，还有一种情况，就是家庭承担不了了，可能民政局这边会给一点帮助。（访谈资料：B县卫生局工作人员）

平时没有事情的时候，我们这些老人也不会要儿女给我们钱去做什么，他们要过自己的生活，有些时候都没有办法再给，我们还要给他们一点。只是说老的生重病了么，看病这些需要钱的地方也是要他们给点的。亲戚么能帮就帮点。（访谈资料：A县G镇W村某男性老年人）

此外，在被调查地区农村，分家作为已婚兄弟之间通过分割财产，从原有母家庭分离出去的状态，既是代际传递家业的过程，也是确立家庭赡养义务和赡养责任人的过程。儿子通常作为家庭赡养责任人，在继承父代家庭财产的同时要承担主要的经济支持和生活照料服务。“嫁出去的女儿，泼出去的水”，女儿按传统习俗并不参与父代家庭的财产继承，同样不承担赡养义务。但是，伴随着观念意识的进步和物质条件的改善，在访谈中被调查者普遍反映，逢年过节或是家里“有事”时，女儿也会提供物质和经济支持。

> 亲戚还是要多走动，每年八月十五、过年这些我和老伴的侄子、侄女、外甥、外甥女他们还是会过来看我们，米、油、钱啊这些还都是给我们拿来，娃娃们平时相互走动着，等到有事情的时候也好相互帮忙。（访谈资料：B县I镇Z村某女性老年人）

在家庭养老模式中，除儿女以外的亲属网络中的其他人员，如老年人的兄弟姐妹、成年孙儿女、外甥（女）及近两代表亲、堂亲儿女等，在日常生活中特别是逢年过节走亲拜访时通常也会提供间接辅助性的物质及经济支持，有些会给粮油等物品，有些则是直接给钱。与其他亲友维系社会关系的互动活动，不仅能为老年人提供部分物质及精神支持，也是双方实现家庭再生产的重要环节。

可以看到，家庭支撑的脆弱性还具体表现为家庭成员为老年人提供支撑的结构比较单一。比较常见的情况有以下三种。其一，只有当健康出现问题时，老年人才会向儿女等家庭成员寻求经济支持。其中，儿女是这种支持的主要来源，而非儿女以外的其他家庭成员。其二，若儿女能为老年人提供经济支持，这种必要的支持也主要是集中在医疗上。其三，家庭供给的主要提供者是儿子，女儿及其他家庭成员的支持仅起辅助作用。

（三）老年人的社会支撑得到基本保证

社会保险是农村老年人生活保障的重要组成部分，具有覆盖面广、相对稳定等基本特点。在老年群体的收入来源中，国家对农村居民养老的社会保障制度的社会支撑作用特别突出，尤其是"新农合""新农保"制度的实施和推广。被调查地区的绝大部分老年人都参与了农村社会养老保险，表 3－5 中的数据表明，66.8%的老年人的经济供养来源于社会保险。以 A 县 G 镇 M 村和 Y 村为例，每位老人每月能领取到 75 元的保险费用于生活补贴，80 岁以上的老人每月还能获得每人 50 元的高龄补贴。虽然该养老保险可能不能满足老年群体的养老需求，但是养老的社会保障制度是老年群体能够将养老行动付诸实践的重要辅助手段。

调查发现，对欠发达地区农村老年人而言，他们大多通过购买新农合和新农保作为其养老的社会支持，极少有老年人购买商业保险。老年人对新农保和新农合的响应都比较高，分别是 827 次（占比 89.9%），和 883 次（占比 96.0%）（见表 3－6）。老年人对新农合的响应次数高于新农保，他们更多的开销在新农合上。"一样都没有参加"的老年人中有 17.4%的老年人没钱参加表 3－6 中提及的任何一项保险。接近五成的老年人不知道新农保的政策，占比 47.5%，36.3%的老年人知道新农保政策。可见，尽管仍然有一部分老年人并不清楚新农保和新农合的具体政策，但是，新农保和新农合在农村地区的覆盖率较高。

表 3－6 老年人参加保险的情况（$n=920$）

单位：次，%

参加的保险	频数	个案百分比
新农保	827	89.9
新农合	883	96.0
失地农民养老保险	12	1.3

续表

参加的保险	频数	个案百分比
商业保险	12	1.3
一样都没有参加	13	1.4
其他	18	2.0

然而，仅仅依靠新农保和新农合提供的社会支持是不够的，老年人对其他类型保险的参保率极低，“没有钱”是最主要的原因。因此，加快发展地区经济，通过多种途径提高老年人及其赡养人的经济收入，同时注意引导他们提升参保的意识非常重要。

与此同时，调查显示，被调查地的农村老年人均可以按照国家政策每月领取75元养老保险金，在医疗上享受“369”政策，即“捡药3元，打小针6元，输液9元”，以及住院医疗报销80%等福利。接受调查的绝大部分老年人都参加了新农合和新农保等社会保险，他们对这些社会保险的认知和评价都持较为积极和肯定的态度。

> “新农合”和“新农保”都参加了，也都满意的。这些方面（指社会保障）还是满意的，没有什么更多（抱怨）好说的。（访谈资料：A县G镇L村某女性老年人）

总的来说，老年人对新农合、新农保都感到比较满意，并且他们认为最好能够提高新农合和新农保的保障能力，或者参加保险时可以多付一些钱，只要报销比例能够提高就行，老年人的子女尤其希望如此。

> 对自己的家庭来说，一个月60多块钱还是可以的，我们还有点感谢国家，还是满意的，但是么如果可以适当地发展下，我觉得就非常好了。有的老人不太会弄卡，还是直接把钱发到手上比较好，有时候老人买点东西就没有钱用。（访谈

资料：A县G镇L村某中年男性）

（新农保）就是再加上一二十块都没事，要不然新农合帮我们多报点。现在住院虽然可以多住两天，但是我们稍微好点就要赶紧出院，不然资金抬不住。（访谈资料：E县D村副书记）

不可否认的是，现阶段来自政府方面的社会保障力度和社会保障水平有限，仅仅依靠新农合，老年人及其家庭是不能很好地应对某些特殊情况的。因此，提高老年人医保的比例在较多相关职能部门工作人员中的呼声也较高。

我觉得是不是能把老年人的医保比例提高一点。医保比例如果稍微高一点，他们（儿女）带老年人就医的积极性就会更高一点，因为承担的要少了一点。再说，我认为老年人辛苦了半辈子嘛，到老了他们也没多少经济能力，他们的经济压力都压在年轻人身上，特别是对于农村人来说。所以我就想首先是不是从经济这一方面考虑下，把55岁以上或60岁以上的老年人医保报销比例给他调高一点，医保报销的范围扩宽一点，这样就能缓解一部分年轻人承担的老年人就医压力，他可能会更愿意带着老年人去看病。（访谈资料：B县I镇某工作人员）

我代表群众说一下这个卫生医疗报销的情况，近几年来这个医疗费用是越来越上涨，医疗保险有点难以满足群众的需求；还有就是药品价格居高不下，想买的药品买不到，也没有办法报销；然后就是目录上的药品满足不了患者的需求，药品的报销有点低，在一定情况下增加了群众的负担。只要是不做手术的常见病、慢性病，在我们自己的村子就能解决了，现在变成村子里没有药用，所以就出现这个群众的看病难、看病贵的问题。一般现在的住院实行报销制，乡级报80%，治疗费用报得高一点。病人去看病，家属还要陪同。然后就是各种东西加进去，医疗的费用还是有点多。因为没有药物，卫生室能够处理的病情也处理不了，我们希望把这个基层使用的药物范围扩大一点，一些常见病、多发病、慢性病都可以开药，让老百姓得到更多的经济实惠，报销提高一点，就可以减少很多负担。现在的问题是更多的政策没有得到落实，医疗的困难没有得到解决。（访谈资料：A县G镇L村村支书）

政府对五保老人、孤寡老人、高龄老人和失独老人等特殊老年人提供了其他相应的社会福利和社会保障。调查显示，被调查地的政府通过实施贫困老年人最低生活保障制度使老年人享受农村低保，并通过集中供养、散居供养的方式提高五保老人的生活水平。例如，D县全县有五保老人1186人。其中，集中供养794人，占66.9%；散居供养392人，占33.1%。集中供养五保老人人均生活标准6400元/年，散居供养五保老人人均生活标准5500元/年，五保老人供养标准逐年提高。政府对高龄老人实施补贴政策，80岁及以上老人全部按月享受高龄长寿补贴和高龄津贴。其中，百岁老人每人每月享受800元长寿补贴，90~99岁老人每人每月享受200元长寿补贴，80~89岁老人每人每月享受50元高龄补贴。政府把70岁及以上老年人免费健康检查纳入民生工程实行目标考核，建立老年人健康档案，为高龄老人和百岁老人每年开展一次免费体检等。

农村敬老院这一块主要是针对孤寡老人供养，全部由国家财政补贴，不收费，并且每个老人每个月的生活费国家补助了750元钱。没有进敬老院的孤寡老人，也就是那些分散供养的老人，每人每个月500元的生活费。（访谈资料：B县民

政局某负责人）

敬老院里面的老人吃的、用的、医疗等全部是国家承担，样样都免费。问题的关键是，有些老人他不来敬老院。因为在外面他更自由啊，像分散供养的那些人，他在家里面可以种菜，养点小猪，还有那个补助可以拿，他根本不愿意到敬老院里面来嘛 。（访谈资料：B县民政局工作人员）

在调查中笔者也发现，出于种种原因（如老年人觉得“不自由”“不适应”等），很多符合条件的特殊老年人不愿意进入养老院养老。相对于那些符合条件却不愿意到养老院养老的老年人，一些出于种种原因（如想减轻儿女负担等）想要进入养老院养老的老年人却因不符合相关条件无法入住养老院。

此外，笔者在调查中发现了一个特殊情况：一部分老年人对现代金融业务不熟悉或有其他自身原因，其养老保险金通常交由儿女保管或代为提取，极少数儿女却将部分养老保险金留作己用，甚至全部截留，这部分老年人在经济上更为困顿。

我认得一个老人，他的钱是两个女儿帮他拿着，没给他二儿子和儿子媳妇。女儿觉得老人不会取又不会弄，还要来到镇上才能取，交给二哥和二嫂管着，又怕他们把钱取出来花在自己身上，一点都不用在老人身上。女儿就把钱拿着，每个月去买点东西给老人，然后取点钱给她。但是你也无法调查女儿到底（养妈妈了没）。所以二媳妇就说钱是给了你女儿啦，就让你女儿来养你，你的钱都不给我，我也不养你。一家人就这样扯皮。确实是会有这种情况的，而且农村很多。（访谈资料：B县G镇某工作人员）

综上所述，国家通过社会保险对农村老年人实行医疗和相关财政性补贴，加大其养老生活的经济支持和保障力度。与此同时，除了政策和经济支持，国家未来还需要通过宣传、教育等手段进一步增强和提升全社会的养老意识和养老观念。

第二节　老年人经济供养的差异

一　经济供养需求差异的影响因素

支出反映需求，有需求的存在就可能有支出，当个体的购买意愿和支付能力统一时，需求才会构成支出。老年人的支出情况可以从一定程度上反映其需求，在某个方面的支出越多，说明老年人越有可能在该方面有经济供养的需求。老年人的性别、年龄及受教育程度是支出的显著关联因素。

（一）需求差异与性别、年龄及受教育程度等个体因素显著关联

从可反映老年人经济供养需求的支出情况来看，日常生活和医疗卫生是不同性别、年龄和受教育程度的老年人支出较大的两个项目。超过七成的农村男性、女性老年人以及不同年龄段的老年人的支出主要集中在这两个方面。卡方检验发现，老年人的支出与性别显著关联（$\chi^2=24.28$，$p<0.01$），老年人的支出受到其性别的影响。具体来说，男性日常生活支出的比例比女性高，男性占比为86.3%，女性占比为77.9%，这可能是因为“男主外，女主内”的传统习俗使然，男性更多负责家庭以外的事务且承担家庭的日常生活支出。与此同时，女性用于医疗卫生的支出比例比男性高，占比分别为80.3%和73.4%（见表3－7）。有研究显示，尽管中国女性预期寿命高于男性，但是，女性无论是生理健康还是心理健康与男性相比均处于劣势，健康状况比男性差（徐洁、李树茁，2014），在欠发达地区农村更是如此。因此，女性老年人比男性在医疗卫生方面有更多的支出。从上述结果可以看到，日常生活和医疗卫生都是男性老年人、女性老年人支出较大的部分，他们都需要在这两个方面获得相应的支持。其中，女性老年

人更需要获得医疗卫生方面的支持，男性老年人更需要在日常生活方面获得支持。

调查结果显示，69～70岁的老年人对日常生活开支的响应最高，次数为278次（占比82.5%），其次是80岁及以上的老年人，响应次数为82次（占比81.2%）；在医疗卫生方面响应最多的是80岁及以上的老年人，响应次数为83次（占比82.2%）。三个年龄段的老年人中日常生活和医疗卫生开销最少的是60～69岁的老年人，在这两项上的响应次数分别为388次（占比80.5%），360次（占比74.7%）（见表3－7）。卡方检验表明，老年人的支出与年龄显著关联（$\chi^2=30.75$，$p<0.01$），即，年龄越小的老年人可能在日常生活和医疗卫生上的开支越小，这可能与其年纪比较轻，身体状况比较好有关系。可见，80岁及以上的老年人比其他两个年龄段的老年人更加需要得到医疗卫生方面的支持。

表3－7 不同性别、年龄老年人的支出情况（$n=920$）

单位：次，%

支出情况	性别		年龄		
	男性	女性	60～69岁	69～70岁	80岁及以上
日常生活	321（86.3）	427（77.9）	388（80.5）	278（82.5）	82（81.2）
医疗卫生	273（73.4）	440（80.3）	360（74.7）	270（80.1）	83（82.2）
贴补儿女	1（0.3）	4（0.7）	5（1.0）	0（0.0）	0（0.0）
孙儿女零花钱	4（1.1）	7（1.3）	6（1.2）	5（1.5）	0（0.0）
人情往来	27（7.3）	22（4.0）	39（8.1）	9（2.7）	1（1.0）
其他	8（2.2）	5（0.9）	10（2.1）	1（0.3）	0（0.0）
	$\chi^2=24.28$，$p=0.000<0.01$		$\chi^2=30.75$，$p=0.002<0.01$		

受教育程度作为老年人后天通过积累获得的个人特点影响着老年人的支出。调查结果表明，日常生活、医疗卫生和人情往来是不同受教育程度的老年人都响应较多的项目。由卡方检验可知，受教育程度与其支出存在显著关联（$\chi^2=25.65$，$p<0.05$）。第

一，在日常生活一项上，受教育程度为初中及以上的老年人的响应最高，占比为84.9%，文盲和小学文化程度的老年人占比分别为78.9%和84.3%。这表明，受教育程度越高的老年人可能对日常生活方面经济支持的需求越高。第二，在医疗卫生方面，受教育程度为文盲的老年人的占比最高，占比为79.3%，小学和初中及以上受教育程度的老年人分别占74.8%和76.7%，可能受教育程度越高的老年人越注重日常身体的保健，较少在医疗卫生方面付出。这从一个侧面说明，文化程度越低的老年人对医疗卫生方面的支持的需求可能越高。第三，在人情往来方面，初中及以上文化程度的老年人占比最多，为12.3%，文盲和小学文化程度的分别为3.4%和6.8%（见表3-8），受教育程度越高的老年人在人情往来方面的支出可能越高，他们可能更加重视人与人之间的礼尚往来。

表3-8　不同受教育程度老年人的支出情况（$n=920$）

单位：次，%

支出情况	受教育程度		
	文盲	小学	初中及以上
日常生活	412（78.9）	274（84.3）	62（84.9）
医疗卫生	414（79.3）	243（74.8）	56（76.7）
贴补儿女	4（0.8）	1（0.3）	0（0）
孙儿女零花钱	4（0.8）	7（2.2）	0（0）
人情往来	18（3.4）	22（6.8）	9（12.3）
其他	6（1.1）	5（1.5）	2（2.7）
$\chi^2=25.65$，$p=0.012<0.05$			

（二）需求差异受儿女状况影响

老年人的儿女数量和儿女打工的距离是与老年人支出显著关联的重要因素。首先，不同儿女数量老年人的支出在日常生活、医疗卫生及人情往来三方面存在差异。老年人的支出情况与儿女数量显著关联（$\chi^2 = 23.44$，$p < 0.05$）。有 1 个儿女的老年人、2 个儿女的老年人与 3 个及以上儿女的老年人在日常生活上的响应次数分别为 47 次（占比 90.4%）、211 次（占比 81.2%）和 490 次（占比 80.6%）。不同儿女数量的老年人在医疗卫生方面的开销也不同，响应次数分别为 36 次（占比 69.2%）、198 次（占比 76.2%）和 479 次（占比 78.8%）。三类老年人在人情往来方面的开支的响应次数分别为 3 次（占比 5.8%）、23 次（占比 8.8%）和 23 次（占比 3.8%）（见表 3－9）。结合上述结果，有 1 个儿女的老年人在日常生活方面的支出最多。这样的结果比较符合日常生活常识，即儿女少的老年人在日常生活上需要自己付出的部分比较多，儿女多的老年人有儿女为其分担一部分开支。有 3 个及以上儿女的老年人在医疗卫生方面的开支较其他两类老年人都比较多，有 2 个儿女的老年人在人情往来方面的开支要比其他两类老年人多。

表 3－9 不同儿女数量老年人的支出情况（$n = 920$）

单位：次，%

支出情况	儿女数量		
	1 个	2 个	3 个及以上
日常生活	47（90.4）	211（81.2）	490（80.6）
医疗卫生	36（69.2）	198（76.2）	479（78.8）
贴补儿女	1（1.9）	2（0.8）	2（0.3）
孙儿女零花钱	0（0）	1（0.4）	10（1.6）
人情往来	3（5.8）	23（8.8）	23（3.8）
其他	0（0）	6（2.3）	7（1.2）
$\chi^2 = 23.44$，$p = 0.024 < 0.05$			

其次，儿女打工距离不同的老年人在日常生活、医疗卫生和人情往来三项上的响应存在差异。儿女打工地点在附近、有点距离和距离很远的老年人在日常生活上的响应次数分别为 117 次

（占比 85.4%）、86 次（占比 87.8%）和 44 次（占比 75.9%），在医疗卫生上的开销响应次数分别为 99 次（占比 72.3%）、80 次（占比 81.6%）和 42 次（占比 72.4%），三类老年人在人情往来上的支出响应次数分别为 7 次（占比 5.1%）、6 次（占比 6.1%）和 6 次（占比 10.3%）（见表 3-10）。卡方检验结果表明，儿女打工距离不同的老年人的开支差异具有统计学意义（$\chi^2=29.65$，$p=0.003<0.01$），这表明儿女打工有点距离的老年人较其他两类老年人，在日常生活和医疗卫生上的开销最多；儿女在附近打工的老年人医疗卫生的支出最少，儿女打工距离很远的老年人在人情往来上的开支较其他两类老年人是最多的，而在日常生活上的支出最少。这可能和农村邻里互助的习惯有关，儿女打工距离太远通常不容易为老年人提供及时的支持和照顾，老年人会更多依靠亲戚和邻居，在日常生活中他们可能会花费更多的开支来经营与亲戚和邻居的关系，以便自己日后有需要时，亲戚和邻居等能够提供帮助。

表 3-10　儿女打工距离不同的老年人的支出情况（$n=293$）

单位：次，%

支出情况	儿女打工距离		
	附近	有点距离	距离很远
日常生活	117（85.4）	86（87.8）	44（75.9）
医疗卫生	99（72.3）	80（81.6）	42（72.4）
贴补儿女	0（0）	2（2.0）	0（0）
孙儿女零花钱	0（0）	0（0）	4（6.9）
人情往来	7（5.1）	6（6.1）	6（10.3）
其他	2（1.5）	1（1.0）	1（1.7）
$\chi^2=29.65$，$p=0.003<0.01$			

另外，本次调查发现，老年人的婚姻状况并不是影响其支出

的因素。由于欠发达地区农村老年人都从事农业生产，其所得收入有限，获取收入渠道较少，经济收入不高，老年人能够从配偶那里获得的经济支持是非常有限的，加上老年人节俭的习惯，他们较少把金钱花费在不必要的东西上。老年人的居住情况也不是影响其支出的因素。已有研究表明，与子女同住的老年人能够得到更多的经济支持（陈光燕、司伟，2019），可能有较好的经济条件。但是，并没有证据表明老年人会进而对日常生活和医疗卫生之外的事物有更多的消费。一种可能的解释是：老年人的支出主要是受到其收入水平的影响，其居住情况如何，对支出情况没有较大的差别。

二　经济供养的供给差异影响因素

（一）自我供给方面

欠发达地区农村老年人主要依靠农业活动的收入进行自我供给，极少有老年人的自我供给源于储蓄和土地/房屋等财产。本调查从老年人的经济来源、从事的生产活动以及收入水平等方面来考察自我供给的关联因素。

1. 性别、年龄和受教育程度是老年人自我供给能力高低的重要影响因素

欠发达地区农村老年人自我供给的主要来源是务农。在务农一项上，男性的响应次数为166次（占比44.6%），女性的响应次数为184次（占比33.6%）（见表3－11），男性比女性更多地靠务农来获取经济收入（$\chi^2=64.45$，$p<0.001$）。

表3－11　不同性别、年龄老年人的经济来源情况（$n=920$）

单位：次，%

经济来源	性别		年龄		
	男性	女性	60～69岁	70～79岁	80岁及以上
务农	166（44.6）	184（33.6）	260（53.9）	82（24.3）	8（7.9）

续表

经济来源	性别		年龄		
	男性	女性	60～69岁	70～79岁	80岁及以上
打工	13（3.5）	10（1.8）	18（3.7）	2（0.6）	3（3.0）
儿女	213（57.3）	408（74.5）	291（60.4）	248（73.6）	82（81.2）
亲戚朋友接济	1（0.3）	3（0.5）	3（0.6）	0（0）	1（1.0）
最低生活补助	19（5.1）	25（4.6）	16（3.3）	23（6.8）	5（5.0）
出租房屋/土地	0（0）	1（0.2）	1（0.2）	0（0）	0（0）
社会保险	236（63.4）	379（69.2）	294（61.0）	245（72.7）	76（75.2）
做手工	2（0.5）	4（0.7）	3（0.6）	1（0.3）	2（2.0）
农业补贴	7（1.9）	0（0）	7（1.5）	0（0）	0（0）
其他	45（12.1）	41（7.5）	49（10.2）	24（7.1）	13（12.9）
	$\chi^2=64.45$，$p=0.000<0.001$		$\chi^2=189.44$，$p=0.000<0.001$		

另外，卡方检验显示，性别与老年人的自我供给显著关联（$\chi^2=15.03$，$p<0.05$）。即男性比女性更多地从事种植、饲养，以此作为其经济来源，占比分别为42.5%、16.4%，闲着的男性老年人比女性老年人更少，占比分别为35.2%和46.4%（见表3－12）。这从一定程度上说明，可能由于体力上的优势，通过种植、饲养，男性老年人能够获取比女性老年人更多的经济收入以自我供给。

表3－12　不同性别老年人从事生产活动的交叉表分析（$n=920$）

单位：次，%

生产活动	性别	
	男性	女性
种植	158（42.5）	200（36.5）
饲养	61（16.4）	70（12.8）
打零工	6（1.6）	2（0.4）
做手工	3（0.8）	6（1.1）

续表

生产活动	性别	
	男性	女性
闲着	131（35.2）	254（46.4）
其他	13（3.5）	16（2.9）
$\chi^2=15.03$，$p=0.01<0.05$		

老年人在养老忧虑上存在性别差异（$\chi^2=15.83$，$p<0.05$）。其中，因为“没有收入”而担心养老问题是男性老年人、女性老年人响应较多的项目，响应次数分别为 89 次（占比 60.1%）和 163 次（占比 71.2%）（见表 3-13）。可见，女性老年人比男性老年人更担心没有收入用来养老。

表 3-13　不同性别的老年人的养老忧虑（$n=377$）

单位：次，%

养老忧虑	性别	
	男性	女性
没人赡养	34（23.0）	46（20.1）
没有收入	89（60.1）	163（71.2）
没地位	3（2.0）	0（0）
无事可做	7（4.7）	8（3.5）
没有心理安慰	4（2.7）	2（0.9）
没用	10（6.8）	9（3.9）
其他	60（40.5）	109（47.6）
$\chi^2=15.83$，$p=0.028<0.05$		

不同性别老年人对因自己收入足够而不担心养老问题的响应较少，男性老年人的响应次数为 30 次（占比 13.5%），女性老年人为 21 次（占比 6.7%）。卡方检验表明，老年人不担心养老问题的原因与其性别显著关联（$\chi^2=28.33$，$p<0.05$），女性比男性更少因为自己收入足够而不担心养老问题，在无养老忧虑的原因中，

女性老年人对自己收入足够一项的响应次数为21次（占比6.7%），男性则为30次（占比13.5%）（见表3-14）。以上数据说明，女性老年人的经济状况可能比男性老年人差。

表3-14　不同性别老年人无养老忧虑的原因（$n=535$）

单位：次，%

原因	性别	
	男性	女性
儿女多	43（19.4）	94（29.7）
儿女孝顺	173（77.9）	274（86.3）
自己收入足够	30（13.5）	21（6.7）
同宗族养老	2（0.9）	0（0）
儿女不敢不养	1（0.5）	1（0.3）
被戳脊梁骨	4（1.8）	4（1.3）
政府会管	60（27.0）	73（23.0）
其他	25（11.3）	21（6.7）
$\chi^2=28.33$，$p=0.001<0.05$		

总体上来说，务农是欠发达地区农村老年人获取收入的主要来源，年龄是老年人通过务农获取经济收入的主要限制因素。本调查显示，不同年龄段老年人在作为自我供给重要来源的务农上的差异具有统计学意义（$\chi^2=189.44$，$p<0.001$）。具体来说，60~69岁的老年人比70~79岁、80岁及以上的老年人更多地把务农作为主要经济来源，响应次数分别为260次（占比53.9%）、82次（占比24.3%）和8次（占比7.9%）（见表3-11）。这种结果是符合日常经验的，随着年龄的增大，老年人的体力及其他各方面能力会越来越弱，以至于不再胜任务农这样对身体条件要求比较高的活计，较大的年龄限制了老年人通过务农获取经济收入。这表明，年龄越大的老年人自我供给的能力越弱，越需要家庭和社会的支持。

受教育程度较高的老年人有较高的自我供给能力。不同受教育程度老年人对自己过去一年收入水平的主观评价主要集中在“不高不低”和“偏低”上。四成的文盲老年人认为自己的收入偏低，分别有三成的小学和初中及以上文化程度的老年人认为自己的收入偏低；31.6%受教育程度为文盲的老年人、35.7%受教育程度为小学的老年人以及34.2%受教育程度为初中及以上的老年认为自己的收入水平为不高不低。认为自己收入偏高的受教育程度为文盲的老年人仅有9.0%，初中及以上的老年人占比则为21.9%（见表3-15）。另外，受教育程度为文盲的老年人在收入偏低一项上的调整后标化残差为2.9，受教育程度为小学的老年人在偏低一项上的调整后标化残差为-2.3，受教育程度为初中及以上的老年人在偏高一项上的调整后标化残差为3.3。这表明，受教育程度为文盲、小学的老年人更多将自己的收入水平评价为“偏低”，受教育程度为初中及以上的老年人更多将收入水平评价为“偏高”。这表明，受教育程度越高的老年人可能会有更高的收入。

表3-15　不同受教育程度老年人的收入水平交叉（n=920）

单位：次，%

收入水平	受教育程度		
	文盲	小学	初中及以上
偏低	212（40.6）	103（31.7）	22（30.1）
中等偏下	98（18.8）	73（22.5）	10（13.7）
不高不低	165（31.6）	116（35.7）	25（34.2）
偏高	47（9.0）	33（10.2）	16（21.9）
$\chi^2=19.39$，$p=0.004<0.05$			

调查结果表明，种植和饲养是不同受教育程度老年人响应最多的项目。在种植一项上，文盲的响应次数为185次（占比35.3%），小学的是147次（占比45.5%），初中及以上的是30次（占比41.1%）；在饲养一项上，以上三种受教育程度的老年人的

响应的占比分别为 10.9%、19.8% 和 13.7%（见表 3-16）。经卡方检验发现，老年人从事的生产劳动与其受教育程度显著关联（$\chi^2 = 51.39$，$p < 0.001$）。另外，受教育程度为文盲的老年人在种植一项上的调整后标化残差为 -3.0，小学的老年人为 2.9，在饲养一项上，前者调整后标化残差为 -3.3，后者的则为 3.5，在打零工一项上，前者为 -2.5，后者为 2.4；在闲着一项上，文盲老年人的调整后标化残差为 6.1，小学的则为 -5.8。这表明，受教育程度为文盲的老年人比小学的更少从事种植、饲养和打零工，前者比后者有更多的人闲着。也就是说，文盲老年人比受过小学教育的老年人更少从事种植、饲养和打零工这类活计，反而有更多的文盲老年人闲着。这从一个侧面提示，由于较少从事对农民来说为重要经济来源的活计（种植、饲养），文盲老年人的经济情况可能比接受过小学教育的老年人差。

表 3-16 不同受教育程度老年人从事生产劳动的交叉（$n = 920$）

单位：次，%

生产劳动	受教育程度		
	文盲	小学	初中及以上
种植	185（35.3）	147（45.5）	30（41.1）
饲养	57（10.9）	64（19.8）	10（13.7）
打零工	1（0.2）	6（1.9）	1（1.4）
做手工	4（0.8）	5（1.5）	0（0）
闲着	261（49.8）	93（28.8）	27（37.0）
其他	16（3.1）	8（2.5）	5（6.8）
$\chi^2 = 51.39$，$p = 0.000 < 0.001$			

受教育程度与老年人无养老忧虑的原因显著关联。文盲、小学、初中及以上受教育程度的老年人对儿女孝顺响应较多，占比均超过八成。对“自己收入足够”的响应较少，受教育程度为小学的老年人响应次数仅为 17 次，占比 7.9%；文盲和初中及以上

的老年人占比分别为13.1%和41.7%（见表3-17）。老年人不担心养老问题的原因与其受教育程度显著关联（$\chi^2 = 34.11$，$p < 0.01$），由此，受教育程度越高的老年人越因为“自己收入足够”而不担心养老问题，其自我养老的经济保障较为充分。

表3-17　不同受教育程度农村老年人无养老忧虑的原因（$n = 539$）

单位：次，%

原因	受教育程度		
	文盲	小学	初中及以上
儿女多	47（18.7）	61（28.2）	29（40.3）
儿女孝顺	207（82.5）	180（83.3）	60（83.3）
自己收入足够	33（13.1）	17（7.9）	30（41.7）
同宗族养老	2（0.8）	0（0）	1（1.4）
儿女不敢不养	1（0.4）	1（0.5）	0（0）
被戳脊梁骨	6（2.4）	1（0.5）	0（0）
政府会管	66（26.3）	52（24.1）	15（20.8）
其他	22（8.8）	21（9.7）	3（4.2）
$\chi^2 = 34.11$，$p = 0.005 < 0.01$			

2. 婚姻状况与老年人收入水平、生产劳动显著关联

老年人的收入水平受婚姻状况的影响。有配偶的老年人和无配偶的老年人对“偏低”和“不高不低”两项的响应较多。在“偏低”一项上，有配偶的老年人响应次数为178次（占比32.2%），无配偶的老年人为159次（占比43.2%）；在“不高不低”一项上有配偶的老年人的占比为34.8%，无配偶的老年人的占比为31.0%（见表3-18）。卡方检验显示，不同婚姻状况老年人的收入水平的差异具有统计学意义（$\chi^2 = 19.90$，$p < 0.001$），这表明有配偶老年人的收入较无配偶老年人的收入高。

表 3－18 不同婚姻状况老年人的收入情况（$n=920$）

单位：次，%

收入水平	婚姻状况	
	有配偶	无配偶
偏低	178（32.2）	159（43.2）
中等偏下	108（19.6）	73（19.8）
不高不低	192（34.8）	114（31.0）
偏高	74（13.4）	22（6.0）
$\chi^2=19.90$，$p=0.000<0.001$		

婚姻情况影响老年人所从事的生产劳动。在所有选项中，有配偶的老年人对种植、饲养的响应次数较高，分别为 256 次（占比 46.3%）和 84 次（占比 15.2%）；无配偶的老年人对种植和饲养响应次数分别为 102 次（占比 27.7%）和 47 次（占比 12.8%）（见表 3－19）。婚姻情况与老年人所从事的生产劳动显著关联（$\chi^2=46.73$，$p<0.001$），可见，有配偶的老年人比无配偶的老年人更多地通过种植和饲养获得经济收入。

表 3－19 不同婚姻情况老年人从事生产劳动的状况（$n=920$）

单位：次，%

生产劳动	婚姻状况	
	有配偶	无配偶
种植	256（46.3）	102（27.7）
饲养	84（15.2）	47（12.8）
打零工	7（1.3）	1（0.3）
做手工	4（0.7）	5（1.4）
闲着	187（33.8）	198（54.0）
其他	14（2.5）	15（4.1）
$\chi^2=46.73$，$p=0.000<0.001$		

在老年人对待养老的态度方面，因为“没收入”而担心养老

在不同婚姻状况的老年人中响应最多：有配偶老年人的响应次数为 150 次（占比 66.4%）；无配偶老年人的响应次数为 102 次（占比 67.5%）（见表 3－20）。卡方检验表明，不同婚姻状况老年人看待养老问题的态度具有显著差异（$\chi^2 = 19.10$，$p < 0.05$），无配偶老年人比有配偶老年人更担心没收入养老。表 3－18 的分析也印证了这一结论，即有配偶老年人的收入状况要好于无配偶老年人。

表 3－20　不同婚姻情况农村老人的养老忧虑情况（$n = 337$）

单位：次，%

养老忧虑	婚姻情况	
	有配偶	无配偶
没人赡养	34（15.0）	46（30.5）
没收入	150（66.4）	102（67.5）
没地位	2（0.9）	1（0.7）
无事可做	12（5.3）	3（2.0）
没有心理安慰	3（1.3）	3（2.0）
没用	13（5.8）	6（4.0）
其他	109（48.2）	60（39.7）
$\chi^2 = 19.10$，$p = 0.008 < 0.05$		

婚姻情况是影响老年人无养老忧虑的原因。有配偶的老年人和无配偶的老年人都对儿女孝顺一项做出较高的响应，占比分别为 81.1% 和 85.7%。两者对自己收入足够的响应都不高，有配偶的老年人响应占比为 12.7%，无配偶的老年人仅占 4.6%（见表 3－21）。卡方检验显示，婚姻情况与老年人无养老忧虑的原因显著关联（$\chi^2 = 33.73$，$p < 0.001$），无配偶的老年人的收入低于有配偶的老年人，他们更多地依赖儿女的支持养老。

表 3-21　不同婚姻情况老年人无养老忧虑的原因（$n=539$）

单位：次，%

原因	婚姻	
	有配偶	无配偶
儿女多	67（20.8）	70（32.3）
儿女孝顺	261（81.1）	186（85.7）
自己收入足够	41（12.7）	10（4.6）
同宗族养老	2（0.6）	0（0）
儿女不敢不养	2（0.6）	0（0）
被戳脊梁骨	5（1.6）	3（1.4）
政府会管	95（29.5）	38（17.5）
其他	28（8.7）	18（8.3）
$\chi^2=33.73$，$p=0.000<0.001$		

（二）家庭供给方面

儿女、亲戚等家庭成员都可以为老年人提供经济支持，然而，欠发达地区农村老年人在家庭方面的主要供给源是儿女，亲戚等其他家庭成员的经济支持仅能起一定的辅助作用。在家庭供给方面，老年人的性别、年龄、受教育程度、婚姻状况以及居住情况是重要的关联因素。

1. 性别、年龄和受教育程度是家庭供给的重要关联因素

女性老年人更依赖家庭供给。从经济来源的情况来看，女性老年人对儿女和亲戚朋友接济两项的响应都比男性高（$\chi^2=64.45$，$p=0.000<0.001$）。在儿女一项上，女性老年人的响应次数是408次（占比74.5%），男性为213次（占比57.3%），在亲戚朋友接济一项上，女性老年人的响应次数为3次（占比0.5%），男性为1次（占比0.3%）（见表3-11）。这说明，女性老年人比男性更加依赖家庭供给，主要的原因在于农村女性老年人的经济自给能力是低于男性的。在这种情况下，女性老年人更多地将养老寄托于家庭成员的支持上。从男性、女性老年人无养老忧虑的

原因中也可以看到，女性在儿女多和儿女孝顺两项上的响应要高于男性，占比分别为29.7%和86.3%（见表3-14），她们更加依赖儿女提供经济支持。

年龄较大的老年人较依赖家庭供给。从调查结果可以看到，不同年龄段的老年人都对儿女一项做出了较高的响应。对儿女一项的选择在不同年龄段老年人间差异显著（$\chi^2 = 189.44$，$p = 0.000 < 0.001$）。具体来说，60~69岁的老年人响应次数为291次（占比60.4%），70~79岁的老年人响应次数为248次（占比73.6%），80岁及以上的老年人响应次数为82次（占比81.2%）（见表3-11）。可以看到，年龄越大的老年人对儿女一项的响应占比越高。年龄越大的老年人，身体机能不断下降，自我供给的能力减弱，他们越多地从家庭成员（主要是子女）那里获得经济支持。

受教育程度较高的老年人较少依靠儿女。受教育程度是老年人家庭供给的影响因素。不同受教育程度的老年人在经济来源为儿女上的差异显著（$\chi^2 = 79.99$，$p = 0.000 < 0.001$）。受教育程度为文盲的老年人对儿女的响应次数为374次（占比71.6%），受教育程度为小学的老年人对儿女的响应次数为205次（占比63.1%），受教育程度为初中及以上的老年人的响应次数为42次（占比57.5%）（见表3-22）。由此可知，受教育程度越高的老年人，其经济来源越少来自儿女，受教育程度较高的老年人可能会获得更多的工作机会，或者他们具有更多的经济收入渠道。这样，受教育程度高的老年人就不会特别依赖家庭供给。

表3-22　不同受教育程度的老年人经济来源情况（$n = 920$）

单位：次，%

经济来源	受教育程度		
	文盲	小学	初中及以上
务农	156（29.9）	161（49.5）	33（45.2）

续表

经济来源	受教育程度		
	文盲	小学	初中及以上
打工	8（1.5）	11（3.4）	4（5.5）
儿女	374（71.6）	205（63.1）	42（57.5）
亲戚朋友接济	3（0.6）	0（0）	1（1.4）
最低生活补助	29（5.6）	13（4.0）	2（2.7）
出租房屋/土地	1（0.2）	0（0）	0（0）
社会保险	369（70.7）	205（63.1）	41（56.2）
做手工业	3（0.6）	3（0.9）	0（0）
农业补贴	0（0）	5（1.5）	2（2.7）
其他	42（8.0）	34（10.5）	10（13.7）
$\chi^2=79.99$，$p=0.000<0.001$			

2. 婚姻状况、儿女数量与家庭供给显著关联

老年人的婚姻状况及儿女数量是家庭供给的显著关联因素。具体来说，无配偶的老年人对儿女的响应次数为264次（占比71.7%），有配偶的老年人为357次（占比64.7%）（见表3－23），两者的家庭供给差异显著（$\chi^2=62.73$，$p=0.000<0.001$）。也就是说，有配偶的老年人比无配偶的老年人更少依靠家庭供给。一般来说，在农村，劳动力数量会影响农民收入，在能够劳动的情况下，无配偶的老年人的收入是低于有配偶的老年人的。因此，他们经济自给的能力较低，更需要家庭的支持。在儿女数量方面，有3个及以上儿女的老年人比儿女数量为1个、2个的老年人更多依靠儿女获得经济收入，响应次数依次为438次（占比72.0%）、28次（占比53.8%）和155次（占比59.6%）（见表3－23）。在老年人无养老忧虑的原因上，不同儿女数量的老年人对“儿女孝顺”一项响应都比较高。卡方检验表明，老年人无养老忧虑的原因与儿女数量有显著关联（$\chi^2=33.51$，$p<0.01$），有3个儿女的老年人对该项的响应最高，响应次数是312次（占比83.9%）；儿

女数量为 1 个和 2 个的老年人对儿女孝顺一项的响应次数分别为 30 次（占比 81.1%）和 105 次（占比 80.8%）。可见，儿女数量越多，老年人越不担心养老问题，认为养老越有保障，“养儿防老”的观念在欠发达地区农村一定程度上依然发挥着作用。

表 3-23　不同婚姻情况和儿女数量的老年人经济来源（$n=920$）

单位：次，%

经济来源	婚姻		儿女数量		
	有配偶	无配偶	1 个	2 个	3 个及以上
务农	258（46.7）	92（25.0）	23（44.2）	148（56.9）	179（29.4）
打工	18（3.3）	5（1.4）	1（1.9）	8（3.1）	4（0.7）
儿女	357（64.7）	264（71.7）	28（53.8）	155（59.6）	438（72.0）
亲戚朋友接济	2（0.4）	2（0.5）	0（0）	2（0.8）	1（0.2）
最低生活补助	21（3.8）	23（6.2）	4（7.7）	8（3.1）	2（0.3）
出租房屋/土地	0（0）	1（0.3）	0（0）	0（0）	0（0）
社会保险	365（66.1）	250（67.9）	28（53.8）	156（60.0）	431（70.9）
做手工	3（0.5）	3（0.8）	1（1.9）	1（0.4）	0（0）
农业补贴	7（1.3）	0（0）	0（0）	7（2.7）	2（0.3）
其他	54（9.8）	32（8.7）	6（11.5）	23（8.8）	10（1.6）
	$\chi^2=62.73$，$p=0.000<0.001$		$\chi^2=115.59$，$p=0.000<0.001$		

3. 儿女距离是老年人获得家庭供给多寡的主要影响因素

生活中与儿女距离较近的老年人能获得较多的家庭供给。其一，从调查结果可知，不同居住情况老年人的家庭供给差异具有统计学意义（$\chi^2=124.75$，$p=0.000<0.001$）。具体而言，与老伴住在一起的老年人对儿女的响应次数为 76 次（占比 55.5%），和儿女住在一起的老年人响应次数为 230 次（占比 76.7%），和老伴与儿女住在一起的老年人响应次数为 280 次（占比 67.1%），一个人住的老年人的响应次数为 30 次（占比 51.7%）（见表 3-24）。可见，与儿女同住的老年人从儿女那里获得的经济支持是最多的，

而一个人住的老年人更不容易得到儿女的经济支持。在养老忧虑上，不同居住情况老年人对无养老忧虑的原因的响应差异显著。不同居住情况的老年人对“儿女多”的响应都比较多。和儿女一起居住的老年人对“儿女多”的响应都比其他居住情况的老年人高，响应次数为174次（占比89.7%），即与儿女同住的老年人更有可能因儿女多而不担忧养老问题。

表3-24　不同居住情况的老年人经济来源（$n=920$）

单位：次，%

经济来源	居住情况				
	与老伴住在一起	和儿女住在一起	和老伴与儿女住在一起	一个人住	其他
务农	71（51.8）	68（22.7）	193（46.3）	17（29.3）	1（16.7）
打工	6（4.4）	3（1.0）	12（2.9）	2（3.4）	0（0）
儿女	76（55.5）	230（76.7）	280（67.1）	30（51.7）	3（50.0）
亲戚朋友接济	0（0）	2（0.7）	2（0.5）	0（0）	0（0）
最低生活补助	8（5.8）	13（4.3）	16（3.8）	6（10.3）	1（16.7）
出租房屋/土地	0（0）	0（0）	1（0.2）	0（0）	0（0）
社会保险	84（61.3）	213（71.0）	277（66.4）	37（63.8）	3（50.0）
做手工	1（0.7）	2（0.7）	2（0.5）	1（1.7）	0（0）
农业补贴	3（2.2）	4（1.3）	4（1.0）	0（0）	0（0）
其他	19（13.9）	40（13.3）	40（9.6）	6（10.3）	2（33.3）
$\chi^2=124.75$，$p=0.000<0.001$					

其二，通过卡方检验发现，居住距离与老年人的经济来源有显著关联（$\chi^2=75.61$，$p<0.05$）。与儿女居住在同一栋房子的老年人更容易从儿女那里获得生活照料和相应的经济支持。同时，老年人不担心养老问题的原因与和儿女的居住距离关联显著（$\chi^2=92.01$，$p<0.001$），其中，与儿女居住距离不同的老年人对儿女孝顺响应较多。比起其他居住情况的老年人，与儿女住在同一栋房子的老年人对“儿女孝顺”的响应最多，响应次数是390次

（占比 85.7%）。可见，在欠发达地区农村“儿女孝顺”被老年人视为养老的重要保障。

其三，儿女在附近打工的老年人对“儿女”的响应比儿女打工有点距离和儿女打工距离很远的老年人多，响应次数依次是 109 次（占比 79.6%）、71 次（占比 72.4%）和 36 次（占比 62.1%）（见表 3－25）。也就是说，儿女在附近打工的老年人可以从儿女那里获得更多的支持。总之，生活距离较近的儿女更能为老年人提供经济支持。

表 3－25　儿女打工距离不同的老年人经济来源（n＝293）

单位：次，%

经济来源	儿女打工距离		
	附近	有点距离	距离很远
务农	37（27.0）	49（50.0）	22（37.9）
打工	2（1.5）	3（3.1）	2（3.4）
儿女	109（79.6）	71（72.4）	36（62.1）
亲戚朋友接济	1（0.7）	0（0）	1（1.7）
最低生活补助	8（5.8）	3（3.1）	0（0）
出租房屋/土地	0（0）	0（0）	0（0）
社会保险	92（67.2）	69（70.4）	35（60.3）
做手工	1（0.7）	0（0）	1（1.7）
农业补贴	0（0）	0（0）	1（1.7）
其他	15（10.9）	8（8.2）	5（8.6）
$\chi^2=34.13$，$p=0.012<0.05$			

（三）社会供给方面

总的来说，在社会供给中，社会保险是欠发达地区农村老年人最为重要的一种来源，其中，新农合和新农保是惠及民生的重大举措，是国家社会保险体系的重要组成部分，使“老有所养”“老有所医”的目标得以进一步实现。欠发达地区农村的绝大多数老年人购买的是新农保与新农合，它们是老年人社会供给的重要构成部分。

1. 性别、年龄和受教育程度是影响社会供给依赖程度的重要因素

女性老年人比男性更依靠社会供给。女性对社会保险的响应次数为379次（占比69.2%），男性为236次（占比63.4%）（见表3-11），两者差异具有统计学意义（$\chi^2 = 64.45$，$p = 0.000 < 0.001$）。这说明，女性的经济收入更多是源于社会保险。这一方面可能与女性较低的经济能力使其养老较多诉诸家庭和社会供给有关，另一方面可能与男女老年人参加社保情况上的差异有关。从老年人对新农合、新农保这两种重要保险的响应情况来看，男性老年人和女性老年人的响应次数都比较高。男性老年人对新农保和新农合的响应情况分别为334次（占比89.8%）和349次（占比93.8%）；女性老年人在新农保和新农合的响应情况则为493次（占比90.0%）和534次（占比97.4%）（见表3-26）。可见，不同性别老年人参加和购买新农保和新农合的比例较高，很少有人参加新农保、新农合之外的社会保险。经卡方检验发现，参保种类在男女老年人中差异显著，女性老年人比男性老年人更倾向于购买新农保和新农合。

表3-26　不同性别老年人参加社会保险情况（$n = 920$）

单位：次，%

参加的保险	性别	
	男性	女性
新农保	334（89.8）	493（90.0）
新农合	349（93.8）	534（97.4）
失地农民养老保险	6（1.6）	6（1.1）
商业保险	6（1.6）	6（1.1）
一样都没参加	10（2.7）	3（0.5）
其他	14（3.8）	4（0.7）
$\chi^2 = 26.41$，$p = 0.000 < 0.001$		

年龄较大的老年人有更多的经济支持是源于社会供给。年龄是老年人社会供给的显著关联因素，不同年龄段老年人在社会保险一项上的差异具有统计学意义（$\chi^2=189.44$，$p=0.000<0.001$）。具体而言，60～69岁的老年人对社会保险的响应次数是294次（占比61.0%），70～79岁的老年人为245次（占比72.7%），80岁及以上的老年人为76次（占比75.2%）（见表3－11）。年龄较大的老年人所获得的社会支持也较多。

受教育程度较高的老年人较少依赖社会保险。从表3－22可以看到，受教育程度为文盲的老年人对社会保险的响应次数是369次（占比70.7%），受教育程度为小学的老年人的响应次数为205次（占比63.1%），受教育程度为初中及以上的老年人的响应次数为41次（占比56.2%），通过卡方检验发现，不同受教育程度老年人的经济来源差异具有统计学意义（$\chi^2=79.99$，$p=0.000<0.001$），也就是说，受教育程度为初中及以上的老年人经济收入依赖社会保险最少。而在"其他"一项上的响应，三组老年人的响应占比依次为8.0%、10.5%、13.7%。可见，受教育程度较高的老年人较少依靠社会支持，他们会更多地靠"其他"方式获取收入，这些老年人获取工作的机会或经济收入的渠道都要比受教育程度较低的老年人多。

受教育程度较高的老年人较少依靠社会保险并非他们不了解或不重视社会保险，而是他们比受教育程度较低的老年人有更多的经济收入和收入渠道，他们对社会保险，尤其是新农保、新农合的了解比受教育程度低的老年人多。调查结果表明，54.0%的文盲老年人不知道新农保的相关政策，小学学历的老年人不知道新农保政策的占比40.0%，初中及以上受教育程度的老年人不知道新农保相关政策的占比34.2%。对新农保的相关政策知晓比例随受教育程度的增加而增加，其中文盲老人占比29.3%，小学学历的老人占比44.0%，初中及以上学历的老人占比52.1%（见表3－27）。经卡方检验可知，对新农保政策的知晓情况在受教育程度不同的老年人中差异显著（$\chi^2=28.91$，$p<0.001$），结合各组间的事后检验发现，受教育程度为文盲的老年人在知道一项上的调整后标化残差为 -5.1，在不知道一项上的调整后标化残差为 4.5；受教育程度为小学的老年人在知道一项上的调整后标化残差为 3.6，在不知道一项上的调整后标化残差为 -3.4；受教育程度为初中及以上的老年人在知道一项上的调整后标化残差为 2.9，在不知道一项上为 -2.4。显然，受教育程度高的老年人对新农保相关政策有更多了解。

表 3-27　不同受教育程度老年人的新农保知晓情况（$n=920$）

单位：次，%

知晓情况	受教育水平		
	文盲	小学	初中及以上
知道	153（29.3）	143（44.0）	38（52.1）
不太了解	87（16.7）	52（16.0）	10（13.7）
不知道	282（54.0）	130（40.0）	25（34.2）
合计	522（100.0）	325（100.0）	73（100.0）
$\chi^2=28.91$，$p=0.000<0.001$			

2. 婚姻情况、儿女数量与社会供给显著关联

有配偶的老年人在社会保险上的响应次数为 365 次（占比 66.1%），无配偶的响应次数为 250 次（占比 67.9%）（见表 3-23），经卡方检验发现，婚姻情况与社会保险显著关联（$\chi^2=62.73$，$p=0.000<0.001$）。可见，无配偶的老年人比有配偶的老年人更多地依赖社会保险，以其为经济来源。此外，配偶健在有利于老年人对新农保的知晓。有配偶老年人中不知道新农保政策的占比为 42.4%，无配偶老年人“不知道”的占比为 55.2%。经卡方检验，对新农保的知晓情况在婚姻状况不同的老年人中差异显著（见表 3-28）。比起无配偶老年人，有配偶老年人因有配偶作为交流对象，更有可能从配偶那里得到新农保相关政策和信息。这个

结果从一定程度上表明，政府和社会组织可通过多种渠道来宣传相关政策，其中要特别关注无配偶老年人，加强教育宣传，拓展其获取有效信息的渠道。

有3个及以上儿女的老年人比儿女数量为1个和2个的老年人更多地依赖社会保险为其主要的经济来源，响应次数依次为431次（占比70.9%）、28次（占比53.8%）和156次（占比60.0%）（见表3－23）。上述数据表明，儿女数量为3个及以上的老年人比其他两类老年人更多地依赖社会保险获取经济收入。

表3－28　不同婚姻情况老年人的新农保知晓情况（$n=920$）

单位：次，%

知晓情况	婚姻状况	
	有配偶	无配偶
知道	226（40.9）	108（29.3）
不太了解	92（16.7）	57（15.5）
不知道	234（42.4）	203（55.2）
合计	552（100.0）	368（100.0）
$\chi^2=15.59$，$p=0.000<0.001$		

3. 儿女距离与社会供给显著关联

与老伴住在一起、与儿女住在一起以及和老伴与儿女住在一起的老年人对社会保险的响应较多。其中，和儿女住在一起的老年人及和老伴与儿女住在一起的老年人对社会保险的响应占比分别达到71.0%和66.4%（见表3－24）。可见，比起其他居住情况的老年人，和老伴与儿女住在一起的老年人更多地从社会保险方面获得经济上的支持。

同时，与儿女居住距离不同的老年人对社会保险的响应较多。通过卡方检验发现，居住距离与老年人的经济来源有显著关联（$\chi^2=75.61$，$p<0.05$）。与儿女居住在同一栋房子的老年人对社会保险的响应最高，响应次数为508次（占比68.1%）。可见，与

儿女居住在同一栋房子的老年人更容易从儿女那里知晓社会保险的相关政策，从而更愿意参与和购买社会保险，也能获得较多的社会供给的支持。儿女打工距离影响老年人的经济来源。儿女打工距离不同的老年人对社会保险响应较多。卡方检验显示，老年人的经济来源与儿女打工距离显著关联（$\chi^2=34.13$，$p<0.05$）。儿女打工有点距离的老年人对社会保险的响应比儿女打工在附近和比较远的老年人多，响应次数依次是69次（占比70.4%）、92次（占比67.2%）和35次（占比60.3%）（见表3－25）。可见，比起其他两类老年人，儿女打工有点距离的老年人更多是以社会保险为其经济来源。

小 结

从调查结果可以看到，经济供养的需求在农村老年人中呈现较大的共性。经济供养的不同来源虽互为补充，但欠发达地区农村老年人的经济供养情况并不乐观。与老年人经济供养有显著关联的因素较多，影响着其经济供养的不同方面，在实施相应改善策略时，这些因素应该被着重考虑。根据分析，得出以下几个结论。

第一，总体而言，欠发达地区农村老年人的经济供养来源呈现为社会、家庭和自我三个经济来源共存并互为补充的情况，但三个来源均未达到较为理想的状态。其一，老年人的生产生活观念发生了变化，不再把儿女和土地作为晚年生活依靠的首要之选，传统的养老模式也在随之发生着改变。一方面，大部分年龄相对小、身体机能尚可的老年人仍然依靠自我供养，在自己能够劳动时不愿拖累儿女，只有没法劳动或卧病在床后才需要家人的照顾；另一方面，绝大多数农村老年人认为社会保险是其养老生活较为重要的经济来源，对其认可度较高且积极参保。其二，尽管三个来源互为补充，但农村老年人的养老情况不容乐观。老年人经济收入主要依靠传统的农业生产劳动，获取经济收入的途径较少，大部分老年人经济收入水平偏低且无积蓄，儿女经济能力有限，很少能为其提供日常生活之外的经济支持，这会影响其养老质量。当老年人丧失劳动力或者需要照顾时，现有的社会保障还不足以为其提供及时且足够的经济支持，这使得老年人经济供养状况的改善相对来说处在一种僵局之中。因此，要提高养老质量，首先，要在加强社会经济支持的同时，进一步提倡积极养老。60~70岁低龄健康老年人的身体、心理机能均尚可，能自己照料日常生活，还能参加一定的生产劳动。应通过各种途径为他们提供合适的创收机会，让其通过能够胜任的劳动增加经济收入，提高其经济自给的能力及在家庭中的地位。其次，帮助其儿女提高经济供养能力，强化家庭养老的功能，最终形成个人、家庭和社会的合力。

第二，在经济供养的需求方面，从反映老年人经济供养需求的支出来看，老年人有限的收入主要用于日常生活、医疗和人情世故方面，几乎没有精神层面的开销，这与以往研究结果（周玲玲、段鑫鑫，2017）一致。此外，进入养老院等养老机构养老目前还不是欠发达地区农村老年人的主流养老方式，“孝”文化在养老中仍发挥着一定作用。因此，进一步完善社会养老保障体系，政府和社会兴办、改善养老设施，合理收费以及改变欠发达地区老年人的养老观念等都是促进老年人经济供养改善的途径。

第三，在经济供养的供给方面，老年人的年龄、性别、受教育程度、婚姻情况、儿女数量及儿女打工距离是老年人自我供给、家庭供给和社会供给的显著关联因素。这些因素在供给的不同方面发挥着不同的作用，使得老年人的自我供给、家庭供给、社会供给呈现不同的特点。在农村，男性经济能力更强，他们更少担忧养老的问题；受教育程度可能会影响老年人的社会经济地位以及老年人有关经济供养的认知；儿女打工距离和儿女数量也是比较重要的供给方面的关联因素，儿女数量较多、儿女打工距离较近的老年人，获得经济支持的可能性也更高，因而也更少地担忧养老的问题。因此，在实施相关措施改善农村老年人经济供养状况时，要注意不同类型的老年人，突出重点，更具针对性。

第四章　欠发达地区农村老年人的生活照料

个体生理和心理在老年期发生的退行性变化使老年人对生活照料的需求较为强烈。与此同时，老年人同谁生活在一起，是决定养老方式的一个重要方面，直接决定着其对老年人的生活服务方式。家庭作为基本的生活单位，必定产生代际的资源流动和交换。传统社会中，老年人通过家庭内部资源的代际交换流动便可获取所需的全部养老支持。随着家庭现代化的进展，两代人之间的互动模式也相应发生了转变，老年人养老支持的获得渠道呈现多元化。因此，来自家庭成员、他人或相应组织提供的生活照料服务的数量和质量关系着老年人养老生活的品质。一般而言，考究老年人的生活照料情况既要关注其主观上需要他人提供生活照料的意愿和强度，也要关注老年人所需生活照料的具体内容，涉及身体照料、家务照料和疾病照料等方面。

第一节　老年人生活照料的现状

一　生活照料的需求

（一）老年人生活照料需求强烈

按照生命全程发展的基本规律，随着年龄的增长和身体机能的衰退，老年人对生活照料的需求会日趋旺盛。老年人的生活照料需求与年龄、性别、失能状况以及工具性日常生活能力有关。

总体而言，在日常生活中，53.1%的老年人不需要子女或他人为自己提供生活照料，46.9%的老年人需要他人提供的生活照料。在需要生活照料的老年人中，年龄在60～69岁的占45.2%，70～79岁的占37.7%，80岁及以上的占17.1%；女性老年人的占比为62.8%，男性占比为37.2%；84.7%的老年人人日常生活自理能力处于正常状态，11.4%的老年人轻度失能，4.0%的老年人中度及以上失能；38.6%的老年人工具性日常生活能力正常，31.4%的轻度受损，30.0%的中度及以上受损。

> 我的左脚五六年前受过伤，现在很使不上力，重一点的活基本都做不了。田里的事只能靠娃儿他妈，但是她一个女的也做不了啥子，农忙的时候只能儿子请假回来，要不然就是给钱让人家来帮忙。（访谈资料：D县C村某男性村民）
>
> 我今年72啦，田里的活早就做不动了，还留的一小块地自己种点菜吃吃，养着两个鸡。如果单我一个人进城么我倒是不敢去，不识路，认不得怎么坐车，他（指丈夫）得闲么他带着我去。买东西大多时候是在镇上买，取钱啊也是他去，不过他也76了，手都开始抖了，一只眼睛也看不太清楚。大儿子在成都，小的那个在县里，都是逢年过节才回得来，待不了几天，平时倒是经常给我们打电话的。（访谈资料：D县某村女性老年人）

可见，70岁以上、日常生活自理能力和工具性日常生活能力状态较差、女性老年人需要他人提供生活照料需求的愿望较为强烈。

（二）老年人的生活照料因身体状况存在不同的需求倾向

在日常生活中，老年人需要子女或他人为自己提供的生活照料内容为“买菜做饭”（22.2%）、“打扫卫生”（15.4%）、“购买生活用品”（13.2%）。这些照料内容均属于工具性日常生活能力方面的内容，老年人可借助子女或他人的帮助达到独立生活的目的（见表4－1）。

表4－1　老年人的生活照料需求情况

单位：次，%

生活照料	回答“是”的频数	有效百分比
不需要	156	58.6
买菜做饭	59	22.2
打扫卫生	41	15.4
洗衣服	28	10.5
洗澡	0	0.0
修理房屋	18	6.8
修理电器	8	3.0
外出	18	6.8
上厕所	2	0.8
购买生活用品	35	13.2
其他	16	6.0

根据表4－2，当处于生病或住院等特殊情境时，欠发达地区老年人需要他人提供的照料内容排在前四位的分别为“送饭”（73.8%）、“拿药/煨药”（66.4%）、“陪护”（47.4%）、“洗衣服”（17.2%）。

表4－2　老年人的疾病照料需求

单位：次，%

生活照料	回答“是”的频数	有效百分比
送饭	197	73.8
洗衣服	46	17.2
打扫卫生	17	6.3
洗澡	3	1.1
穿衣服	3	1.1
陪护	127	47.4
陪聊天	12	4.5

续表

生活照料	回答“是”的频数	有效百分比（%）
拿药/煨药	178	66.4
上厕所	21	7.8
其他	25	9.3

可见，对于生病或住院的老年人来说，由于疾病、身体健康条件、心理或现实情况等因素，他们对于疾病照料的需求内容与日常生活照料内容表现出很大差异。在访谈中，有老年人提及：

现在的生活是什么都不用愁了，有吃的也有穿的，现在政府的扶持也多了，老人的生活还算可以。但就是自己的身体不争气，我们老两个病多，娃娃不想让我们自己生活，但是我们还是想着自己生活方便点，就自己过了，就是这个生病，经常让娃娃担心。我去年一年大病了几次，一个就是血压高，一个就是风湿，脚不能走了，就住院去了。我和我老伴在镇上看了一次，不好，我儿子送我们去了县医院，那些天他就照顾我，单靠我家这个（老伴）服侍不了我，因为她也是身体不好，心脏不好。后面这一次是姑娘带去看呢。现在好点了，身体么我们自己吃一点苦没有问题，就是一生病就得要他们照顾一下。（访谈资料：A县M村某男性老年人）

（三）老年人对医疗卫生、娱乐和餐食等社会养老服务需求较高

作为社会养老的重要供给者，农村居家养老服务中心或幸福院等机构能在老年人的养老生活的很多方面有所作为。表4－3的频数分析结果显示，老年人较希望居家养老服务中心或幸福院等为其提供“体检、卫生、医疗、康复等医疗卫生服务”、“娱乐设施及场地”和“午餐/晚餐”等方面的养老服务。

表4-3　老年人社会养老服务的需求

单位：次，%

生活照料内容	回答“是”的频数	有效百分比
午餐/晚餐	292	32.2
娱乐设施及场地	445	49.2
体检、卫生、医疗、康复等医疗卫生服务	708	78.2
紧急医疗救援	107	11.8
陪聊天	127	14.0
教打电话、存取钱等	16	1.8
组织宗教活动	3	0.3
家庭服务	37	4.1
其他	118	13.0

二　生活照料的供给

（一）自我照料方面

除了老年人自身，配偶通常也是生活照料主体行动者中重要的组成部分，学界一般将老年人依靠自身及其配偶养老的方式称为“自我养老”。配偶是自我养老的重要力量，但由于年龄的增长以及女性和男性的平均寿命差异，老年人的婚姻状况会发生相应变化。

根据2010年全国第六次人口普查数据，有配偶的老年人占老年人总数的70.55%，离异老年人为0.78%，丧偶老年人为26.89%，未婚老年人为1.78%。总体而言，被调查两省老年人在婚有配偶的比例为59.40%，离异比例为0.80%，丧偶比例为38.80%。与第六次人口普查数据相比，有配偶的比例比全国低11.15个百分点，离异比例比全国高0.02个百分点，丧偶比例比全国高11.91个百分点。男性老年人未婚比例为1.30%，在婚有配偶的比例为75.00%，离异比例为0.80%，丧偶比例为22.30%；女性老年人在婚有配偶的比例为48.60%，离异比例为

0.70%，丧偶比例为50.10%。可见，相较于男性老年人，女性老年人在婚有配偶的比例更低，丧偶比例更高。该结果与女性老年人平均寿命更长这一基本事实相符。

在日常生活中，不需要他人提供生活照料的有配偶老年人比例为58.6%，其生活照料需求与年龄密切相关，即越“年轻”的老年人对生活照料的需求越低。在生病或住院等特殊情况下，配偶是疾病照料的重要提供者（44.5%），其比例仅次于儿子/儿媳（54.8%），远远高于女儿/女婿（18.5%）；对于子女外出务工的有配偶老年人而言，配偶成为疾病照料的首要人选（49.7%），选择比例比儿子/儿媳高5.5个百分点，比女儿/女婿高30.9个百分点。可见，配偶是老年人生活照料的重要支持力。

（二）家庭照料方面

920位被调查对象共育有成年子女2983人，平均每人拥有的子女数为3.2人。在传统家庭养老模式中，子女数量多意味着能够为老年人提供生活照料服务或生活帮助的选择机会或可能性就越大，这一基本推论得到了研究证实。研究结果显示，当老年人遭遇生病、住院等特殊情况时，子女便成为其照料的重要主体。由儿子/儿媳提供照料或帮助的比例为61.2%，由女儿/女婿提供照料的比例为22.1%。进一步对不同类别老年人生活照料情况的分析显示，其一，对有配偶老年人而言，儿子/儿媳提供生活照料的比例比配偶高10.3个百分点，女儿/女婿提供照料的比例为18.5%，比老年人自我照料比例高3.7个百分点。其二，对无配偶老年人而言，儿子/儿媳当之无愧成为疾病照料的“主力军”，选择比例为71.2%，选择女儿/女婿的比例为27.9%。可见，在欠发达地区农村，子女是老年人疾病照料的主体，对于无配偶老年人而言，子女提供的生活照料和帮助的重要性更为突出。

（三）社会照料方面

1. 社会养老机构覆盖面不足、养老功能发挥不明显

随着家庭养老边界的溢出，以所拥有的社会性养老资源为联

结的社会养老机构走进了农村老年人的养老生活。只不过限于老年人的观念意识、认知以及社会养老机构在农村的运行机制等，老年人对其的认可度较低，也并未将其纳入主要养老选择的范围。

> （老人们）不愿意去，第一是思想问题，第二个是儿女（会觉得）害羞，“（觉得）自己家的老人都养不好，而要去住养老院”。办一个居家养老服务中心让老年人们去那里住也不现实，因为老年人知识水平不高，只要不生病就还会去干活，居家养老完全只是一个摆设。另外，它根本就不可能在每个（村）小组盖一个，哪怕盖到村委会都只是摆设，不会有人去那里住。（访谈资料：A县H村村支书）

《社会养老服务体系建设规划（2011—2015年）》明确指出，“我国的社会养老服务体系主要由居家养老、社区养老和机构养老等三个有机部分组成”，内涵是“与经济社会发展水平相适应，以满足老年人养老服务需求、提升老年人生活质量为目标，面向所有老年人，提供生活照料、康复护理、精神慰藉、紧急救援和社会参与等设施、组织、人才和技术要素形成的网络，以及配套的服务标准、运行机制和监管制度”。在实际运作中，农村地区所拥有的社会养老机构数量少，基础设施和配套设施不足，覆盖面窄。调查点A县和C县K镇每千名老年人拥有的养老床位数还未达到30张的国家标准，分别为20.0张和22.1张。

A县共获批立项居家养老服务中心10个，其中，4个设在城市，6个设在村委会，全部建成并投入使用后预计能提供154张床位，每千名老人拥有20.0张养老床位；B县现有公办养老机构12个、16个居家养老服务中心、29个农村幸福院和1个老年公寓，共1421个养老床位，每千名老人拥有的养老床位数为36.3张；C县K镇有公办养老机构7个以及民办养老机构7个，共有1025张养老床位，每千名老人拥有22.1张养老床位；D县J镇建有公办和民办养老机构共11家，民办康养场所40家，城乡社区老年人日间照料中心37个，农村幸福院23个，共2250张养老床位，每千名老人拥有养老床位数为42.0张（见表4－4）。

表4－4 调研点社会养老供给资源的基本情况

地点	养老机构	数量	配备床位数（张）	每千名老人拥有床位（张）
A县	公办养老机构	10	487	20.0
	居家养老服务中心	10		
	农村幸福院	17		
	民办养老机构	1		
B县	公办养老机构	12	1421	36.3
	居家养老服务中心	16		
	农村幸福院	29		
	老年公寓	1		
C县K镇	公办养老机构	7	1025	22.1
	民办养老机构	7		
D县J镇	公办养老机构	9	2250	42.0
	民办养老机构	2		
	民办康养场所	40		
	日间照料中心	37		
	农村幸福院	23		

养老服务机构和设施少、覆盖面不足造成此类机构在老年人生活照料方面供给能力较弱。

> 隔壁镇的很多村子都在准备建养老服务中心了，但是我们这里的条件相当差，不可能建得起来。（村里）党员活动室都还没有建成，连小学校都没有，（村里）小孩要去石板河和G镇上学。（访谈资料：A县M村村支书）

此外，根据《农村五保供养工作条例》的规定，五保供养有着特殊限定的对象，仅面向“三无”老人和残疾、未满16周岁的村民，供养资金来源主要为地方政府财政预算，分为集中供养和分散供养两种形式。调查地在实际实施过程中，将有意愿的“五保老人”集中在当地敬老院实行完全集中化的专门服务供给。

> 老人的衣服和被子是民政局提供的，一年有2套衣服、2套被子，除此之外还有企业捐助，民政部门每月给每个老人发放460元的生活补助费，生病是按百分比报销。（个案访谈：A县G镇敬老院院长）

但是“五保老人”集中供养比例较低。例如，A县12所乡镇敬老院共有养老床位510张，集中供养的226位“五保老人”仅占全县“五保户”总数的26.8%。

因此，服务对象的排他性使得一般老年人难以享受相应服务，敬老院大量资源被闲置，其在农村地区社会养老服务供给中发挥的作用有限。

> 好多老人说：“我们想进去（敬老院），但是我们有娃娃，有儿女，不准进。”所以说，你问他愿不愿意进（敬老院），有人愿意，但人家（敬老院）不让进，没有政策。我个人认为，在政策允许的情况下，敬老院的（供养对象）能不能扩大一点？（个案访谈：B县I镇敬老院某工作人员）

其他诸如居家养老服务中心和农村幸福院等机构目前尚未真正发挥其实际养老功能。例如，A县居家养老服务中心共立项10个，截至2016年12月30日，6个居家养老服务中心建成，4个在建或处于前期准备阶段。C县共立项建设了16个居家养老服务中心，2015年建成完工9个（已建成并投入试运营管理的有8个），

7 个在建或未开工。2016 年，未建成或开工的 7 个居家养老服务中心有 2 个已经完工，3 个在建，2 个未动工。在建设过程中，城市居家养老服务中心得以优先发展，而农村居家养老服务中心的建设则滞后于城市。在投资建设资金方面，农村居家养老服务中心的投入低于城市。省市县三级的投资标准是 120 万元，而农村居家养老服务中心只有 60 万元。由于资金缺口大，一些农村居家养老服务中心在立项之后迟迟不能动工或工期拖延，部分建设好的服务中心也存在缺乏装修资金而不能投入使用的情况，更无法购置康复护理、医疗保健等设备。而已经建好的居家养老服务中心也有小部分存在“挂羊头卖狗肉”的情况。调查点 B 县已建好的一所村级居家养老服务中心，现主要“角色”是村委会的办公地点，并未能真正发挥其为老年人服务的作用。截至 2017 年 2 月，A 县和 B 县还没有真正投入使用的农村幸福院。有的农村幸福院设在村委会的某间办公室，虽然挂了牌，但主要功能是办公办事；有的农村幸福院虽已授牌，但还没正式挂牌服务。

2. 社会养老机构服务内容低层次化

敬老院这类公办养老机构集中供养对象的吃、穿、住、医、葬等由国家和集体经济实行“大包干”。而居家养老服务中心、幸福院等机构由于资金、人手等问题，目前仅能从膳食（主要是午餐）、休息床位、娱乐场所（打牌、看电视等）等为老年人提供照料服务，与以膳食供应、个人照顾、保健康复、休闲娱乐、精神慰藉、紧急援助为主要内容的设计目标和服务规划还存在很大差距。它们服务内容简单、可选择项目少、同质化程度高，在一定程度上无法吸引老年人来购买服务。此外，此类机构一般设置在村委会，对于腿脚不便、高龄或生活不能自理的老年人而言，享受此类机构提供的托管照顾、午休餐饮、康复娱乐等日间照料服务困难重重，是不现实的，而且此类“托老服务”可能无形中增加了子女的时间成本、出行成本和经济成本等。这也是目前居家养老服务中心、幸福院等机构“健康老人很少去，其他老人基本看不到”的服务困境的一部分原因。

3. 社区互助养老功能弱化

在熟人社会中，人们依靠共同体中的地缘和亲缘关系而建立起彼此之间的亲密联系，主要表现为相互信任及相互依赖，即亲朋、邻里之间在日常生活中的守望相助。随着熟人社会逐渐向“半熟人”社会转型，这种社区的亲密联系也在慢慢淡化。然而，家庭养老功能并未完全弥补这种淡化带来的老年人养老互助需求，且资本网络运行往往围绕互动与同质交往的原则。老年人与亲朋邻里之间的相互支持与帮助给他们自身带来的满足感不是代际的互助所能替代的。因此，社区关系网络具有协调精神满足的功能，有助于促进社区成员的认同、互助和共济意识。守望相助对于今天的乡村社会仍是必不可少的社区资本和养老需求，围绕这种资本运作的是以互惠互助为核心的人际互动的社会参与过程。老人在守望相助中，既是施者，也是受者。他们的社会参与使得资源供给和利用达到同质性的互动守恒，继而在这种守恒中维系其养老需求。

> 我的情况在我们村算是很特殊了，我儿子死后，儿媳妇嫁到别村了，没有管过我。这几年靠着养老金和五保金过活，现在也就是每个月 500 元不到。要说吃饭和看病，这些钱已经足够我用了，我自己还种着菜，年纪大了，肉也不爱吃。国家给我的补助我是很满意的，就是这个日常生活上还是存在很多的困难，镇上太远，我去不动（买日用品和开药），另外一个就是我年纪大了，也不懂怎么取钱，这些事情我自己都做不来，必须得麻烦其他人来帮我。也有人劝过我去敬老院，这样生活会方便点，但我不愿意，我习惯在自己家了，到了那里和不熟的人一起住我也不舒服。好在我家隔壁和我同姓的这一家人，对我很好，我日常生活需要跑腿的地方全靠他们。我要取钱、开药和买油米的时候，都是他儿子帮我去做的。我有几棵核桃树，

靠自己是打不动了，也是他们帮我打下来，除这些外，他们偶尔还会来我家看我，问我有没有什么需要的。我平时没事的时候就去他家，照看下土地，浇浇水，掰掰苞谷，也当作对人家的一种回报。（访谈资料：A县Y村某女性老年人）

与家庭养老方式不同，和子代家庭相互独立的自养老人并没有条件获得家庭成员之间的互惠及代际的互助。故而，他们将生活中的困难与精神上的孤独感主要寄托于与社区中的“熟人”相互支持和帮助。

我隔壁这个阿姨也是不容易，娃娃虽然多但是没人照管她。我们两家挨着，我正好又是医生，能帮她的地方比较多，她平时生活用水这些，都是我从我这里打了提去给她，她的常用药也是从我这里拿，不够的我都是喊我儿子从卫生室拿回来。她小儿子一年半载来结一次账，她年纪大了，靠自己也靠不上。我们都是相互帮着点，日常生活上的困难也就少点了。（访谈资料：A县Y村某女性村民）

在调研过程中笔者发现，农村社区守望相助的功能相较于过去有所弱化，邻里之间的互助内容更多局限于一些生活小事上的互相帮助，较少涉及经济互助和精神慰藉等方面。但不可否认的是，对于自养老人来说，社区互助在一定程度上仍能在提供日常照料及延续社会参与方面发挥特定作用。

第二节　老年人生活照料的差异

一　生活照料需求差异的影响因素

（一）需求差异与日常生活自理能力有显著关联

日常生活自理能力（躯体生活自理能力和工具性日常生活能

力）通常与生活照料需求紧密相关。第一，躯体生活自理能力包括上厕所、吃饭、穿衣服、梳头/洗脸/刷牙、独自行走100米、洗澡、上下床7项，这些能力是老年人生命存续的基础性日常活动，如果能力受损，老年人则会不同程度地丧失独立生活的能力，必须寻求或借助他人或外界提供持续性、及时性帮助和支持。躯体生活自理能力是评定老年人失能状态的重要依据，故将2项以内（含2项）回答为“困难”的定义为“轻度失能”，3~4项回答为“困难”的定义为“中度失能”，5项及以上回答为“困难”的定义为“重度失能”。为了便于数据统计和分析，将“中度失能”和“重度失能”两项合并为“中度及以上失能”。第二，工具性日常生活能力包括打电话、购买日常生活用品、洗菜做饭、洗衣及打扫卫生、独自坐车外出、保管钱物/存取钱/领取养老金6项内容。这些能力是维持老年人正常生活、参与和完成社会活动的基本能力，如果能力下降或丧失，不会从根本上威胁老年人的生命，但有可能会降低老年人对自身以及周围环境所拥有的自主权、决定权，导致社会参与的减少和生活质量的下降。按照躯体生活自理能力的处理方式，将工具性日常生活能力分为“正常”、“轻度受损”、“中度受损”和“重度受损”四种情况。同样，将“中度受损”和“重度受损”两项合并为“中度及以上受损”。

表4-5显示，老年人的失能状况显著影响着其是否需要他人提供生活照料，$F(2, 860) = 19.344$，$p < 0.001$，正常（1.44 ± 0.02）的老年人生活照料需求均值显著低于轻度失能（1.74 ± 0.06）和中度及以上失能（1.94 ± 0.06）的老年人。事后比较 *LSD* 检验发现，中度及以上失能老年人生活照料需求与正常老年人存在显著差异，轻度失能老年人生活照料需求也与正常老年人存在显著差异。这说明老年人的躯体生活自理能力影响着其生活照料需求，失能老年人的生活照料需求高于正常老年人。

老年人的工具性日常生活能力受损情况显著影响着其生活照料需求，$F(2, 859) = 43.621$，$p < 0.001$，正常（1.36 ± 0.48）

的老年人生活照料需求均值显著低于轻度受损（1.47 ±0.50）和中度及以上受损（1.78 ±0.42）的老年人。事后比较 *LSD* 检验发现，工具性日常生活能力中度及以上受损老年人生活照料需求与正常老年人存在显著差异，轻度受损老年人生活照料需求也与正常老年人存在显著差异（见表 4－5 和表 4－6）。

表 4－5　不同日常生活自理能力老年人生活照料需求评分比较（$\bar{x} \pm s$）

类别		生活照料需求	
		n	$\bar{x} \pm s$
失能	正常	784	1.44 ±0.02
	轻度失能	62	1.74 ±0.06
	中度及以上失能	17	1.94 ±0.06
	$F(2, 860) = 19.344$，$p = 0.000 < 0.001$		
功能受损	正常	433	1.36 ±0.48
	轻度受损	273	1.47 ±0.50
	中度及以上受损	156	1.78 ±0.42
	$F(2, 859) = 43.621$，$p = 0.000 < 0.001$		

表 4－6　不同日常生活自理能力老年人生活照料需求的 *LSD* 检验

类别			均值差	标准误	显著性
失能	正常	轻度失能	－0.31	0.07	0.000
		中度及以上失能	－0.51	0.12	0.000
受损	正常	轻度受损	－0.11	0.04	0.004
		中度及以上受损	－0.42	0.04	0.000

（二）需求差异与经济状况相关

老年人的经济状况可以通过年经济收入等级和经济收入自评来体现。首先，收入等级显著影响着其生活照料需求，$F(4, 829) = 8.380$，$p < 0.001$，高收入（1.32 ± 0.47）、中等偏上（1.41 ± 0.49）的老年人生活照料需求均值显著低于低收入（1.59 ± 0.49）、中等偏下（1.55 ± 0.50）和中等（1.43 ± 0.50）的老年

人。事后比较 *LSD* 检验发现，高收入老年人生活照料需求与低收入、中等偏下和中等收入老年人存在显著差异，中等偏上收入老年人的生活照料需求也与低收入和中等偏下收入老年人存在显著差异（见表 4－7 和表 4－8）。进一步频数分析显示，低收入、中等偏下和中等收入老年人需要他人提供生活照料的比例分别比高收入老年人高 10.6 个百分点、8.9 个百分点和 4.5 个百分点，低收入和中等偏下收入老年人需要他人提供生活照料的比例分别比中等偏上收入老年人高 7.3 个百分点和 5.6 个百分点。可见，收入越低的老年人生活照料需求越强烈。

其次，老年人对经济收入的评价显著影响着其生活照料需求，$F(3, 863) = 5.107$，$p < 0.005$，收入自评偏高（1.29 ± 0.46）老年人的生活照料需求均值显著低于自评偏低（1.52 ± 0.50）、中等偏下（1.47 ± 0.50）和不高不低（1.46 ± 0.50）的老年人。事后比较 *LSD* 检验发现，收入自评偏高老年人生活照料需求与自评偏低、中等偏下和不高不低老年人存在显著差异（见表 4－7 和表 4－8）。进一步频数分析显示，评价偏低、中等偏下和不高不低老年人需要他人提供生活照料的比例分别比收入自评偏高老年人高 32.1 个百分点、13.9 个百分点和 17.1 个百分点。从上述分析结果可知，收入水平越低的老年人生活照料需求越强烈。

表 4－7　不同经济状况老年人生活照料需求评分比较（$\bar{x} \pm s$）

类别	生活照料需求		
		n	$\bar{x} \pm s$
收入等级	低	165	1.59 ± 0.49
	中等偏下	166	1.55 ± 0.50
	中等	168	1.43 ± 0.50
	中等偏上	167	1.41 ± 0.49
	高	168	1.32 ± 0.47
	$F(4, 829) = 8.380$，$p = 0.000 < 0.001$		

续表

类别		生活照料需求	
		n	$\bar{x}\pm s$
收入自评	偏低	300	1.52 ±0.50
	中等偏下	177	1.47 ±0.50
	不高不低	297	1.46 ±0.50
	偏高	93	1.29 ±0.46
	$F(3, 863)=5.107$，$p=0.002<0.005$		

表 4-8 不同经济状况老年人生活照料需求的 *LSD* 检验

收入等级	中等偏上	低	-0.19	0.05	0.001
		中等偏下	-0.14	0.05	0.009
	高	低	-0.27	0.05	0.000
		中等偏下	-0.23	0.05	0.000
		中等	-0.11	0.05	0.035
收入自评	偏高	偏低	-0.23	0.06	0.000
		中等偏下	-0.18	0.06	0.005
		不高不低	-0.17	0.06	0.005

（三）需求差异受年龄、受教育程度和婚姻状况的影响

年龄、受教育程度和婚姻状况等个人特征因素显著影响老年人的生活照料需求（见表 4-9）。

第一，老年人的生活照料需求受到年龄的影响。60~69 岁、70~79 岁和 80 岁及以上老年人有生活照料需求的占比分别为 52.1%、36.6%、11.3%。年龄和生活照料需求两个变量所构成的列联表以卡方检验结果显示，$\chi^2=30.73$，$p<0.001$。频数分析进一步显示，年龄越大的老年人越需要子女或他人为自己提供生活照料服务，即 80 岁及以上年龄的老年人生活照料需求分别比 60~69 岁、70~79 岁老年人高 30.3 个百分点和 22.7 个百分点，70~79 岁老年人生活照料需求比 60~69 岁高 7.6 个百分点。

第二，老年人的生活照料需求受到受教育程度的影响。文盲、

小学和初中及以上学历老年人有生活照料需求的占比分别为56.5%、35.7%、7.8%。年龄和生活照料需求两个变量所构成的列联表以卡方检验结果显示，$\chi^2 = 30.01$，$p < 0.001$。频数分析进一步显示，受教育程度越低的老年人越需要子女或他人为自己提供生活照料服务，即文盲老年人生活照料需求分别比小学和初中及以上学历老年人高18.5个百分点和18.7个百分点。

表4-9　不同类别老年人的生活照料需求

单位：%

类别		生活照料		占总体的百分比
		不需要	需要	
年龄	60~69岁	30.9	21.2	52.1
	70~79岁	18.9	17.7	36.6
	80岁及以上	3.3	8.0	11.3
	占总体的百分比	53.1	46.9	100.0
受教育程度	文盲	25.5	31.0	56.5
	小学	22.7	13.0	35.7
	初中及以上	5.0	2.8	7.8
	占总体的百分比	53.2	46.8	100.0

第三，老年人的生活照料需求受到婚姻状况的影响。对有配偶和无配偶老年人的生活照料需求进行交叉列联表分析，卡方检验结果显示，$\chi^2 = 15.93$，$p < 0.001$，达到显著水平，说明不同婚姻状况老年人的生活照料需求存在差异（见表4-10）。进一步频数分析结果显示，无配偶老年人需要他人为自己提供生活照料的需求比有配偶老年人高13.7个百分点。

表4-10　不同婚姻状况老年人的生活照料需求

单位：%

婚姻状况	生活照料		占总体的百分比
	不需要	需要	
有配偶	35.3	17.8	53.1

续表

婚姻状况			占总体的百分比
	不需要	需要	
无配偶	25	21.9	46.9
占总体的百分比	60.3	39.7	100.0

二　生活照料供给差异的影响因素

（一）自我照料方面

相关数据分析显示，自我养老资源供给受到老年人日常生活自理能力和经济状况的显著影响。

老年人实现生活自理自立的先决条件是自身身体健康。一般而言，健康状况良好的老年人更有可能通过自我照顾或配偶间相互照顾的方式进行自我养老，反之则不然。表4－5和表4－6的研究结果揭示，老年人的日常生活自理能力（躯体生活自理能力和工具性日常生活能力）状况不佳。具体而言，老年人的躯体生活自理能力影响着其生活照料，失能老年人的生活照料需求高于正常老年人；工具性日常生活能力轻度、中度及以上受损老年人与正常老年人相比，其生活上自我照顾的困难更大，更需要他人为自己提供相应帮助。

访谈资料也显示，日常生活自理能力较差的老年人确实较难进行自我养老，需要他人提供生活上的照料。

> 我爹瘫在床上差不多一年了。他现在自己一样都做不了嘛，样样事都需要我们来整，所以家里随时都离不了人。吃饭要喂，洗澡要帮他洗，包括他撇尿屙屎都是我来弄。（访谈资料：A县G镇S村某男性村民）

> 送到我们这里来的、腿脚不灵活的老人一般还算家庭条件好的，子女良心也好，不然的话，哪里有钱送过来。我们

> 这里服务好呢。每餐饭都是工作人员抬到房间里，他们想自己吃就吃，不想动我们喂他们，药直接送到手上，每个星期都帮他们洗澡。只要天气好，每天两三次我们都用轮椅推他们下楼（坐电梯）晒晒太阳，带着他们做做操、活动一下。（访谈资料：B县老年公寓某工作人员）

此外，经济状况也是老年人自我养老资源获得的重要影响因素，受区域经济发展水平、健康状况和受教育程度等各因素的综合影响，接受调查的老年人经济收入总体较差，处于“入不敷出”的状态，绝大多数老年人的存款为“0”。经济上的捉襟见肘极大限制了老年人的生活照料需求的满足。

> 身体是身体不好，钱是钱不够用，我们真的难呢。现在还好，还有政府每个月给的钱（指新农保），不管多少至少还有点用。但是也不够塞。你想想嘛，要吃的菜我们可以自己种点，但是如果要买点肉、买点生活用品都要用钱的嘛。我们自己没收入，也挣不到钱，不可能像城里人一样还找个保姆来照顾你，管你的吃喝拉撒。咋个办呢？有多大点钱就尽量过哪样日子了嘛。（访谈资料：B县I镇M村某老年人）

> 我想吃肉、吃糖的时候就看看村子里有没有人去赶街，让他帮忙带点回来。钱肯定是要给人家的。去年老房子顶上有点漏雨，掉了一块，我不敢爬上去，也没有钱请人修，后来等着儿子过年回来帮我修好的。（访谈资料：D县J镇某男性老年人）

> 有时候我就觉得，老了没钱就寸步难行。你看我家，老妈妈（指老婆）身体不好，只有我照顾她嘛。我不照顾哪个来，又没有多余的钱请保姆，而且也请不起。平时我们两个反正就是做得动就做做，做不动就算了，家里脏点乱点也不管了。（访谈资料：A县G镇D村某男性老年人）

（二）家庭照料方面

外出务工成为当下很多农村青壮人员改善生活条件、寻求个人发展的重要选择。那么，子女外出务工是否会从家庭养老资源方面对老年人的生活照料需求产生明显影响呢？一般而言，子女外出务工意味着家庭养老人力资本的外流，老年人获得生活照料的及时性和便捷性将大大降低。表4－11的结果显示，从赡养人是否外出务工来看，赡养人外出务工和赡养人在家的比例分布为34.7%、65.3%，老年人需要生活照料和不需要生活照料的人数比例为53.7%、46.3%；两个变量所构成的列联表以卡方检验分析的结果分析，$\chi^2 = 5.89$，$p < 0.05$，达到显著水平，表示赡养人是否外出务工和老年人的生活照料需要两个变量之间有显著关联。独立样本 t 检验结果显示，赡养人在家的老年人需要他人为自己提供生活照料的比例显著高于赡养人外出务工的老年人（$F = 19.72$，$p < 0.001$）。上述结果显示，相较于子女外出务工的老年人，子女没有外出务工的老年人更能获得子女在生活上的帮扶，生活照料需求更为强烈。当外出务工常态化，留守老年人的养老生活方式也相应发生了改变，老年人在生活上更多依赖自身以及配偶的帮助和支持，只不过在一定程度上也是一种无奈的选择与改变。

> 平时上街和看病都是老倌骑三轮车拉着我去，我不会坐车，会晕车。家里面现在基本只有我们两个，两个儿子都在外面，自己都顾不过来咋个还顾得过来我们。（访谈资料：B县Z村某女性老人）

> 平时在家里做个家务、种点菜、养养鸡基本都是只有我两个，煮饭主要是老妈妈（指妻子）在整，地里的活主要我做。只要不生病、不住院倒也没有什么大问题，要是生病还是麻烦呢。前年我住院，娃娃没的办法只好请护工，太贵了，一天好像要一百多呢。（访谈资料：D县K镇D村男性老年人）

其次，从子女的回家频率来看，回家频率为经常、一般和很少的人数分布为44.9%、15.2%和40.0%（见表4－11），老年人不需要生活照料和需要生活照料的人数比例为53.7%、46.3%；两个变量所构成的列联表以卡方检验分析的结果分析，$\chi^2 = 6.7$，$p < 0.05$，达到显著水平，表示子女的回家频率和老年人的生活照料需要两个变量之间有显著关联。进一步单因素方差分析显示，子女经常回家的老年人生活照料的需要高于子女很少回家的老年人（$F = 3.55$，$p < 0.05$）。这说明儿女经常回家的老年人更容易获得来自子女的生活照料，也比其他类别老年人表现出更为强烈的生活照料需求。实地访谈也支持了这一基本结论。

> 我两个儿子都在矿上做事，离家倒是近呢，每个星期只要轮休都会回来。老话说"养儿防老"，我们肯定就是靠儿子了嘛，家里有点哪样事都不用找人，儿子就可以做了。（访谈资料：B县I镇某老年人）

> 娃娃在外面打工不容易，也不可能经常回来。现在我们自己能做就自己做，等以后做不动了再说。（访谈资料：C县K镇H村某老年人）

表4－11　儿女提供生活照料的情况

单位：%

类别		生活照料	
		不需要	需要
赡养人是否打工	是	20.6	14.1
	否	33.1	32.2
回家频率	很少	26.9	13.1
	一般	9.3	5.9
	经常	22.8	22.1

此外，与过去“父母在，不远游”的家庭观念大相径庭，空巢社会的来临以及现代化的渗透改变了家庭传统的生活照料和情感资源维系模式。虽然空巢家庭存在诸多问题，但是“乡村空巢社会意味着乡村及其乡土特质以一种新的形态维持和延续下来”。当前农村家庭年青一代的流出一方面反映了村庄客观社会结构对年轻人行为的催化，另一方面也体现了农村家庭两代人之间生活及情感维持的“形变”，子女与父母的交流行为由居家依托陪伴转向“有空”才回家探望父母。流动影响下的“探望”形式使得家庭情感的关联模式发生了改变，情感资源的直接供给转为间接的物质性传递。

我今年71了，已经没有盘农业了，现在在这里路边开这个卖部卖点小货，后面是我住的房子，前面改成了门面。一开始，娃娃们反对我做这些，觉得我年纪大了，应该在家里待着了，但是我跟他们说我还有力气，身体条件也还可以坚持，我想跟老伴单独在，两个人可以互相照顾，我有一辆小车，趁现在还开得动，就每个月开去镇上拿货回来，一个月去两次左右。后来他们也答应我这么做了。才开始都比较难，大家不知道我在这里卖东西，后来时间长了也就好了，大家也比较照顾我，基本都来我这里买些日用品。娃娃们看见我们现在生活开心，过得还不错，也就放心了。他们现在都各自在家盘农业，得空时候姑爷或者儿子会来开我的车去镇上帮我拿货，也是想着我年纪大了，不想让我经常跑。总的来说，家里的娃娃比较支持我，也帮助我。（访谈资料：A县M村某男性老年人）

我们村外出打工谋生的年轻人比较多，我儿子也是。有些家比较好，家有弟兄两个的一个出去了，老人就跟另一个过，我家就只有一个儿子，不去打工，就没法养家庭和孩子。我独自一个人在家，除了孤独点和外出看病不方便点，其他的也没什么。儿子对我好呢，他忙的时候一般就是每年过年的时候才回来，不忙的时候一有时间就回。我还经常跟他说，不用总赶着回来，也不用挂念我。他几乎每天都会给我打电话，怕我生病难受。我生病的时候，他会给他妹子打电话，让她回来看我。我也知足了，我知道他挂念我，那也是他的孝心。（访谈资料：A 县 Y 村某女性老年人）

小　结

通过上述分析，得出以下两个基本结论。

首先，日常生活自理能力（失能和工具性日常生活中能力受损）严重影响着老年人的生活照料需求。随着年龄的增加和身体机能的衰退，老年人对生活照料的需求逐步增加，照料内容也更多转变为疾病照料和家务照料，这一趋势符合客观的普遍规律，也证明老年人的健康状况对生活照料有明显负性影响，即健康状况越差的老年人越需要子女或他人提供一定的生活照料。反之，如果老年人能够获得适当、适度、适宜的生活照料，在一定程度上有助于促进其健康水平和养老生活品质的提升。可见，当前欠发达地区农村家庭养老依然具有一定的稳定性，低成本、精准化的特点使得家庭养老在生活照料方面的效率优势显著。

其次，子女外出务工并未表现出对家庭养老的经济支持强化效应，但是子女是否外出务工以及子女的回家频率对老年人的生活照料产生显著影响。这说明，子女外出务工在削弱了家庭养老人力资本和减少照料时间及照料机会的同时，并未明显表现出对老年人生活照料福利的提升，经济支持的强化效应不明显。同时，随着现代化和城镇化进程加快，农村青壮年人口外流已成为普遍现象，这给欠发达地区农村老年人带来了新的问题。子女务工对老年人生活照料产生影响的可从两方面进行分析：一方面，子女外出务工且回家频率高的老年人能够更为便捷且及时获得来自子女生活上的照料，其需求表现得更为强烈；另一方面，极少能从外出务工子女身上获得生活照料的老年人倾向于逐步调整其养老期待和养老方式，从“依赖养老”向“独立养老”逐步转变，其需要他人提供生活照料的需求相对弱。

第五章　欠发达地区农村老年人的精神慰藉

老年人的精神慰藉需求不是一种单向度的满足，而是双向的。即，一方面老年人通过接受外界（如子女或他人、社会等）的精神支持获得相应满足，另一方面老年人自身也是精神慰藉需求满足的主体。与此同时，农村老年人精神慰藉需求的达成“实现于村庄主体间性的日常社会交往中”（毛一敬，2021），具有“强生活性、弱事件性”的基本特点。因此，对农村老年人精神慰藉需求的考察应该契合其生产生活以及社会交往的基本事实，从主体和客体、自主性和依赖性等维度进行系统分析。

第一节　老年人精神慰藉的现状

一　老年人精神慰藉的基本情况

（一）对自我尊重的满意度低于外部尊重

老年人的精神健康与其精神慰藉的获得相关，保障尊重需求、降低负性情绪又是衡量其精神慰藉获得程度的重要指标。因此，欠发达地区农村老年人精神慰藉的基本特点主要从尊重和负性情绪两个方面探讨。尊重需求是精神慰藉需求的重要组成部分，是个体获取并维护自尊心的需要。尊重分为内部尊重和外部尊重。前者指老年人的自我尊重，体现为“个体对自我持有的一种情感体验或对自我的整体性评价”（黄希庭，尹天子，2012）；后者包括来自他人或社会群体的认可、尊重、赞许和关爱等，体现为"'老有所用'的心理效用和'老有所成'的器物效用"（穆光宗，2004）。对尊重需求的评测反映的是老年人对自我的关注、自信以及受他人尊重的情况。

尊重因子各项目采用3点式计分，评分等级设置为"1. 满意；2. 一般；3. 不满意"，总分越高，说明老年人获得尊重的程度和水平越低。数据分析显示，欠发达地区农村老年人在尊重因子上得分的平均数为3.82，中位数为3，众数为3，数值基本呈正态分布。这说明老年人群体对其尊重需求满足的满意度较高。

进一步对老年人的自我尊重进行分析可知：12.0%和22.4%的老年人对自身能力、相貌、身体状况的评价为"不满意"和"一般"（见表5-1）。这说明相当一部分老年人的自尊状况并不理想，其自尊并不特别强调自我的成就和品质，他们不能从积极角度肯定和接纳自己，不能对自己持有客观而肯定的态度。

进一步对其外部尊重进行分析可知：老年人对家庭成员和社会成员所表示出的对其自身的尊敬、认可等满意度较高（89.8%），对自己在家庭和社会地位的评价满意度较高（79.8%），对自己在家里的重要性评价为"满意"（80.8%）（见表5-1）。可见，老年人对自己所获得的外部尊重满意程度较高，这在一定程度上能够反映出其生活情境拥有较好的尊老、敬老氛围，也反映出老年人对集体自尊需求的关注程度更高，其外部尊重更强调社会性和集体性。

表5-1　老年人外部尊重的基本情况

单位：次，%

尊重		频数	有效百分比
对周围人态度的感知	满意	823	89.8
	一般	71	7.8
	不满意	22	2.4
合计		916	100.0

续表

尊重		频数	有效百分比
对自身能力、相貌、身体状况的评价	满意	599	65.6
	一般	204	22.4
	不满意	110	12.0
合计		913	100.0
对家庭、社会地位的评价	满意	725	79.8
	一般	151	16.6
	不满意	32	3.5
合计		908	100.0
重要性评价	满意	732	80.8
	一般	132	14.6
	不满意	42	4.6
合计		906	100.0

有调查对象在访谈中提到：

村子里的年轻人对我们也还是尊重的，但是我们说的话不见得有人听。毕竟现在的年轻人见识比我们多，书也读得多，所以我们说的有些话他们是不听的，也不爱听，我们说多了还讨人嫌。（访谈资料：D县J镇M村某男性村民）

人老了，思想跟不上时代了，很多东西都不懂。我和我儿子说不上两句就要吵，所以有些话、有些事他都不愿意和我说。（访谈资料：A县G镇某男性老年人）

现在的手机太复杂了，我只会用来接电话或打电话，我老伴直接就不会用。儿子良心好，给我们买了一台电视，但是那个遥控器有点复杂，操作不来，我给儿子说还不如不换，直接用以前那台老电视。（您觉得这些事带给您什么感受？）以前有句老话说“老不中用”。我现在就是这种情况，想想还是难过的。（访谈资料：D县J镇D村某老年人）

> 我爹以前当过村支书，说话、做事还是管用的，即使他现在不做了，村子里的人都还是挺尊重他的。（访谈资料：B县H镇L村某男性村民）

上述实证结果和访谈结果印证了翁嘉英等人的观点，即中国人的自尊“个人取向较弱，集体取向的自尊较强”（翁嘉英，杨国枢，许燕，2009：356~398）。

此外，在本研究中，老年人的受教育程度未对其尊重水平产生显著影响，这与唐莉等人对四川老年人自尊的研究结果不一致（唐莉，韩兹莹，张惠，胡莹，2021）。可能与本研究对象受教育水平普遍较低有关（文盲老年人的占比为56.7%，小学文化程度的老年人占比为35.4%）。因此，较高受教育程度对老年人职业成就和社会经济地位的提升以及对自尊水平的促进作用在本研究中未能得到验证。

（二）缺乏负性情绪疏导的有效途径

通过精神慰藉降低负性情绪，使之得到有效的疏导，能促进老年人的精神健康，从而更全面地提升其生命质量水平。老年期面临的各种丧失事件的冲击与代际空间分隔和代际分化等因素相互作用，导致农村老年人的情感性孤独和社会性孤独较为突出，其精神世界更易为负性情绪所充斥（毛一敬，2021）。对欠发达地区农村老年人由生活事件所引发的负性情绪进行评测，能从主观体验和行为反应方面以反向角度反映其精神慰藉需求的满足或缺失状态。同时，负性情绪能否获得疏解在很大程度上能够反映不同供给主体对其精神慰藉需求的关注和相关资源供给状况。

负性情绪因子各项目采用3点式计分，评分等级设置为“1. 不会；2. 一般；3. 会”，总分越高，说明老年人负性情绪的程度和水平越高。数据分析显示，老年人在负性情绪因子上得分的平均数为4.53，中位数为4，众数为3，数值呈正偏态分布。这说明老年人的负性情绪疏导方面存在不足。对负性情绪各项目进行进一步频数分析可知：8.6%的被调查者近一个月以来会经常觉得生活没意思，26.1%的老年人会经常为一些小事担心、害怕，25.1%的被调查者在日常生活中心情时好时坏，容易发脾气（见表5－2）。此外，28.6%的老年人出现了不愿意向配偶或其他共同生活的亲人倾诉心中苦恼、烦闷的情形。可见，老年人在日常生活中容易受到消极情绪的侵扰，这在一定程度上反映了其在生活中缺乏负性情绪疏导的有效手段和必要途径，反向反映了老年人精神慰藉需求未得到充分重视和满足。

表5－2　老年人负性情绪的基本情况

单位：次，%

负性情绪		频数	有效百分比
觉得生活没意思	不会	737	80.4
	一般	101	11.0
	会	79	8.6
合计		917	100.0
经常为一些小事担心、害怕	不会	608	66.2
	一般	70	7.6
	会	240	26.1
合计		918	100.0
心情时好时坏，容易发脾气	不会	550	60.0
	一般	137	14.9
	会	230	25.1
合计		917	100.0

当老年人需要别人帮助时，他们“极少或没有”能从“老伴”、“子女或父母”、“亲戚/朋友/邻居”以及“家族/村民小组”得到帮助的占比分别为12.8%、5.6%、15.8%和37.3%；“部分能得到”、“老伴”、“子女或父母”、“亲戚/朋友/邻居”以及“家族/村民小组”帮助的占比分别为15.5%、20.9%、43.0%和

42.0%。71.6%有配偶老年人选择向配偶倾诉心中苦恼、烦闷，74.9%无配偶老年人选择向共同生活的亲人倾诉心中苦恼、烦闷。与此同时，对子女外出务工的有配偶老年人而言，他们选择向配偶倾诉心中苦恼、烦闷的占比为81.3%。研究结果说明：一方面，老年人负性情绪疏导的角色介入次序遵循近远亲疏的“差序格局”。换言之，一方面，老年人负性情绪疏导主要依靠家庭成员，从地缘和社会关系中获取负性情绪疏导的可能性较小，这反映了欠发达地区农村老年人的负性情绪体验更大程度受到了与自我有关的亲密他人的影响。另一方面，配偶在精神慰藉方面扮演了重要角色，尤其是在儿女成家或为了生计外出务工的情况下，向配偶倾诉甚至可以说是老年人精神慰藉或负性情绪疏导的主要途径。考虑到城镇化发展背景和家庭养老功能弱化的事实，老年人精神自我抚慰的作用不会降低反而会增强，表现为“被动的自我养老”（陈芳、方长春，2014）。

笔者在访谈过程中也发现，老年人依靠自己或配偶疏解负性情绪的情况比较常见。

> 儿子在省外打工，姑娘也嫁出去了，平时如果有什么事要等他来解决么是不可能的，离得太远。心情不好的时候也会跟老妈妈（指妻子）说，有些东西也不想说，靠自己慢慢想通。（访谈资料：B县D村某男性老年人）
>
> 有些话、有些事不可能都跟人说，说了人家也理解不了。自己想得通最好，想不通只好闷在心里。（访谈资料：C县K镇Y村某男性老年人）

进一步对子女务工情况进行研究，结果表明：以子女是否外出务工、务工距离、回家频率等为自变量，以负性情绪水平为因变量进行独立样本t检验和方差分析，负性情绪水平在这些变量上主效应不显著（见表5-3）。可见，子女是否外出务工、务工距离、回家频率等社会特征未对老年人的负性情绪疏导产生显著影响，该结果进一步证实了老年人的负性情绪疏导以自我抚慰为主的观点。

表 5－3　子女不同务工情况老年人的负性情绪水平

类别		频数	平均数	标准差
子女是否外出务工	是	294	4.45	1.67
	否	571	4.54	1.71
	$F=0.725$，$df=863$，$p=0.395>0.1$			
务工距离	附近	136	4.47	1.53
	有点距离	97	4.34	1.81
	距离较远	58	4.57	1.75
	F（2，288）$=0.366$，$p=0.694>0.5$			
回家频率	很少	116	4.59	1.80
	一般	43	4.74	1.83
	经常	132	4.20	1.44
	F（2，288）$=2.605$，$p=0.076>0.05$			

（三）精神慰藉需求满足以自我调适为主

在农村，依靠土地和自身劳动能力"独立"地度过晚年时光成为为数不少的老年人的一种选择，这也使得农村养老模式呈现以家庭养老为外在形式，以自我养老为内在实质的特点，在精神慰藉需求方面就具体体现为老年人依靠自己或配偶满足精神需求。自我养老的老年群体所处的情景相对特殊，这就决定了自我养老老年群体的晚年精神资源将因脱离家庭而有所缺乏的事实。同时，老年人自身也将不可避免地成为自我精神满足的主要力量。

> 我有三个姑娘，没有儿子，老倌（指丈夫）十多年前就不在了。老二嫁在隔壁那个村子，她和姑爷的良心倒是好的，经常会买东西来看我，农忙的时候也会来帮我。平时我就是

一个人自己煮饭吃，去田里做做活计。农村也没有哪样娱乐，像冬天这段时间就是去帮人家洗萝卜、擦萝卜丝，也有个人说说话。回家么就自己看看电视，不过有些也看不懂，我就喜欢看个打仗的。（访谈资料：A县X村某女性老年人）

平时也没有什么可做的，我男的喜欢去村头打牌，有时候打的饭都不回来吃，被我骂了好多回。我不打牌，我以前喜欢打毛衣，现在眼睛看不清也不打了，在家里看看电视，有时候也会和她们去跳跳舞，但是我跳得不好，很不好意思去。前年还去城里帮儿子带娃，和媳妇处不拢就回来了。（访谈资料：C县K镇某女性村民）

家里还有点山地，种了些番茄，今年不好卖都没人来收，自己也吃不完。种哪样不种哪样其实就是个乐子，自己找点事做做。就像我养的十来只鸡，每天要剁三四回菜喂鸡，忙得很。儿子姑娘都叫我不要养了，卖不了几个钱，但是我闲着还不是没事做，忙起来日子就过得快了嘛。（访谈资料：D县J镇P村W姓男性村民）

我们这里逢双日子会赶街，街上人多得很，好吃好玩的也多，没事的时候我就去街子上玩玩，背着点东西去卖卖。天天赶街也不可能，有菜的时候去卖点，要买东西的时候去去。不然的话怎么受得了，每回坐车都要半个多小时。平时我就是喜欢看个电视，其他也没什么可整的了。（访谈资料：D县J镇M村某男性村民）

此外，把A县M村和Y村的受访老年人的精神慰藉需求进行一个简单比较，比较具有代表性的发现是：M村的自养老年群体多半在积极的目的性认知下自愿地选择自我养老，因而对于精神的满足方面，虽然主要依靠自身的力量进行调节和疏导，却相对而言有着较为充足的心理准备和行动决策，从而在需求的逐步实现过程中具备一定的能动力和控制力。相反，Y 村的自养老年群体，尤其是空巢老人则缺少有效的排解途径，自我调节和疏导的效果受到被动的养老处境的影响而有所折扣，且这种效果是有限的，当老人面临孤独、悲伤等这样的烦恼而又无法通过自身解决时，其他支持力量就显得必不可少。从共性方面说，两个村落自养老人的精神满足情况是一种平衡与隐患交织的状态。一方面，村集体相对局限与封闭的交往空间使老人的活动空间被“定型”，农村老人活动中心等措施呈现空白，加剧了老人社会参与的局限性。因此，老人的精神慰藉需求在表面上完全能通过田间劳作而分散，内心的苦闷也多半通过自我调节，即“自己与自己对话”的方式实现排解。另一方面，这种状态下隐藏的危机则是自养老年群体日趋空白的精神生活和日益孤独的内心状态。在遇到烦恼不得不宣泄的时候，除去旁亲近邻之外，老人几乎没有其他可以进行倾诉的对象。

二　精神慰藉资源的供给状况

（一）自我慰藉方面

1. 配偶是老年人精神慰藉的重要支持

在接受调查的 920 位老年人中，有配偶的比例为 59.4%，离异的比例为 0.8%，丧偶的比例为 38.8%。与第六次全国人口普查数据相比较，有配偶的老年人比全国人口普查数据低 11.20 个百分点，离婚的老年人比全国人口普查数据高 0.02 个百分点，丧偶的老年人比全国人口普查数据高 11.90 个百分点。虽然调查点老年人丧偶比例高于全国水平，但对于有配偶的老年人而言，配偶在老年人日常生活中尤其在精神慰藉方面的重要性不言而喻。71.6% 有配偶的老年人选择与老伴倾诉心中的苦恼和烦心事，选择向子女等共同生活的亲人倾诉的比例为 54.2%。

2. 老年人精神慰藉的内容单调，方式单一

在日常生活中，欠发达地区农村老年人主要通过“看电视/看电

影/看戏”（47.0%）、“做家务”（42.5%）、“串门聊天”（41.0%）和“种菜/养鸡”（25.2%）等活动来打发空闲时间。“做家务”和“种菜/养鸡”属于劳作活动，而“看电视/看电影/看戏”和“串门聊天”是较低层次的娱乐活动，难以从较高层面提升和满足老年人的精神慰藉需求（见表5－4）。

表5－4　老年人的休闲生活安排情况

单位：次，%

活动	选择“是”的频数	有效百分比
抚育孙子女	183	20.1
串门聊天	374	41.0
参加民族/宗教活动	13	1.4
看电视/看电影/看戏	429	47.0
打麻将/扑克牌	100	11.0
跳舞（广场舞、秧歌、弹四弦等）	56	6.1
唱戏/唱歌	12	1.3
读书看报	14	1.5
种菜/养鸡	230	25.2
体育锻炼	24	2.6
做家务	388	42.5
其他	87	9.5

此外，农村老年人受教育程度普遍低下，例如，文盲占调查对象总数的56.7%，小学文化程度的占调查对象总数的35.4%。受教育程度的低下极大限制了其对高层次精神文化生活或精神慰藉的追求。

（二）家庭慰藉方面

1. 子代提供老年人的精神慰藉内容及认识上不到位

当问及“心中有苦恼、烦闷时会向谁诉说”，老年人选择向儿子/儿媳、女儿/女婿等亲人倾诉的占比为62.3%。可见，对于欠发达地区农村老年人来说，儿子/儿媳、女儿/女婿等共同生活的亲人是其老年期精神慰藉的重要来源和强大支撑。但是农村青壮劳动力外出务工的普遍化会导致老年人精神慰藉需求得不到充分满足。如，34.1%的老年人子女在外务工，其务工地点在家附近的比例为17.4%，在镇上的占比为29.4%，在县上的占比为18.8%，在省上和省外务工的占比分别为8.2%和11.6%。此外，外出务工子女对老年人的精神慰藉内容更多局限于电话问候和节假日的短暂相聚。

> 平时我们跟两个儿子的生活也就是各过各的，我们忙农活，占去好多时间，他们也是忙他们的，没什么特别的事情他们一般就打电话问问我们好不好，让我们有什么要求的话就说，实在生病的话才回来。（访谈资料：A县G镇M村某女性老年人）

> 平时如果有什么事有时候也会打电话跟儿子和姑娘说说。但是如果要等他们来解决是不可能的，离得太远。我也想他们能离我近点，好歹有病有乐身边有个人说说话，肯定心情都会不一样的嘛。但是没有办法，娃娃们也要生计，顾不过来。（访谈资料：B县D村某男性老年人）

子女外出务工拓展了赡养的经济来源、增加了家庭经济收入，但是当老年人需要来自子女的亲情抚慰时，空间距离使得其精神慰藉可及性大打折扣，容易引发一定的精神健康问题。如24.1%的子女外出务工的老年人会经常为一些小事感到担心和害怕；22.7%的子女外出务工的老年人在日常生活中心情时好时坏，容易发脾气。

2. 子代提供老年人的精神慰藉因客观原因不易实现

研究结果显示，大多数老年人子女务工地点均与其存在一定距离，只不过远近不同而已。外出务工子女的回家频率可以反映老年人能否及时、便捷地满足精神慰藉。调查中，15.0%的外出务工子女一个月回家1~2次，33.4%的外出务工子女半年回家1~2次，6.1%的外出务工子女一年回家1~2次，总体而言，39.6%的外出务工子女回家频率较少。与此同时，子女与老年人的联系频率可以反映老年人在精神关爱和亲情慰藉方面需求的满足情况。本调查中，子女与老年人的联系频率为“一般”的占比为19.2%，联系频率“很少”的占比为21.0%。

此外，子女与老年人的居住情况降低了老年人精神慰藉的便捷性。老年人与子女的居住情况具体体现在三个方面：其一，从居住关系来看，和配偶与子女同住的老年人占调查总数的43.6%，和子女住的老年人占比为33.7%，和配偶住以及单独住的老年人占比分别为15.4%和6.5%。总体而言，老年人选择与子女尤其是住在儿子家的倾向较为明显，即丧偶或离异老年人选择住在儿子家的占比为85.8%，高于其他选择；有配偶的老年人选择和配偶同住儿子家的占比79.8%，也高于其他选择。此外，有6.5%的老年人选择单独住，其原因解释主要为“生活能自理，不想麻烦子女”（30.1%），“子女外出打工，不在家”（19.3%）等。其二，从居住距离来看，76.9%的老年人与儿子住在同一栋房子。其三，从居住条件来看，95.8%的老年人享有独立住房（见表5-5）。

表5-5 老年人的基本居住情况

单位：次，%

类别		频数	有效百分比
和谁同住（$n=890$）	和配偶住	137	15.4
	和子女住	300	33.7
	和配偶与子女同住	388	43.6
	单独住	58	6.5
	养老院/敬老院	1	0.1
	其他	6	0.7

续表

类别		频数	有效百分比
离异/丧偶和谁同住（$n=302$）	住在儿子家	259	85.8
	住在女儿家	38	12.6
	轮流住在儿子/女儿/子女家	5	1.7
和配偶与谁同住（$n=397$）	和配偶同住儿子家	317	79.8
	和配偶同住女儿家	59	14.9
	和配偶轮流住在儿子/女儿/子女家	5	1.3
	与配偶分开，分别住在儿子/女儿/子女家	16	4.0
居住距离（$n=752$）	同一栋房子	578	76.9
	同一个村	87	11.6
	同一个村委会	12	1.6
	同一乡镇不同村委会	17	2.3
	同一县不同乡镇	27	3.6
	其他	31	4.1
独立住房（$n=686$）	有	657	95.8
	没有	29	4.2
独住原因（$n=83$）	无儿无女	9	10.8
	生活能自理，不想麻烦子女	25	30.1
	住房有限，生活不便	7	8.4
	和子女关系不好	2	2.4
	子女外出打工，不在家	16	19.3
	喜欢一个人住	7	8.4
	其他	17	20.5

对老年人与子女的居住情况进行分析发现，居住距离如若与其他变量（如老年人的生活自理能力、子女外出务工、回家频率和联系频率等）结合，老年人所谓的“住在一起”只是一种居住形式的认定，更多指的是“分家后”（尤其是多子女的家庭）老年人由谁承担主要的赡养责任以及老年人与赡养人居住空间的关系，而不能反映居住事实。实地观察和访谈结果表明，农村青壮年人

口外出务工的普遍性不但造成老年人与子女的分离，也使得相当一部分老年人与子女存在事实上“分居”的情况，子女就近照料和帮助、精神寄托及心理安慰的便捷性和及时性大大降低。

（三）社会慰藉方面

1. 社会养老机构提供的精神文化活动内容浅表、层次较低

作为一种公益性活动场所，居家养老服务中心和农村幸福院等承载着为老年人提供文化娱乐等日间照料功能。当问及“您希望幸福院、居家养老服务中心等机构能为您的养老生活提供哪些方面服务”时，老年人选择“娱乐设施及场地”“陪聊天”精神慰藉服务内容的比例分别为49.2%和14.0%（见表5-6）。

表5-6　老年人社会养老服务的需求情况

单位：次，%

生活照料内容	回答“是”的频数	有效百分比
午餐/晚餐	292	32.2
娱乐设施及场地	445	49.2
体检、卫生、医疗、康复等医疗卫生服务	708	78.2
紧急医疗救援	107	11.8
陪聊天	127	14.0
教打电话、存取钱等	16	1.8
组织宗教活动	3	0.3
家庭服务	37	4.1
其他	118	13.0

然而目前B县建成投入或试运营的7个居家养老服务中心所能提供的养老服务内容仅限于基本生活照料和一般性家政服务，难以满足老年人的精神慰藉、心理支持等需求。

此外，在实际运作过程中，居家养老服务中心和农村幸福院等所能提供的文化娱乐活动缺乏有计划、有目的和系统的组织和管理，更多是老年人的自发活动，集中在浅表的人际互动阶段，很

难在知识更新、健身养心、娱乐交际等方面给予老年人更多实质性支持和帮助。

> 这些老人聚在一起聊聊天，看看电视，身体好的老人有时候会聚在一起唱唱歌，跳跳舞，也没什么其他的（娱乐）了。（访谈资料：B县某居家养老务中心C姓负责人）

2. 社区的精神慰藉供给近似空白，老年人的社区参与意识不强，参与行为较少

农村社区是农村居民长期居住在特定村寨里形成的生活上相互关联的集体或社会共同体，一般具有特定的人际互动关系和文化维系力。社区的物理环境和文化因素会对身处其中的个体的心理、态度及行为等产生深远影响。传统农村社区守望相助、互帮共济的氛围在城镇化、现代化以及农村“空心化”等因素的影响下逐渐淡薄，这主要体现在以下两个方面。

首先，社区的精神慰藉供给近似空白。其一，从社区的文化来说，85.9%的老年人指出村寨没有包含尊老、敬老、养老等内容的规定，希望相关组织以后应该从“增加宣传”（32.2%）、“内容要实在”（19.5%）、“组织村寨所有人集体学习”（13.6%）等方面来树立村民尊老、敬老、养老的意识和文化氛围。其二，从社区相关组织组织的活动来说，80.9%的老年人所在村寨没有尊老、敬老、养老的活动，而开展此类活动的社区，活动次数也很少，内容很单一。

其次，老年人社会参与的意识较低，参与社区治理的活动较少。其一，从参与行为看，老年人愿意参与的村寨事务集中为“（如修路、挖井、装路灯）等村寨大事讨论”（44.0%）、“关心下一代教育问题”（34.4%）和“村委会选举”（28.4%）（见表5－7）。其二，从参与意识看，24.0%的老年人选择不介入、不参与村寨事务，他们把原因更多归结为“不感兴趣”、“不喜欢”或“年龄

大，不方便”等。总体而言，欠发达地区农村老年人社会参与的意识不强，参与行为较少。

表 5－7　老年人参与村寨事务的基本情况

单位：次，%

参与村寨事务	回答“是”的频数	有效百分比
（如修路、挖井、装路灯）等村寨大事讨论	393	44.0
调解邻里/家庭纠纷	81	9.1
主持/参与祭祀/祭神	43	4.8
关心下一代教育问题	307	34.4
组织文体活动	101	11.3
制定、修改村规民约	34	3.8
村委会选举	253	28.4
其他	214	24.0

第二节　老年人精神慰藉的差异

一　精神慰藉需求差异的影响因素

（一）精神慰藉需求的满足与收入状况相关

首先，在尊重维持方面。表 5－8 和表 5－9 的单因素方差分析结果显示，老年人尊重水平受到收入等级、收入水平的显著影响。第一，在尊重满意度的平均数中，低收入老年人的尊重平均分（4.05 ± 1.30）显著高于高收入（3.68 ± 1.19）和中等偏上收入（3.70 ± 0.96）的老年人。经事后比较 *LSD* 检验发现，低收入老年人的尊重水平显著低于高收入和中等偏上收入的老年人，$F(4, 849) = 2.637$，$p < 0.05$，其他收入等级的老年人之间不存在差异。第二，在收入水平方面，收入自评为“偏低”的老年人其尊重因

子得分高于其他三个水平的老年人。*LSD* 检验结果显示，收入水平“偏低”老年人的尊重满意度水平显著低于自评“偏高”、“不高不低”和“中等偏下”老年人，$F(3, 879) = 13.925$，$p < 0.001$。可见，较低的经济收入会影响老年人的尊重水平，尤其可能影响着老年人的自我尊重水平。

表 5－8　不同经济状况老年人尊重因子评分比较（$\bar{x} \pm s$）

类别		尊重	
		n	$\bar{x} \pm s$
收入等级	低收入	172	4.05 ±1.30
	中等偏下	170	3.84 ±1.25
	中等	170	3.83 ±1.20
	中等偏上	172	3.70 ±0.96
	高收入	170	3.68 ±1.19
	$F(4, 849) = 2.637$，$p = 0.033 < 0.05$		
收入水平	偏高	95	3.66 ±1.13
	不高不低	303	3.57 ±0.90
	中等偏下	177	3.69 ±1.04
	偏低	308	4.13 ±1.36
	$F(3, 879) = 13.925$，$p = 0.000 < 0.001$		

表 5－9　不同经济状况老年人尊重因子的 *LSD* 检验

类别			均值差	标准误	显著性
收入等级	低收入	中等偏上	0.34	0.13	0.007
		高收入	0.37	0.13	0.004
收入水平	偏低	偏高	0.47	0.13	0.000
		不高不低	0.56	0.09	0.000
		中等偏下	0.44	0.11	0.000

其次，在负性情绪方面。收入水平自评为“中等偏下”老年

人的负性情绪平均分（4.54 ± 1.67）显著高于“偏高”老年人（4.05 ± 1.62），收入评价“偏低”的老年人负性情绪平均分（4.82 ± 1.82）显著高于“偏高”（4.05 ± 1.62）和“不高不低”（4.35 ± 1.57）老年人。*LSD* 检验结果显示，收入自评“偏低”以及收入自评“中等偏下”的老年人更容易体验到负性情绪，而表现出消极、悲观以及乱发脾气等情绪状态，$F(3, 889) = 6.830$，$p < 0.001$（见表 5 - 10 和表 5 - 11）。

表 5 - 10　不同收入水平老年人负性情绪因子评分比较（$\bar{x} \pm s$）

收入水平		负性情绪	
		n	$\bar{x} \pm s$
收入水平	偏高	96	4.05 ± 1.62
	不高不低	306	4.35 ± 1.57
	中等偏下	180	4.54 ± 1.67
	偏低	311	4.82 ± 1.82
	$F(3, 889) = 6.830$，$p = 0.000 < 0.001$		

表 5 - 11　不同收入水平老年人负性情绪因子的 *LSD* 检验

类别			均值差	标准误	显著性
收入水平	中等偏下	偏高	0.49	0.21	0.23
	偏低	偏高	0.77	0.2	0.000
		不高不低	0.47	0.14	0.001

在访谈中有访谈对象提到：

人老了没点钱伴身还是不行的，说话腰板都挺不直。（访谈资料：D 县 J 镇 P 村 W 姓男性村民）

我家的情况在村子里算好的，我老倌有退休工资，一个月三千差一点。也不算多，但是比盘田还是好很多的。去年我们还和人家旅游团去了一趟上海、南京，村子里的

人羡慕得很，说我们命好。我们现在的想法就是保重身体，多活几年，多享几年福。（访谈资料：A县M村某女性老年人）

就我来看，现在村子里老人的生活总体还行，幸福指数相对较高，对当下的社会也比较满意。但是有些老人精神上的负担还是很重。虽然现在没有听说有吃不饱的人，但人老了就会有各种各样的病找上身，看病吃药必须得花钱，那钱从哪里来？所以也发愁。儿子姑娘不争气或是自己也挣不了钱的，老人还得给他们钱。所以你也不能怪老人一天胡思乱想，一辈子都是操心的命，老了也放不下心。（访谈资料：A县M村某村民小组组长）

上述数据分析和访谈从反向角度说明了老年人现有的收入水平并不能满足或支撑其精神慰藉需求。

（二）子女联系频率影响精神慰藉需求满足

首先，外出务工子女与老年人的联系频率显著影响着老年人的尊重满意度，$F(2, 284) = 6.841$，$p < 0.005$。*LSD* 检验结果显示，子女与老年人联系频率“很少”的老年人其尊重水平显著低于联系频率为“经常”的老年人（见表5－12和表5－13）。

表5－12　不同联系频率老年人尊重因子评分比较（$\bar{x} \pm s$）

类别		尊重	
		n	$\bar{x} \pm s$
联系频率	经常	171	3.63 ± 0.99
	一般	56	3.80 ± 1.21
	很少	60	4.20 ± 1.41
	$F(2, 284) = 6.841$，$p = 0.001 < 0.005$		

表 5－13　不同联系频率老年人尊重因子的 *LSD* 检验

类别			均值差	标准误	显著性
联系频率	很少	经常	0.57	0.17	0.001

其次，外出务工子女与老年人的联系频率显著影响着老年人的负性情绪，$F\ (2,\ 286) = 5.084$，$p < 0.01$。子女与老年人的联系频率为"一般"的老年人负性情绪平均分（4.91 ±1.79）比子女"经常"联系的老年人（4.27 ±1.57）高（见表 5－14 和表 5－15）。

表 5－14　不同联系频率老年人负性情绪因子评分比较（$\bar{x} \pm s$）

联系频率		负性情绪	
		n	$\bar{x} \pm s$
联系频率	经常	172	4.27 ±1.57
	一般	56	4.91 ±1.79
	很少	61	4.64 ±1.81
	$F\ (2,\ 286) = 5.084$，$p = 0.007 < 0.01$		

表 5－15　不同联系频率老年人负性情绪因子的 *LSD* 检验

类别			均值差	标准误	显著性
联系频率	一般	经常	0.64	0.26	0.14

子女外出务工带来的物理空间分离以及心理沟通和情感交流的缺乏导致家庭交往弱化，老年人更容易产生负性情绪，生活满意度降低。与此同时，子女外出务工改变了传统的生产模式，代际平权逐步瓦解了老年人在家庭中的地位和权威，进一步加剧了老年人精神慰藉困境。

（三）负性情绪受到性别、婚姻状况、功能受损状况的显著影响

第一，独立样本 t 检验的结果显示男性老年人和女性老年人在负性情绪项目上的均值得分分别为 4.24 和 4.73，方差同质性的 *Levene* 检验达到显著，$F = 19.483$，$p < 0.001$，这说明女性老年人

的负性情绪评分高于男性老年人，她们在日常生活中更容易受到负性情绪的侵扰（见表5－16）。

第二，有配偶和无配偶老年人在负性情绪项目上的均值得分分别为4.42和4.69，方差同质性的 *Levene* 检验达到显著，$F=5.561$，$p<0.05$，这说明无配偶老年人的负性情绪评分高于有配偶老年人，说明无配偶老年人的负性情绪水平高于有配偶老年人（见表5－16）。

表5－16　不同类别老年人负性情绪因子的独立样本 *t* 检验结果

类别		频数	平均数	标准差
性别	男	372	4.24	1.507
	女	537	4.73	1.827
	$F=19.483$，$df=907$，$p=0.000<0.001$			
婚姻	有配偶	544	4.42	1.648
	无配偶	366	4.69	1.793
	$F=5.561$，$df=908$，$p=0.019<0.05$			

从婚姻对健康的保护机制来看，配偶通过日常生活照料、精神慰藉、社会支持、维系社会关系等方面对老年健康具有保护作用。而丧偶不但会改变老年人的生活方式，更会令丧偶老年人长期处于悲观、孤独、寂寞、空虚等负性情绪状态。

> 我爸前两年不在了，我妈现在和我们住。之前我妹子把她接去住了几个月，她住不惯又回来了，说毕竟不是自己家，不习惯。（您觉得您爸去世了对她的影响大吗?）肯定大嘛。以前我爸在的时候，她的事情都是他在管，连吃药都是我爸把水倒好、把药拿好，直接送到她手上。现在有时候中午饭她自己一个人懒得做，就把头天晚上的剩饭用开水泡泡，就着点咸菜就吃了。平时她也不爱出门，晚上我们回来了，还会跟我们一起看看电视，一起说说话。（访谈资料：B县I镇某村民）

我隔壁这个阿姨确实可怜的，丈夫早年死了，大儿子后来也死了，儿媳妇改嫁了，现在整个家里只剩她孤零零一个人。有时候看见她独自一个人坐在门前，坐个大半天，看着我们心里也难过。我还给我老婆婆说，没事的时候让她去找阿姨说说话，即便不说话坐在一起也是个伴嘛。（访谈资料：A县Y村某女性村民）

第三，表5－17和表5－18的单因素方差分析结果显示，老年人的负性情绪受到功能受损状况的显著影响。在负性情绪的平均数中，功能受损状况为“轻度受损”的老年人其负性情绪平均分（4.69±1.81）显著高于“正常”老年人（4.34±1.57），功能受损状况为“中度及以上受损”的老年人其负性情绪平均分（4.81±1.85）显著高于正常老年人（4.34±1.57）。经事后比较*LSD*检验发现，轻度和中度及以上功能受损老年人在日常生活中遭受到的负性情绪显著高于正常老年人，F（2，886）=6.173，$p<0.005$。可见，工具性日常生活能力的受损状况会使老年人更容易受到负性情绪的影响。

表5－17　不同功能受损老年人负性情绪因子评分比较（$\bar{x}\pm s$）

收入水平		负性情绪	
		n	$\bar{x}\pm s$
功能受损	正常	445	4.34±1.57
	轻度受损	284	4.69±1.81
	中度及以上受损	160	4.81±1.85
	F（2，886）=6.173，$p=0.002<0.005$		

表5－18　不同功能受损老年人负性情绪因子的*LSD*检验

类别			均值差	标准误	显著性
功能受损	轻度	正常	0.35	0.13	0.007
	中度及以上	正常	0.47	0.16	0.003

工具性日常生活能力是维持老年人正常生活、参与和完成社会活动的基本能力，如果该能力下降或丧失，虽然不会从根本上威胁老年人的生命，但有可能会降低老年人对自身以及周围环境所拥有的自主权、决定权，导致其社会参与和生活质量的下降，引发精神慰藉困境。在访谈中有访谈对象提到：

> 我们村子很多人都是坐面包车去镇上，他们会坐车所以经常去赶街，还背着些东西去卖，瞧着他们倒是好玩的。我很怕坐车，坐一回晕一回，难受得很。以前还有人约我，后来也不约了，他们都知道（我不会坐车），所以平时上街和看病都是老倌骑三轮车拉着我去。（访谈资料：B县Z村某女性老年人）

> （您会用手机和您的孩子联系吗?）打电话和接电话我倒是会的，但是其他那些（功能）就不会弄了，也不想学了，太复杂。我还好，我老妈妈（指老伴）根本不会用手机，娃娃打电话过来一般都是我接，然后把手机凑在她耳朵旁边给她听。去农信社取钱也是我在弄。（访谈资料：D县J镇D村某老年人）

> 像我爹这个情况（瘫痪在床一年多），有时候想想觉得他也可怜。动都动不了，连撒尿屙屎都要有人帮他弄，怎么可能还出得了门，也没有人会来家里找他。你说他不难过？他瘫掉以后脾气大得很，有几次煮饭煮得有点晚，他还骂人，把碗打翻了。但是没有办法，我们也不能全天守着他，不然谁去挣钱。（访谈资料：A县G镇S村某男性村民）

二　精神慰藉供给差异的影响因素

（一）自我慰藉方面

老年伴侣在生活上的相互帮扶、在精神上的相互慰藉是其养老生活不可或缺的部分，因此，配偶是欠发达地区农村老年人自我养老的重要资源。

表5-19显示，有配偶和无配偶老年人按年龄分别占59.7%、40.3%，年龄为60~69岁、70~79岁以及80岁及以上的老年人占比分别为52.6%、36.5%、11.0%。两个变量所构成的列联表以卡方检验结果显示，$\chi^2=61.39$，$p<0.001$，达到显著水平，表示老年人的婚姻状况和年龄两个变量之间有显著关联。频数分析显示，年龄为60~69岁的老年人有配偶的比例比70~79岁和80岁及以上的老年人分别高16.1个百分点和41.6个百分点，有配偶的70~79岁的老年人比80岁及以上的高15.5个百分点。可见，年龄越大，老年人无配偶的比例越高。

有配偶和无配偶老年人的人数按性别分别占59.7%、40.3%，男性老年人和女性老年人的占比分别为40.8%、59.1%。两个变量所构成的列联表以卡方检验结果显示，$\chi^2=64.02$，$p<0.001$，达到显著水平，表示老年人的婚姻状况和性别两个变量之间有显著关联。频数分析显示，女性老年人无配偶的比例比男性老年人高20.2个百分点。

表5-19　不同类别老年人的自我养老资源情况

单位：%

类别		婚姻状况		占总体的百分比
		有配偶	无配偶	
年龄	60~69岁	37.6	15.0	52.6
	70~79岁	17.9	18.6	36.5
	80岁及以上	4.3	6.7	11.0
	占总体的百分比	59.7	40.3	100.0
性别	男	30.8	10.0	40.8
	女	28.9	30.2	59.1
	占总体的百分比	59.7	40.2	100.0

随着年龄变量的改变，老年人的婚姻状况也发生改变，这使得老年人自我养老资源逐渐缺失了来自配偶的精神支持，部分老年人经常产生孤独、寂寞等负性情绪，对自己的能力评价较低。数据分析显示，10.6%无配偶老年人近一个月会经常觉得生活没意思，31.3%无配偶老年人经常会为一些小事担心、害怕，10.7%无配偶老年人对自己目前的能力、相貌、身体状况等评价为不满意。

与此同时，女性老年人的平均寿命比男性老年人高，这也使得年龄越大的女性没有配偶的比例越高，她们更会因为缺乏伴侣间的情感支持而体验到负性情绪，且自尊体现也较低。独立样本 t 检验结果显示，女性老年人经常觉得生活没意思的比例高于男性老年人，$F=19.036$，$p<0.001$；近一个月经常为一些小事担心、害怕的女性老年人比例高于男性老年人，$F=54.568$，$p<0.001$；近一个月觉得心情时好时坏，容易发脾气的女性老年人比例高于男性老年人，$F=12.823$，$p<0.001$（见表5－20）。

表5－20　不同性别老年人负性情绪的独立样本 t 检验结果

类别		平均数	标准差
觉得生活没意思	男	1.23	0.56
	女	1.32	0.66
	$F=19.036$，$df=908$，$p=0.000<0.001$		
经常为一些小事担心、害怕	男	1.45	0.8
	女	1.70	0.91
	$F=54.568$，$df=909$，$p=0.000<0.001$		
心情时好时坏，容易发脾气	男	1.57	0.82
	女	1.71	0.89
	$F=12.823$，$df=908$，$p=0.000<0.001$		

（二）家庭慰藉方面

子女的精神抚慰和情感支持是老年人精神慰藉的重要来源和

支撑，其中，子女的联系频率显著影响着欠发达地区农村老年人负性情绪和尊重需求。21.8%子女联系频率很低的老年人会经常为一些小事担心、害怕，21.4%子女联系频率很低的老年人近一个月觉得心情时好时坏、容易发脾气，10.2%子女联系频率很低的老年人对自身能力、相貌、身体状况等评价不满意（见表5-21）。

表5-21　子女联系频率很低的老年人的尊重水平和负性情绪水平

单位：次，%

项目		频数	有效百分比
对自身能力、相貌、身体状况的评价	满意	145	70.7
	一般	39	19.1
	不满意	21	10.2
经常为一些小事担心、害怕	不会	150	72.8
	一般	11	5.3
	会	45	21.8
心情时好时坏，容易发脾气	不会	123	59.7
	一般	39	18.9
	会	44	21.4

与此同时，家庭代际关系对老年人精神慰藉也产生了深远影响。以亲子关系为核心内容的代际关系可以概念化为养老行动的结构性条件，养老成为亲子关系的一项功能性内容。老年亲代和成年子代之间的关系突出表现为一种赡养关系。因此，亲子关系的和谐程度会直接影响老年亲代的身体及精神健康状况，特别会影响其精神健康。

我和老伴两个还是难过的，但是因为和娃娃的关系不好，所以自己出来住了。其实关系不好也主要是因为他们养不了我们，时间长了我们也就各自住了，也不多问什么。大的那个儿子住在我们附近，平时也不来看我们，他自己也是不好过，背了一身债，管不了我们了。我们对生活的要求也不高，不就是他们吃什么我们跟着吃什么，既然不管了那就是良心不好了。小的那个（儿子）倒是良心好，经常问着我们，过年也带钱回来，就是太远了，照顾不了我们，所以只能靠自己了。（访谈资料：A县G镇Y村某男性老年人）

我今年已经80（岁）了，这几年过来我已经不做活计了，做不动了。我家虽然娃娃多，但是靠不住。我的五个姑娘都嫁了，良心都好，就是住得远，招呼（照顾）不了我。我的两个儿子，阿老（小儿子）去广州打工，在那边做了人家的上门女婿，也不方便经常回来，上个月回来看了我一次，急匆匆地又走了，因为他那边的工程还没有了结完。我之前不是一个人住的，是和大儿子住的，他们的房子就在旁边不太远的地方，但是我和他们住也是很难过，在家我孙女、我（儿）媳妇都不跟我说话，我也不知道她们看我哪里不顺眼，或者我哪里做不对，我主动去和她们说她们都不想看我一眼。我想着就是因为我现在年纪大了，干不了活，家里面的忙也帮不上什么，她们觉得我是指望她们吃，指望她们活。到后面连我儿子都不太跟我说话了。我想想算了，我自己照样出来自己住，我老伴也走了，一个人苦点孤独点也管他了，至少不用看着别人的吃的，也不用受气。我跟大儿子说了我的想法，他也没有留我，就说随我，就把我的铺盖和床都搬到下面这里来。所以说，儿子也好，姑娘也好，讨媳妇嫁人以后就都不是自己的娃娃了。（访谈资料：A县G镇Y村某男性老年人）

在传统封闭型的乡村社会，“养儿防老”观念以及家庭道德伦理制约着乡村代际的平衡关系。农民对于孝的理解很容易局限在因血缘产生的权利与义务关系中，而当这种权利与义务关系的平衡被冲突打破时，老人往往会产生一种悲观情绪。子女的责任行为若未达到老人对于孝顺与亲情的认知标准，老人则会在晚年生活出现“难过”状态。现代社会，横向夫妻关系已经日益取代了纵向亲子关系而成为家庭结构的轴心，父辈权力逐渐衰弱。在上述案例中，当家庭代际矛盾无法调和时，老年人会明显处于一种家庭弱势地位并具有被动性，进而影响其老年健康生活。

（三）社会慰藉方面

首先，从社会养老机构提供的精神慰藉服务来看，不同类别老年人对于幸福院、居家养老服务中心等社会养老机构提供的精神慰藉养老服务的需求存在差异。表5－22显示，老年人性别方面需要“娱乐设施、场地等”和不需要“娱乐设施、场地等”的占比为49.3%和50.8%，男性和女性老年人的占比为41.0%、59.1%；两个变量所构成的列联表以卡方检验结果显示，$\chi^2=5.88$，$p<0.05$，达到显著水平，表示老年人是否需要“娱乐设施、场地等”等服务和性别两个变量之间有显著关联。与此同时，老年人是否需要“娱乐设施、场地等”等服务和婚姻状况两个变量之间有显著关联（$\chi^2=9.30$，$p<0.005$），有配偶老年人和无配偶老年人的占比为59.9%、40.0%。总体而言，男性老年人对娱乐设施及场地的选择比例高于女性老年人。这可能受限于欠发达地区女性老年人更低的受教育水平(73.9%的女性老年人为文盲，比男性老年人高42.9个百分点)。

表5－22 不同类别老年人需要的社会养老资源

单位：%

类别		娱乐设施、场地等		占总体的百分比
		需要	不需要	
性别	男	22.2	18.8	41.0
	女	27.1	32.0	59.1
	占总体的百分比	49.3	50.8	100.0
婚姻状况	有配偶	32.0	27.9	59.9
	无配偶	17.2	22.8	40.0
	占总体的百分比	49.2	50.7	100.0

一方面，老年人对娱乐设施及场地有一定的需求；另一方面，此类设施和场地的供给严重不足。例如，B 县 I 镇的中心敬老院活动室设施较为简单，只有一台电视机和三张棋牌桌，另有一间“农家书屋”，提供的书籍较为老旧且种类少、数量少，鲜有人借阅。B 县 H 镇 Z 村的老年活动中心设在村委会，面积为 25 平方米左右，场地狭小，除了办公桌和椅子，没有放置任何娱乐设施。类似的情况在其他调研地点也屡见不鲜。

以 A 县 M 村和 Y 村为例，村集体相对局限与封闭的交往空间使老年人的活动空间被“定型”，传统农业生产协作逐步瓦解，村庄公共文化凋敝，社区交往萎缩，加剧了老人社会参与和社会交往的困境。因此，老人的精神慰藉需求表面上通过田间劳作而分散，内心的苦闷也多半通过自我调节，即“自己与自己对话”的方式实现排解。但是，这种状态下隐藏的危机则是部分老年人日趋空白的精神生活和日益孤独的内心。在遇到烦恼不得不宣泄的时候，除去旁亲近邻之外，老年人几乎没有其他可以倾诉的对象。

> 我们村有些老人的思想压力还是大的。其实把他们集中在一起交流下，不仅可以分散压力，还可以培养他们之间互帮互助。以我们村的形势，一个村委会盖一个居家养老中心不现实，因为各村小组之间离得太远了，让老人到居家养老中心他们也不愿意去，就像乡镇上那个敬老院，整个乡镇只去了十多个老人。一方面是老人要面子不愿意去，另一方面就是太远，老人去不了。老人不去不代表他们没有这个需要，而是这个方式要有所改变，一个小组盖一个这种集中式的养老中心相对来说是可能的，既能满足老人的精神需要，也符合他们的心愿。（访谈资料：A 县 Y 村村支书）

> 眼睛不好对我影响很大，有一只眼睛已经基本看不见了。我不想因为自己眼睛不好让别人觉得我没用了，其实我最在意得就是别人心里的想法。眼睛看不见这一点让我思想上有

点负担，有时候会和儿子说，更多时候还是想和老年朋友说，我干活的时间比别的老人少，经常是一个人，我家附近老年朋友也少，更没有什么供老人玩耍的地方。现在就是很希望有说得来的人陪我说说话，自己心里一些不好的想法可能也就不存在了，但现在没有这个条件。（访谈资料：A县M村某男性老年人）

小结

欠发达地区农村老年人精神慰藉的基本特点表现为以下四个方面。

第一，总体而言，欠发达地区农村老年人的精神慰藉需求未得到充分满足。具体表现为老年人对自我尊重的满意度不及对外部尊重的满意度，且缺乏疏导负性情绪的有效途径，精神慰藉需求满足更多以自我调适为主。其中，老年人依靠自己或配偶间的相互扶持满足精神慰藉需求，并不是完全意义上的“经济自立、生活自理和精神自强”的自我养老。只是老年群体在经济状况较差、养老供给低层次和养老保障缺乏的情况下产生的“被动的自我养老”，更多时候是老年人迫不得已的选择，是权宜之计。

第二，相对于社会人口和身体健康等因素，经济状况、外出务工子女与老年人的联系频率等因素对欠发达地区农村老年人精神慰藉的影响较大。可见，一方面，老年人经济上自我供养的能力和水平不高，养老的物质负担较重，这极大程度限制了其对较高层次精神需求的追求。另一方面，外出务工子女在空间与时间上与老年人的分离，无法实现及时的沟通交流和经常性的精神抚慰，缺乏情感上的人际互动，造成老年人长期缺乏亲情的抚慰，精神空虚。

第三，配偶和子女等家庭成员是与老年人养老生活关系最为密切的主体性行动者，是其心理支持和情感互动的主要对象，处于老年人社会关系圈子的核心圈层，他们无疑是最了解老年人养老需求的人，能为老年人提供最便利、最经济的照料供给。正是因为以血缘为纽带的家庭成员在老年人养老生活中发挥着无可替代的作用，决定了当前在欠发达地区农村家庭养老的效率优势依然存在。

第四，当前，欠发达地区农村的社会养老服务主要由政府独力承担，鲜见社会组织和市场的身影，使得该类地区成为社会组织和市场介入基本养老服务实践的“空白地带”。其中，政府供给的养老服务内容简单、可选择项目少、同质化程度高，在一定程度上无法吸引老年人来享受或购买服务。此外，村寨等集体组织在老年人情感“补遗”方面的作用缺失，社区文化凋敝，服务供给严重不足，为数不多的服务供给还存在形式单一、内容单调等问题，既起不到弘扬尊老、敬老、养老社会理念的作用，也没有对改善老年人的养老生活产生实际支持。

第六章　欠发达地区农村老年人的医疗供给

医疗资源的供给是衡量医疗水平的重要指标，欠发达地区农村多层次医养资源的有效整合需以村、乡镇、县三级医疗资源的供给状况为基础。在村、乡镇、县三级医疗资源供给中，村卫生室和乡镇卫生院的资源供给事实上更侧重于基本公共卫生服务方面。近些年，以乡镇卫生院为中心点的家庭医生签约服务模式的建立以及乡镇中医药健康服务的发展进一步拓展了资源供给。县级医疗资源的供给则侧重医疗服务，综合医院、中医医院及专科医院中老年康复服务和老年科室的建立能够为老年人提供针对性的医疗服务。欠发达地区农村，村镇基层医疗资源供给和医疗服务在满足老年人医养需求方面发挥基础性作用。本章在呈现三级医疗资源供给现状的基础上，有针对性地分析其影响因素、基本特点及存在的问题，有助于全面把握欠发达地区农村老年人的医疗供给情况。

第一节　医疗资源供给的基本情况

一　医疗资源供给的现状

（一）村级医疗资源的供给

村级医疗资源的供给集中表现为乡村医生为农村居民提供的公共卫生和医疗服务。村卫生室开展的多数公共卫生服务是配合乡镇卫生院完成的，如每年一次对65岁及以上老年人的健康体检、老年人慢性病登记管理、特定人群的健康管理、健康教育宣传等。特别是老年人慢性病管理，经村医介绍，被调查地区的饮食习惯对老年群体慢性病类型有重要的影响，长期食用盐分含量较高的腌制肉食导致老年群体高血压的现患率较高，地方水质与结石病也存在一定的关系。健康教育宣传也是公共卫生服务的重要内容之一，26.8%的被调查者表示所在地办过健康知识宣传活动，宣传内容包括一般疾病防治知识、养生保健知识、用药与慢性病防治、一般急救及禁毒和防艾知识等。健康教育的宣传形式主要是发放健康宣传手册、设立健康宣传栏、医护人员到村落宣讲等，一年会集中宣传五六次。村医也会定期对慢性病患者、孕产妇等人群及精准扶贫户进行入户随访，特别是对慢性病人群，一个季度要随访一次，一年四次。村医每个月都会在乡镇卫生院接受公共卫生方面的培训，主要培训内容也是特定人群及慢性病患者的健康管理。除了乡镇卫生院的培训，村医每年还会参加5～6次由地区卫生局开展的培训活动。调查发现，由于卫生室场地有限，体检工作及相关公共卫生和医疗知识的宣传讲座多数是在村委会举行的。村委会的相关工作有时也需要村卫生室配合完成，如新农合资金的收取及建档立卡贫困户信息统计工作。

村卫生室是乡村医疗场域中提供医疗服务的主体，承担着农村居民感冒发烧等常见病的诊疗及慢性疾病的康复诊疗等，如C县一村医介绍说：

> 村卫生室大概是60平方米，主要的收入来源就是公共卫生和基本医疗服务，卫生室主要的设备有观察柜、药柜，还有血压计、听诊器。常用西药有80种，中药有200多种。我18岁（从）卫校毕业就一直干到现在，有30多年吧。我有执业医师证——中西医结合执业医师证，所以我现在主要是搞中医，就是针灸、刮痧、拔火罐。现在很少给输液，感冒发

烧严重的就打个小针，主要还是刮痧，我觉得效果还是蛮好的，所以刚才主任他们来说头疼，我给他量血压，就给他扎银针。我现在一直在研究这些东西，慢性病像糖尿病、高血压我就给他扎银针，不吃药，或者就是在吃药的基础上扎银针，效果还是比较好的。（访谈资料：C县K镇Y村W姓村医）

Y省C县K镇少数乡村卫生室办起了日间照料休息室，但受农村居民自身观念和经济条件的限制，日间照料室的使用率相对不高。

本来今年是差不多投入使用了，但主要是我们村的老年人没有来入住的，他们就是白天来玩一下。因为这个日间照料、吃饭这些服务还是需要一定的费用，他们不会交，我们地方的经济比较差（支撑这些服务比较困难），收费标准暂时没有定，这个事情一直在宣传，现在最基本的就是老年人可以来这儿玩一下，要休息可以休息下。我们村子的老年人也没有必要在这儿吃饭之类的，他觉得休息也是在家里休息好一些。（访谈资料：C县K镇Y村W姓村医）

从整体上看，医疗资源方面，村卫生室的房屋设施、医疗条件和诊疗水平整体较差，拥有的医疗器材、能够使用的药品和诊疗方式也受到制度的限制，村卫生室的人员配置不足。2018年A县各村卫生室乡村医生的基本情况如表6-1所示。以WJ卫生院为例，全院22名乡村医生，每个卫生室平均有1.6名乡村医生，辖区服务人口为18409人，则每个乡村医生相对的服务人数为837人。乡村医生的人数和获得的支持使其能够完成的工作是有限的。笔者调查的所有村卫生室无论是房屋还是设备都较为简陋，乡村医生的医疗技术水平也较差。村卫生室在乡村医疗场域中的位置要求其承担较多的工作职责，但有限的资源在一定程度上限制了其工作的开展。

表 6－1　2018 年 A 县各村卫生室乡村医生基本情况

乡镇卫生院	村卫生室数（个）	辖区服务人口数（人）	乡村医生人数（人）	乡村医生学历			
				大专（人）	中专（人）	高中（人）	初中及以下（人）
LC 卫生院	20	61181	31	4	26	0	1
XY 卫生院	9	21751	17	0	16	0	1
YL 卫生院	7	14244	11	0	11	0	0
SQ 卫生院	11	23464	29	4	23	1	1
TST 卫生院	8	10449	15	0	15	0	0
WJ 卫生院	14	18409	22	16	4	0	2
YJ 卫生院	12	19614	23	0	18	2	3
LWZ 卫生院	7	12559	14	0	12	0	2
HTP 卫生院	10	13352	18	1	8	2	7
WDS 卫生院	6	10058	12	1	6	4	1
MJ 卫生院	13	17710	26	1	25	0	0
TJ 卫生院	11	13919	22	0	21	0	1
合计	128	236710	240	27	185	9	19

注：本章所涉及的数据，若无特殊说明，均是由调查地县、乡镇卫生管理部门和医疗卫生机构提供。

村卫生室的主要服务对象是农村居民，农村居民对村卫生室的需求更多体现在医疗服务方面。面对农村居民对于医疗服务的诉求，村卫生室会视自身资源情况有选择地开展服务。以提供上门服务为例，根据 A 县医疗制度的规定，乡村医生不能上门出诊，但是 X 省欠发达地区农村居住形式多是散居，加之受以往村卫生室可以上门服务的惯习影响，很多村民对乡村医生不提供上门服务表示不满，制度规定与农村现实之间的矛盾使村医陷入两难境地。面对村民提出的上门服务的诉求，大部分乡村医生会基于制度规制要求和对医疗风险的认知拒绝此诉求，少数乡村医生依然会选择提供上门服务。

> 国家规定是不能出诊，但是没有办法，我昨晚12点多还去了一家，3点多才回来。那家病人是肾绞痛，50多岁，没有办法，两个人来找，你去打针的话一定要等针水打完才能回来，因为可能会有一些针水反应什么的。我们是看在本村村委会的分上，因为天天在一起工作。这个村的人我基本都知道，别的村我不会去出诊，三四十岁那些没事，但是有些年纪大的不知道政策，如果不出诊他们就会觉得你不称职。（访谈资料：A县G镇M村男性村医）

访谈中，被调查地区的乡村医生表示，一方面他们需要按照医疗卫生制度承担相应职责，并完成相关考核；另一方面则对自己的养老保障和身份表示担忧。"身份"指的是对于专职人员的保障，随着农村医疗的改革，乡村医生虽然被纳入国家卫生系统统一管理，但是其依然是农村居民身份，国家对乡村医生的定位与对其的管理要求不匹配，致使乡村医生对自身角色的认知相对消极。

> 现在我们乡村医生压力太大了，卫生监督、药品监督、防疫、高血压、糖尿病各个都要来考核我们村医。我们是综合性了，样样都压在你头上。现在乡村医生什么身份都不是，为了老百姓，为了国家做这么大的贡献，没有人了解我们这群人实际的困难。我在全国人大乡村医生这一块也是这种说呢，我们的提议都提了三年了。（访谈资料：B县I镇M村F姓女性村医，全国人大代表）

在乡村一体化管理背景下，乡村医生的收入由基本工资和绩效考核两部分组成，而公共卫生的完成情况、药品的采购等都是由乡镇卫生院负责考核和管理。乡镇卫生院与村卫生室每年签订一次工作目标责任书，每半年进行一次考核，乡镇卫生院的考核情况直接影响乡村医生的收入。以A县G镇为例，乡镇卫生院与村卫生室签订的“疾控工作考核目标责任书”涉及的考核项目和标准较为详细（见表6－2）。面对制度考核，调研发现几乎所有的乡村医生都反映压力太大。细致的考核规定、繁杂的工作任务使乡村医生对乡镇卫生院的考核有时会采用“应付式完成”策略，出现某些公共卫生数据与实际情况不符的现象。

表6－2　G镇卫生院2017年疾控工作考核目标责任书（部分）

考核内容（共100分）	具体项目和指标	考核方法
综合部分（10分）	1. 卫生院有专职防疫员，并保证人员稳定 2. 每月按时参加乡村医生例会，进行工作的总结、分析、汇报、反馈培训任务布置任务等工作，并做好相关记录 3. 每月出一期疾病培训专栏 4. 完成工作图表、台账的登记、统计、绘制及上墙的工作 5. 严格报表上报制度，做到及时准确，无逻辑性错误，无弄虚作假。做好各种资料的归档管理工作	1. 无专职人员扣1分 2. 不参加一次扣1分 3. 少一期扣1分 4. 出现缺报、缺项、数字错误、内容不完整扣1分
公共卫生（20分）	1. 做好辖区内65岁及以上老年人健康管理工作，管理率达70%以上 2. 认真做好慢性病随访、体检工作（四次随访/年、必要时增加两次随访一次转诊、一次体检/年）管理率达100% 3. 做好辖区内健康教育宣传工作（健康讲座每两月开展一次、开展个体化健康教育）	1. 各率每下降1%分别扣0.2分 2. 少一次随访扣5分

资料来源：A县G镇Y村卫生室。

（二）乡镇医疗资源的供给

1. 基本公共卫生服务

健康教育宣传是国家基本公共卫生服务项目的基础内容，即针对健康素养的基本知识和理念、合理用药、老年人的健康与保健及儿童健康与孕产妇保健等内容，通过开展健康知识集体讲座、设立健康宣传栏、播放电视广播等形式向城乡居民提供健康教育宣传信息和健康教育咨询服务，以提高居民的健康防范意识。2018 年 A 县 G 镇按统一要求设置卫生院健康教育宣传栏 4 块，村卫生室健康教育宣传栏 14 块，更新宣传内容 5 期；由卫生局统一制作光碟下发 6 碟，发放宣传资料 4000 余份，开展公众健康咨询活动 5 次，举办健康知识讲座 5 次，个体化教育 780 余人。

乡镇卫生院组织的居民健康体检也是其提供的基本公共卫生服务中的基础性内容。71.7% 的被调查者表示调查当年（2016 年）接受过健康体检，其中 50.8% 的被调查者接受的健康体检是由乡镇卫生院组织的，且主要是免费性体检。以 A 县 G 镇为例，截至 2016 年，G 镇共建立规范化居民健康纸质档案 15786 份，建档率为 81.00%；到 2018 年共建立规范化居民健康纸质档案 17280 份，建档率达 96.75%，并且建立农村居民规范化电子健康档案 16937 份，电子建档率达 94.83%。乡镇卫生院针对镇辖范围内 65 岁及以上老年人一年一度的健康体检是其基本公共卫生服务的主要内容之一。农村居民，特别是老年群体的健康预防意识较弱，健康体检服务能够对老年群体起到一定的疾病预防作用。针对健康体检问题，H 镇卫生院院长表示：

> 针对 65 岁及以上老年人可以做肝功、肾功、心电图、B 超，大概就是这些内容，这个是针对 65 岁及以上的，在公共卫生项目里面，小于这个岁数的不可以做，你要做是没有项目经费的。比如像这个血液指标，我们要抽血样，拿到我们医院去检验，有结果了再评估。因为我们在体检的时候有一个体检表，要询问病史，老年人的话要有一个生活能力的评估，有行动不便的情况我们打分的话打成减号，结合我们体检的所有指标再来分析、做报告。我们医院出了报告后再由他们去发、去讲，假如这个老年人带有慢性病，就是高血压、糖尿病和精神病这一块的还要做回访。（访谈资料：B 县 H 镇卫生院院长）

访谈发现乡镇卫生院在健康体检方面仍存在以下现实问题：一是体检成本较高；二是体检质量不高，特别是针对慢性病患者和失能半失能老人检查不够全面细致；三是服务模式过于死板，无法满足当前老龄化背景下农村老年群体的基本公共卫生需求。2016 年 H 乡镇卫生院累计建立居民健康档案 34772 份，其中老年人建档数 3139 份。健康体检服务也是建立并更新老年人健康档案的重要过程，档案数据的动态管理有助于及时评估老年人的身体状况，对预防老年疾病具有积极的作用。

特定人群的健康管理主要针对的是镇辖区范围内 0～6 岁儿童的健康管理、孕妇健康管理、老年人健康管理和慢性病患者的健康管理。A 县 G 镇 M 村卫生室应镇卫生院服务管理需求，其“老年人健康管理台账”中详细记录了 2018 年 97 位老年人的基本信息、体检时间和具体体检情况。同时，设立了 65 岁及以上老年人中医药健康管理服务项目。在慢性病管理方面，对 65 位高血压患者和 17 位糖尿病患者建立了健康档案，患者在门诊就医时其医药费用可减免 80%；2019 年开始，持有慢性病证的患者与城镇职工一样可享受一年 2000 元的定点医药补助。对儿童、孕妇、老年人及慢性病患者的健康管理有助于评估其健康状况，预防多发病和降低患病概率，提供健康指导并及时治疗。

2. 基本医疗服务

常见病与多发病的诊疗服务是乡镇卫生院基本医疗服务的重要内容，常设科室包括内科、外科、妇产科、儿科、口腔科及中医科，为全镇常住居民、流动人口、外来客商及旅客中的患者及预防保健人群提供常见病和多发病的诊疗与预防保健。以 G 镇卫生院和 H 镇卫生院为例，前者 2018 年 1～10 月门诊人次为 22218 人次，住院 38 人次，总业务收入 110 多万元，完成医疗业务收入 20 多万元；后者 2016 年和 2017 年的医疗业务收入分别是 851.53 万元和 466.12 万元，由于该镇卫生院业务用房不足，且急缺老年病、康复医学专业人才，再加上老年人保健意识较弱，卫生院目前并无相关老年病及康复医学服务。

以健康维护为中心、创新模式为重点的家庭医生签约服务是深化医改的重要举措，这对进一步转变卫生服务模式，提高乡镇、村两级医疗服务能力和水平，提升农村居民对村镇医务人员的信任度至关重要。家庭医生签约服务是以乡镇卫生院为中心点、以县级医疗单位为上转点、以村卫生室为下转点的三级一线服务，主动提供综合、连续、协同的基本医疗、基本公共卫生和个性化健康服务，以期增强人民群众的卫生获得感。家庭医生签约服务对象为本镇常住基本医疗保险参保人员。签约服务对象优先覆盖建档立卡贫困户及计划生育特殊家庭户、老年人、孕产妇、重性精神障碍患者、儿童、残疾人、高血压患者、糖尿病患者、结核病患者等重点特殊人群。以B县H镇为例，“2017年家庭医生签约服务覆盖率达到43.33%，重点人群签约覆盖率达到99.75%，2017年签约人群续签率达到90.31%；2018年家庭医生签约服务覆盖率达到46.01%，重点人群签约覆盖率达到91.23%，2018年签约人群续签率达到88.94%”①。2018年D县制定了家庭医生签约服务的相关文件，鼓励有条件的乡（镇）卫生院和社区卫生服务中心可探索试行有偿签约服务；组建“家庭医生签约服务团队76个，共计签约158442人，一般人群签约70729人，重点人群签约87713人，其中贫困人口签约13119人，一般人群签约服务率约51.9%，重点人群签约率89.6%，贫困人员签约率达98.7%”②。

签约服务内容包括基本医疗服务、基本公共卫生服务、个性化健康服务。

第一，“基本医疗服务（以村卫生室签约为主体），是对签约服务对象常见病、多发病、慢性病的中西医诊治。具体内容包括：实行门诊预约服务制度，及时处置签约服务对象发生的健康救助

① 《2017年H镇推进家庭医生签约服务工作实施方案》。

② 《D县卫生健康局关于2017年及2018年度健康服务供给情况》。

事项，帮助签约服务对象选择适宜的就医方式；根据病情需要，为签约服务对象提供转诊服务，帮助预约上级医院专家诊疗；提供一对一的健康问题咨询”[①]；根据签约服务对象多样化的医疗服务需求，探索设计不同类型的健康服务包，提供个性化签约服务。镇卫生院按属地管理原则年内到各村（居）委会开展一次签约对象义诊活动（县人民医院按分片管理原则年内到镇开展一次签约对象的义诊活动），乡镇、村两级设立健康咨询电话，接受居民日常健康咨询。

第二，基本公共卫生服务（以村卫生室签约为主体）。具体内容包括：为签约服务对象建立规范的电子健康档案，实行动态管理，及时更新补充相关信息；按照《国家基本公共卫生服务规范》中“健康体检表”要求，年内开展一次一般体格检查服务；“通过健康知识讲座、健康咨询、发放宣传资料等方式，开展疾病防病和健康生活方式指导；根据签约服务对象类型和需求，以‘分类服务、按需服务’为原则为建档立卡贫困户及计划生育特殊家庭户、老年人、孕产妇、重性精神障碍患者、儿童、残疾人、高血压患者、糖尿病患者、结核病患者等特殊重点人群提供有针对性的健康管理服务，协助签约服务对象开展健康自我管理”[②]。

第三，“个性化健康管理服务（以乡镇卫生院签约为主体）。具体内容包括：针对签约服务对象多样化的健康状况和医疗服务需求，特别是根据居家养老、慢性病患者等重点人群医疗服务需求，制定不同类型的个性化签约服务内容，包括健康评估、康复指导、家庭病床、家庭护理、中医药‘治未病’服务等”[③]。现阶段主要是从重点人群和重点疾病入手，对病情稳定的慢性病患者提供送药上门服务、为签约对象中的育龄妇女开展“两癌”筛查服务等，并逐步拓展服务范围。充分发挥中医药在基本医疗和预

① 《2017 年 H 镇推进家庭医生签约服务工作实施方案》。

② 《2017 年 H 镇推进家庭医生签约服务工作实施方案》。

③ 《2017 年 H 镇推进家庭医生签约服务工作实施方案》。

防保健方面的重要作用，满足居民多元化健康需求。个性化服务以知情、自愿、自费为原则设计不同类型的服务包，具体内容根据签约对象的服务需求、乡镇卫生院的实际服务能力、居民的经济承受能力共同确定。

但是，在实际实施过程中还会遇到诸如乡村医生的参与及患者转诊等问题。

> 有些东西就是非常冲突的……我们那个普通服务包里面实际上就包含了免费的基本卫生服务和一般的诊疗、转诊，乡村医生可以去你家看病。但是反过来又说，像我们的乡村医生管理条例里有明确的规定，乡村医生只能在卫生室（看病），不能另外出去，这些东西都有冲突的。第二个就是转诊问题，比如说一个村子有200个人都交了50元钱（普通服务包费用），假如说这200个人有10个人同一天住院（乡镇卫生院），他要转院（县级医院）的话，你怎么转，10个一起转肯定是不可能的。没有车，我们只有两辆救护车，那不可能拉10个出去，所以它里面没有说按特殊的病来转诊。医养结合这个是很好，但是像我们这些地方如果不改变模式的话做下来还是非常难的。按我个人意见就是要政府主导，多部门合作。（访谈资料：B县H镇卫生院院长）

故签约服务的实施还需要部门之间的协调与配合，特别是就乡村医生的实际工作和制度规定职责之间存在的张力问题需进一步完善。

近年来，中医药健康服务已经被国家纳入“健康中国”战略，并大力支持发展中医药特色服务，积极拓展中医药健康服务领域，提升服务能力。国务院印发的《中医药发展战略规划纲要（2016—2030年）》和《中医药健康服务发展规划（2015—2020年）》都明确提出了发展中医药健康服务的基本原则和重要任务。老龄化社会背景下，老年多发病及慢性病人员数量庞大，关节炎、类风湿、颈/腰椎病及高血压、糖尿病等成为老年人及慢性病患者康复治疗的高发病种。老年人及慢性病患者的“康复需求井喷式增长”（侯彦宏等，2019），特别是在欠发达地区农村。

> 我们总共要投资 30 万元把我们的设备搞全，打造成很有特色的中医馆。用中医治疗、康复这块（的人）是多呢。因为我们这边村里 50 岁以上这部分老年人腰都疼痛，是高发人群，因为这个年段的人年轻时超负荷的劳动留下了很多后遗症，既然上了年纪，这都是不可避免的事情。我们现在就是准备搞这个中医的康复治疗。我们每天的门诊不低于 20 人，针灸、火罐、推拿，我们是搞这一块，这块总共是 4 个医生在搞，都是搞中医的。基本医疗我个人定位，外科现在是因为限制太大了，我们做得很少了；妇产科，因为这个风险很大，一人双命。对技术有较严格要求的，就不做了，我们就改为中医康复，做传统医疗这块。而且老百姓兴致很高呢，拔拔火罐、扎扎针，而且这块效用也很不错呢，针灸一次 13.5 元，这个新农合也可以报销嘛。所以，我们现在的重点是转到搞康复这一块了。（访谈资料：C 县 K 镇卫生院院长）

受传统生活和生产方式的影响，老年常见病和多发病的患病率相对更高。因此，发展基层中医药康复服务，充分发挥中医药在老年常见病、多发病和慢性病防治及康复中的作用对于改善老龄化背景下欠发达地区老年人的健康生活至关重要。

（三）县级医疗资源的供给

从生产总值看，B 县的经济发展水平比 A 县好，但是就县级医疗资源供给的整体情况看，无论是资源供给类型还是供给方式，两县都具有趋同性。

1. 医疗服务

第一，医疗卫生机构、床位数和卫生人员的基本情况。以A县、C县和D县为例。A县医疗卫生计生机构数量及其建筑总面积、床位数和门诊出院人次数如表6-3、表6-4所示。其中，和2017年相比，2018年医疗机构建筑面积增加了1899平方米，实际开放床位数增加了145张。但是，从实际开放床位数和出院人次看，床位供给相对不足。

表6-3 A县医疗卫生计生机构

单位：个

医疗卫生计生机构	医院			公共卫生医院		基层医疗卫生机构				个体诊所
	综合医院	中医类医院	民营专科医院	县疾控中心	县妇计中心	乡镇卫生院	社区卫生服区中心	乡镇计生服务中心	村卫生室	
171	1	1	3	1	1	12	1	10	128	13

表6-4 A县医疗机构建筑面积、床位数和门诊及出院人次

单位：平方米，张，人

年份	医疗机构建筑面积	实际开放床位数	门诊人次		出院人次	
			县级	乡级	县级	乡级
2017	50434.42	1004	1522321	529854	22218	2703
2018	52333.42	1149	497975	406978	25427	2057

2017年末，全县有卫生专业技术人员492人。其中，男性164人，女性328人；本科学历的200人，大专学历的240人；有执业资格者424人，占比为86.18%。2018年末，全县有卫生专业技术人员504人。其中，男性164人，女性340人；本科学历的196人，大专学历的284人；有执业资格者416人，占比为82.54%（见表6-5）。可见，从业人员中女性较多，学历水平整体不高。

表 6－5　A 县卫生专业技术人员

单位：人，%

年份	专业技术人员	性别		学历				职业资格	
		男性	女性	本科	大专	中专	高中及以下	人数	比例
2017	492	164	328	200	240	49	3	424	86.18
2018	504	164	340	196	284	22	2	416	82.54

2018 年 C 县县域内共有县级医院、基层医疗卫生机构 175 家，医疗卫生机构建筑面积 67094 平方米，实有床位数 1806 张；D 县县域内共有县级医院、基层医疗卫生机构 238 家，医疗卫生机构建筑面积 113463 平方米，实有床位数 1030 张（见表 6－6 和表 6－7）。按照（常住人口）每千人口拥有的医疗资源量统计，区县内每千人口的床位拥有量和卫生人员数相对低。

表 6－6　C 县与 D 县医疗卫生机构

单位：个

地区	医疗卫生机构	医　院			基层医疗卫生机构			
		综合医院	中医类医院	专科医院	社区卫生服务中心（站）	卫生院	门诊部诊所	村卫生室
C 县	175	4	2	2	13	13	48	93
D 县	238	4	1	0	1	12	47	173

表 6－7　C 县与 D 县医疗卫生机构建筑面积与床位

单位：平方米，张

地区	医疗卫生机构建筑面积	实有床位					每千人口实有床位		
		小计	医院	妇幼保健机构	卫生院	社区卫生服务中心	小计	医院	卫生院
C 县	67094	1806	1543	10	225	28	6.46	5.64	0.82
D 县	113463	1030	744	43	243	0	4.23	3.19	1.04

2018年C县和D县的卫生技术人员及其他卫生人员总数分别是3152人和2700人，其中每千人口拥有的卫生技术人员数是5.70人和5.71人（见表6-8）。另外，从C县2017年、2018年的门诊及住院人次看（见表6-9），农村地区的就诊与住院人数及其占比均明显下降，这在一定程度上反映了基层医疗水平的提高。

表6-8　C县与D县卫生人员

单位：人

地区	卫生人员数（每千人口卫生人员数）							
	合计	卫生技术人员	执业（助理）医师	注册护士	全科医师	乡村医生	药剂人员	检验人员
C县	3152	1558（5.70）	525（1.92）	782（2.86）	77（0.28）	79（0.29）	73（0.27）	58（0.21）
D县	2700	1329（5.71）	534（2.29）	520（2.23）	47（0.20）	162（0.70）	52（0.22）	56（0.24）

表6-9　C县门诊与住院人次

单位：人次，%

年份	门诊人次		住院人次	
	总人次	农村地区（占比）	总人次	农村地区（占比）
2017	557252	283070（50.80）	24103	9068（37.62）
2018	584454	276864（47.37）	19143	4810（25.13）

第二，康复服务。康复服务主要采用门诊和住院康复两种形式，以A县为例，2018年县级康复门诊就诊51193人次，康复住院520人次；乡级康复门诊就诊48115人次，康复住院509人次。县级康复器械主要有双轴平衡测试分布系统、渐进式训练系统、阿基米德运动康复及悬吊系统、FES上下肢机器人、智能冲击波治疗仪、脊柱脉冲治疗仪、蜡疗和热敷装置等229台（件）；乡级主要有脉冲治疗仪、微波治疗仪，智能通络仪、刮痧板、火罐、TDP治疗仪、电针

仪、艾灸仪、中药熏蒸机、中频牵引床等仪器 217 台（件）。针对老年人的康复服务内容主要涉及颈肩腰腿痛的中西医结合治疗及老年慢性病康复，具体包括肌力训练、关节活动训练、牵张训练以及针灸、火罐、推拿、拳操等中医传统康复治疗。D 县针对县域及周边区县患者疼痛、神经、骨伤、产后、儿童等方面的问题开展关于颈肩腰腿痛康复、神经康复、骨伤术后康复及产后康复、儿童康复等服务。服务方式主要包括患者住院康复治疗、门诊康复治疗、社区乡镇义诊康复治疗、微信公众号推送康复相关知识、电话以及微信群提供健康咨询等。配备相关治疗仪、活动仪 82 件，训练系统 6 个，康复工作站 2 个。

康复服务无特殊的新农合医保报销待遇，统一执行城乡居民医疗保险参保人员享有的门诊医保报销标准和住院医保报销标准。其中，门诊医保报销标准方面，基层医疗卫生机构支付比例为 50%，二级医疗卫生机构支付比例为 25%，中草药和中医适宜技术支付比例在此基础上提高 10%，慢性病病种范围内 14 种慢性病支付比例为 60%。住院医保报销待遇方面，一级及以下医疗机构支付比例为 85%；二级医疗机构支付比例为 75%；三级医疗机构支付比例为 60%。

第三，老年科室服务。2018 年，A 县医疗机构承担老年服务的医务人员有 82 人，其中，县级 42 人，乡级 40 人。医疗设备 330 台（件），其中，县级医疗机构主要有 24 小时动态血压监测仪、输液泵、注射泵、无创呼吸机、微量血糖仪、碳 14 呼气监测系统、除颤仪、心电监护仪等医疗设备共 171 台（件）；乡级医疗机构主要有中频脉冲治疗仪、微波治疗仪，智能通络仪、牵引床、生化仪、心电图机、B 超机、刮痧板、火罐、TDP 治疗仪、电针仪、艾灸仪、中药熏蒸机等共 159 台（件）。设置病床 217 张，其中，县级 97 张，乡级 120 张（见表 6－10）。老年病服务无特殊的新农合医保报销待遇，统一执行城乡居民医疗保险参保人员享有门诊医保报销标准、住院医保报销标准。

表 6-10　2018 年 A 县境老年科室医务人员、设备、床位的配置量与使用情况

县域	医务人员（人）	医疗设备（台/件）	病床设置（张）	门诊（人次）	住院（人次）
县级	42	171	97	95006	380
乡级	40	159	120	91444	373
总计	82	330	217	186450	753

D 县人民医院改造老年病科业务用房 800 平方米，设置了规范化的老年病房，床位 50 张；配置监护系统、除颤仪、心电监护仪、无创呼吸机等设备；病区配备防滑、防跌倒设施及方便老年人起居的生活设施等。配套信息系统包括 his 系统及老年人专用信息定位系统，其中老年人专用信息定位系统已进入比选、招标阶段。老年病科配置医护人员 34 名，其中医生 13 名，护士 21 名。已于 2019 年 10 月 20 日开始收治患者，截至年底共计收治患者 49 名，已出院 33 名，在院患者 16 名。老年病科重点加强高血压、糖尿病等慢性病以及心脑血管后遗症等疾病的专科人才培养，制定中长期人才培养规划，2019 年 6 月、10 月已分别选派一名护士和一名医生到省级医院进修培训。

2. 疾病预防与公共卫生服务

第一，老年人健康管理。县级卫生部门严格按照国家基本公共卫生服务规范要求对老年人进行生活方式和健康状况评估、体格检查和其他辅助检查，并根据检查结果提供相应的健康指导，如对发现已确诊的原发性高血压和Ⅱ型糖尿病等患者及时纳入慢性病患者健康管理；对非高血压或糖尿病患者及时治疗或转诊；对患者告知或预约下一次健康管理服务时间等。老年人健康管理均需严格按照《国家基本公共卫生服务规范》相关要求实施管理，并逐级进行网络上报。A 县 2017 年参加免费体检的老年人数有 14474 人，2018 年有 14684 人。2018 年 D 县参与免费健康体检的老年人 22498 人，并对所有参与体检的老年人建立了健康档案并进行规范管理。

A 县 12 个乡镇卫生院、128 个卫生室均设立疾病监测点，11 个乡镇卫生院设有 B 超机、心电图机、生化机等检测设备，各乡镇卫生院每月利用村医例会契机，召集乡村医生和卫生院全体职工，进行业务知识和实践技能培训，以提高服务能力。

第二，慢性病患者管理。A 县 2017 年全县老年人中患高血压人数为 6539 人，患糖尿病人数为 1475 人；2018 年分别是 5979 人和 1095 人。按照规范要求，卫生部门对所有老年人进行建档管理，建档率达 100%。同时，结合家庭医生签约、老年人体检、健康知识讲座等多种方式，对老年人开展慢性病健康指导率达 80.23%。对确诊的 65 岁及以上老年人中的慢性病患者严格按规范进行健康体检，并按照指南要求进行规范化管理。“针对高血压患者规范开展分级管理，在原有工作基础上进一步提高高血压病知晓率、治疗率、控制率，并重点加强 18～60 岁人群的健康干预。”[①] 对慢性病患者的健康体检可以使受检者有病早治、无病早预防，增强其自我保护意识。2018 年 D 县建立高血压患者档案 20637 人，Ⅱ型糖尿病患者档案 8060 人，建档率分别达到 75.17%、72.89%。

第三，健康教育宣传。加强对农村老年人卫生保健知识和方法的宣传教育是增强老年人自我保健意识的重要渠道。“卫计部门组织 A 县内各卫生院医护人员深入居民家中，以多种形式进行宣传，如播放 DVD 科教片，讲座，户外群体宣讲，发放各种健教材料、健教处方等，大力开展《公民健康素养 66 条》等健康教育活动。”[②] 同时，充分利用村卫生室健教宣传栏、板报，有针对性地开展健康教育宣传，使居民明白不良的生活方式与行为对健康的危害，从而提高居民关爱健康的自觉性。

县级医疗卫生机构人员赴乡镇开展健康巡讲活动，如用药指导、农村老年多发病和常见病预防知识的普及等。2017 年 A 县卫

① 《A 县卫生健康局关于 2017、2018 年度健康服务供给情况》。
② 《A 县卫生健康局关于 2017、2018 年度健康服务供给情况》。

计部门分别在各卫生院、卫生室及各乡镇集市开展老年人合理用药、饮食及其他养生保健知识讲座 251 次，参加人数 6061 人次；2018 年讲座次数增加至 267 次，参加人数 6376 人次，为老年人提供中医保健养生、慢性病健康教育（饮食）、合理使用抗生素、肺结核防治、艾滋病预防等方面的知识。2018 年 D 县敬老院义诊活动服务老人 47 人次，免费测量血压 23 人次、血糖 42 人次，心电图检查 4 人次。各乡镇卫生院每月开展一次健康教育知识讲座，2018 年共开展 223 次，参加人数 10569 人次。

3. 政策性支持

第一，建档立卡贫困户的诊疗福利。A 县建档立卡贫困人口门诊减免、住院费用报销均按“X 省健康扶贫 30 条措施”执行和落实。2017 年 1 月至 2018 年 12 月，全县共有符合转诊转院规范的贫困人口 7263 人次享受健康扶贫住院政策，住院总医疗费用 3023.89 万元，基本医疗保险报销 2331.31 万元，大病保险报销 100.31 万元，医疗救助 262.03 万元，兜底保障 30.95 万元，患者自付 299.29 万元，实际报销比例达 90.1%，实现经“四重保障”后，住院费用实际报销比例达 90% 的保障目标。

第二，医疗联合体的建立以及三级医疗资源的共享。D 县根据“市医联体建设方案”和“二级以上医院在基层医疗机构设置延伸门诊/病房促进分级诊要求”制定了《县卫生和计划生育局关于二级医疗机构在基层医疗机构设置延伸门诊/病房的实施方案》。县人民医院、县中医医院分别与各乡镇卫生院、部分社区卫生服务中心签订双向转诊协议。2017～2018 年，县人民医院、县中医医院共派出延伸门诊医师 572 人次，下派基层医务人员参与诊治患者数量累计 9291 人次；指导卫生院开展新技术 8 项；开展教学查房、学术讲座、业务培训 319 余次；会诊及疑难病例讨论 100 例；手术示教次数 23 次、手术 3 人次。

三级医疗机构落实“基层首诊、双向转诊、急慢分治、上下联动”的分级诊疗制度，指定专人负责双向转诊、分级诊疗工作，设立专线电话，明确上下级医疗机构疾病诊疗目录，制定医共体内外转诊管理办法。通过上转病人电话提前预约、120 救护车转送等方式，解决病人到上级医疗机构就诊难和看病“走弯路”的问题。D 县在推进县乡村医疗卫生一体化管理进程中，对县中医医院、县妇幼保健院计划生育服务中心、社区卫生服务中心和 12 个乡镇卫生院实行人、财、物统一管理。12 个乡镇卫生院负责基本公共卫生和常见病、多发病、伤残康复和慢性病治疗管理等任务，并承担对村卫生室的业务管理和技术指导。

县级医院与乡镇卫生院的业务分工与指导。县级医院承担对乡镇卫生院的对口帮扶、业务指导、人员进修培训等业务。2017 年 A 县县级到乡级对口帮扶 12 人，开展业务指导 4 次，接收进修培训 8 人；2018 年县级到乡级对口帮扶 13 人，开展业务指导 4 次，接收进修培训 11 人。乡镇卫生院承担对村卫生室药品的统一配送、业务培训、技术指导、建设和设备投入等业务。D 县根据省、市“城乡医疗对口支援工作”要求，结合全县实际情况制定了《县卫生和计划生育局 2017 年城乡医疗卫生对口支援实施方案》，当年派出 53 名卫生专业技术人员到 6 个卫生院和 1 个县妇幼保健院支援，主要承担对卫生院的医疗业务指导、技术支持、人才培养、管理提升等工作。该对口支援服务与被派遣者的职称晋升相关联。

D 县人民医院与省人民医院、市中心医院建立了远程会诊平台，鼓励临床科室开展远程会诊工作，并将远程会诊及远程学习指标纳入科室绩效考核内容，实行严格的奖惩制，从制度上保障远程工作的顺利开展。2018 年 D 县人民医院共进行远程会诊 85 例，参加远程学习 16 次，累计参加人数达 172 人次。远程学习内容包括临床医疗、护理、麻醉、检验等多方面知识。通过远程医疗工作的开展，患者在节约大量时间和费用的同时能够享受到省级专家的诊治，极大地满足了基层民众的就医需求。对基层医务人员来说，外出学习进修的机会较少，所见病种较单一，对医学发展前沿及疾病诊治的新进展的了解渠道相对闭塞，通过参加远程学习，不仅能够学到新的知识和操作技能，还能极大地提高基层医务人员的诊治水平。对基层医疗机构来说，既留住了病员、增加了经济收入，又提高了医院的整体诊治水平，扩大了其在周边地区的影响力。

第三，“康养+医疗”产业的发展。2018年C县优化运行机制，创建二级甲等综合医院，并启动为期三年的基层医疗卫生服务能力提升工程。K镇医疗设备配置累计投入资金1218万元，配置医疗设备102台（件）；建成80个家庭医生签约服务团队，对辖区内建档立卡贫困户、残疾人、计生生育特别扶助家庭实现100%签约服务；完成医疗机构“三监管”平台和市级全民健康信息平台接入工作，数据上传率达100%。C县鼓励社会力量举办含康养服务医疗机构，集社会资本建成基本公共卫生服务指导中心1个，已建成“养”设“医”和“医”办“养”医养结合机构2家。为使区内优质医疗资源下沉基层，更好推进“康养+医疗”产业发展，C县将医疗技术对口支援与医疗延伸服务有机整合、同步实施，已在12个乡镇医疗机构建立延伸服务病房，10个乡镇卫生院已设置康复科。

D县把握推进“健康中国”建设的重大战略机遇，结合打造区域医疗卫生高地，持续推动医疗、养老、康复、体检等服务产业链式聚焦，提升全县“康养+医疗”产业发展整体水平。“建立养老机构同医疗机构业务协作机制，县人民医院、县中医医院与部分专业性养老机构签订医疗合作协议”①，部分乡（镇）卫生院与辖区内的康养胜地签订医疗合作协议，为颐养人群进行血压、血糖、心电图检查、普及健康知识，以及提供远程会诊服务，进一步增强对康养人群的医疗服务保障。县人民医院智慧医养服务中心已经建成投入使用，使用者可通过配备的具有多种无线传输功能的监护终端，实时向智慧医养服务中心传输身体状况数据，

---

① 《D县卫生计生工作总结》。

智慧医养服务中心利用网络、电话、短信、App等方式对被测试者进行健康指导。县中医医院倾力打造中医养生馆，设有治未病科、名医堂、养生茶吧、健康体检中心四个区域，开展中医体质辨识、膏方、养生茶、药膳等20余项健康医养体验品牌项目。

二　医疗资源供给的影响因素

（一）国家制度的规约

1. 新型农村合作医疗制度的保障

新型农村合作医疗制度在保障欠发达地区农村居民获得基本卫生服务方面发挥着重要作用。数据资料显示，尽管有61.8%的被调查者表示并不了解新农合的相关政策，如参保、报销程序和报销比例等，其中有25.6%的被调查者表示不知道该政策，被调查者不了解政策的原因包括听不懂、没有学习过相关政策内容和政策内容过于复杂而搞不懂，但是有91.4%的被调查者对新农合政策表示满意。2017年B县H镇老年人参保人数为18411人，人均参保额为100元。新农合制度的覆盖范围较广，涉及农村居民的切身医疗需求及利益，在农村医疗制度改革中，新农合制度盘活了村镇医疗供给资源，特别是乡村卫生室的供给功能。

> 我是2000年进来（当村医的），读中医专业。我进来那会儿条件太差了，什么都没有，当时是在村委会的老房子里，药品相当少，大概30多种，工资只有100元。我都想回去了，但是村上不让走。那时我除了当村医外还兼任宣传员，宣传员只有100元钱，跟我一起进来的村医都跑光了，村医跑了6个人，他们都去打工了，新农合还有公共卫生政策出来之后我们的条件才慢慢改善的。新农合开展以后来看病的人就多了，村上垫付了4000多元钱用来拿药，那个时候药品就到了100多种。（访谈资料：A县G镇M村村医）

乡村医生在获得新农合制度给予村卫生室资源的同时需要按照规定履行相关职能。新农合政策的实施使得农村居民在村卫生室的诊疗得到一定比例的报销，增加了村卫生室的诊疗人数，村卫生室条件也相对得到改善。在新农合制度要求下村卫生室的行动受到监督和管理，新农合制度下实行药品零差价，对村卫生室使用药物的种类和标准都进行了限制。

2. 三级医疗卫生服务的一体化管理

为巩固新一轮医药卫生体制改革成果，建立三级医疗卫生服务网络分工协作机制，满足城乡居民日益增长的健康需求，实现人人享有基本医疗卫生服务目标，X 省 B 县人民政府制定了《县乡村健康服务一体化管理的实施意见》，整合县域内政府举办的医疗卫生资源，把县乡村医疗卫生机构连为一体，采用托管方式，形成一体化管理模式，建成分级分工、科学合理的网络化健康服务运行机制，逐步形成基层首诊、分级诊疗、急慢分治、双向转诊的诊疗模式。B 县人民医院、中医院分别托管部分乡镇卫生院，县妇幼保健院托管部分街道社区卫生服务中心。乡镇卫生院（街道社区卫生服务中心）所辖的村卫生室按乡村一体化纳入管理。县级医疗卫生机构以整体托管为主要形式，以对口帮扶为补充形式，以管理、技术、设备、培训等为主要支持手段，对被托管单位的行政管理、基本医疗服务、公共卫生服务等实行全面管理和运营，进行一体化管理。

乡村医生在落实基层首诊制度中发挥基础性作用。乡村医生在为居民提供基本医疗和基本公共卫生服务的基础上，以已建立居民健康档案人群为主，积极与居民签订服务协议。需要转上级医疗机构诊疗的患者，首诊机构要及时提供转诊服务。县人民医院按实有在职在编人员档案工资的 40% 予以保障，县中医医院按实有在职在编人员档案工资的 50% 予以保障，继续对县疾病预防控制中心、县妇幼保健院、乡镇卫生院（街道社区卫生服务中心）实行财政全额预算供养，保持现行乡村医生补助水平以完善县乡村健康服务一体化运行补偿机制。

3. 贫困地区精准扶贫专项支持计划

A 县所在州针对全州建档立卡贫困人口和经民政部核实核准的特困人员、低保对象中罹患规定的 30 个首批救治病种开展专项救治行动，并力争将符合条件的救治对象的医疗费用自付比例降至 10% 以内。县级以上医疗机构和省第三人民医院为全州建档立卡贫困患者大病救治定点医疗机构，县级不能救治的病种转诊到州级定点医院进行救治，州级定点医院不能救治的病种转诊到省级定点医院救治。

按照“以户为单位、一人一档、一户一册”要求建立健全居民健康档案。对建档立卡贫困人口每年进行一次免费体检，对慢性病患者及老年人等重点人群实行规范管理。针对贫困对象中的重点人群，制定个性化管理方案，按照“2 + 1”模式（1 名医生和 1 名基层干部联系 1 名病人）实施精准帮扶。对农村“五保户”和农村低保一、二类对象等特殊困难家庭或特殊人群参加新农合个人缴费部分给予全额代缴，实现贫困人口 100% 参合，政府补助标准提高到每人每年 420 元以上，以提高贫困地区医疗保障能力。降低贫困人口大病保险起付线（从 7000 元降至 3000 元），州内贫困人口在州级及以下新农合医疗机构住院，取消住院起付线（州级 800 元，县级 500 元，乡级 200 元）。

（二）自然环境和经济条件的影响

X 省被调查农村地区村民的居住形式以散居为主，县城、乡镇与农村的空间距离和道路交通条件会影响村镇医疗供给情况及其效益。现代化建设及新型农村发展背景下国家大力倡导农村基础设施建设，特别是道路交通条件，交通条件的改善在很大程度上直接影响农村居民的求医选择。

> 有些村的村卫生室没有在运转，我们村不仅在运转，还运转得很好。所以就是说为什么有些村委会一个人都运转不

了，而我们村委会就是两个村医还能风风火火。他们别的村的待遇比我们还高，第一是我们村处在一个交通要道，第二这边是一个集贸市场，第三就是他们（村医）的医术还可以。（访谈资料：A县G镇M村支部书记）

我们这边老村委会在那下面，也会搞一些医疗的业务，现在搬上来以后，群众就是去镇卫生院瞧病。现在老年人是需要背着药箱上门服务，年轻人、青壮年人家骑着摩托，交通也比较方便，人家就去镇上了，毕竟我们村卫生室条件也不及镇上医院。（访谈资料：A县G镇D村男性村医）

上述访谈中D村卫生室距离乡镇卫生院仅有4公里多，于是乡村医生选择停止开展医疗服务，仅提供公共卫生服务。而M村处于交通要道，交通便捷，人流量较大，因此村卫生室的门诊量也较大，村卫生室也会选择提供相关医疗服务。在农村地区，交通条件是影响基层医疗服务供给的一个重要因素，基层医护人员的行医水平、医疗组织与机构的地理因素等客观条件对其医疗服务的开展有很大的影响，在X省A县G镇13个村委会中有4个村卫生室没有开展基本医疗业务，原因是村医水平有限且由于地理位置的限制没有市场需求。

和X省被调查地区相比，Y省被调查地区农村人口居住较集中，道路条件也更便利一些，故选择去乡镇卫生院看病的人数要多于去村卫生室的人数。道路交通条件是影响欠发达地区农村老年群体求医选择的重要因素，特别是因儿女外出务工而产生赡养空间距离的家庭亲代，在其尚有行动能力时需要自己外出看病买药，故患常见病和多发病时他们通常会选择去村卫生室或乡镇卫生院。因此，根据人口分布和交通条件重置与协调村级、乡镇医疗服务体系以提高医疗资源的供给是发挥村镇医疗机构服务能力的有效途径。

经济基础是影响欠发达地区农村老年群体医疗需求的关键。农村家庭经济收入和生活质量的提高在很大程度上直接改善了老年亲代的赡养条件，同时提升了老年群体自身的健康期待，并产生养身、保健、康复等服务需求。一方面，欠发达地区农村老年群体的生活质量随着家庭经济条件的改善着实有了明显的提高；另一方面，目前老年人总体经济支付能力和其养老需求之间仍存在不平衡。因此，经济基础既是满足老年人健康养老的基本条件，又是限制其进一步需求的重要因素。

第二节　医疗资源供给情况的综合分析

一　医疗资源供给的基本特点

（一）慢性病管理及精神健康服务供给的现实需求

1. 慢性病患病率较高

“人类行为在复杂程度上是不同的，最低层次的行为类型被称为生命维持，随后依次是功能性健康、认知、生理自我维持、工具性自我维持、效应和社会行为等层次。”（Lawton and Brody，1969）因此，可以通过测量工具来评估人的正常功能，这些测量工具旨在适合于个人能力范围内挖掘每个层次的代表性行为。Lawton 和 Brody 制定的“日常生活能力量表”（activities of daily living）即可用来衡量老年人的日常生活行为能力。从标准化的均值分布情况看，被调查者在生活上基本能自理（见表 6 - 11 和表 6 - 12），且男性被调查者的自理情况比女性好（见表 6 - 13）。另外，41.7% 的被调查者表示均没困难；其老伴的自理能力相对差，31.1% 的被调查者表示其老伴在所测题项中均没困难。

表 6 - 11　被调查者生活自理情况的测量结果

题项	样本数	最小值	最大值	总和	均值	标准差
洗菜煮饭	892	1	3	1044	1.17	0.54
洗衣打扫	895	1	3	1073	1.20	0.58

续表

题项	样本数	最小值	最大值	总和	均值	标准差
上厕所	894	1	3	949	1.06	0.33
上下床	892	1	3	942	1.06	0.32
穿衣	894	1	3	934	1.04	0.28
洗澡	894	1	3	991	1.11	0.44
吃饭	893	1	3	928	1.04	0.26
梳洗	894	1	3	936	1.05	0.28
独自外出	894	1	3	1383	1.55	0.86
打电话	891	1	3	1504	1.69	0.91
购买用品	888	1	3	1196	1.35	0.73
存取钱	893	1	3	1510	1.69	0.92
行走 100 米	893	1	3	1013	1.13	0.48

表 6－12　被调查者老伴生活自理情况的测量结果

题项	样本数	最小值	最大值	总和	均值	标准差
洗菜煮饭	502	1	3	621	1.24	0.64
洗衣打扫	502	1	3	623	1.24	0.64
上厕所	502	1	3	566	1.13	0.47
上下床	502	1	3	567	1.13	0.48
穿衣	502	1	3	559	1.11	0.45
洗澡	502	1	3	592	1.18	0.55
吃饭	502	1	3	551	1.10	0.41
梳洗	502	1	3	553	1.10	0.41
独自外出	502	1	3	720	1.43	0.81
打电话	502	1	3	749	1.49	0.84
购买用品	502	1	3	646	1.29	0.68
存取钱	502	1	3	777	1.55	0.87
行走 100 米	502	1	3	592	1.18	0.54

表 6－13　不同性别被调查者生活自理情况的均值比较

性别	统计值	自理情况
男	均值	15.41
	标准差	4.67
女	均值	16.57
	标准差	4.39
总和	均值	16.10
	标准差	4.54
F	14.05	
p	0.00	

表6－14相关分析显示，被调查者的性别、年龄、收入水平和生活所在地会影响其自理情况，其中男性老年人的自理情况比女性好；年龄越大，自理能力越弱；家庭收入水平越高，自理情况越好；Y省D县和C县老年人的自理情况相对于X省A县和B县的情况要好。随着年龄的增长，人体生理机能会出现不同程度的受损现象，这符合自然生命过程。通常情况下，经济条件较好的家庭，其老年家庭成员的日常生活水平及养老和医疗条件较好。单因素方差分析（$F=2.63$，$p>0.05$）显示，两省被调查地区之间的收入水平没有统计学意义上的差异性。除了自然条件（气候、地理环境等）差异外，Y省被调查地区负责赡养老年人的儿女目前外出务工的比例低于X省，Y省占比为30.4%，X省占比为35.7%。受城镇化和人口流动影响，农村青壮年外出务工对家庭老年群体的生活照料产生了一定的影响。农村家庭再生产劳动出现了新的分工模式，突出表现为农业生产出现老龄化趋向，即家庭农业生产和子孙隔代照护主要由老一辈家庭成员承担。这也为农村青壮年劳动力外出提供了可能性条件。新的劳动和生产分工模式对农村老年群体的健康状况及其养老生活提出了新的挑战。

表 6－14 被调查者自理情况影响因素的相关分析

	相关分析	性别	年龄	收入水平	生活所在地
自理情况	斯皮尔曼等级相关	0.23**	0.29**	0.14**	－0.15**
	Sig.（2－tailed）	0.00	0.00	0.00	0.00
	n	873	879	857	879

注：** 在 0.01 的水平上显著相关。

老年人在维持基本生活活动能力的同时慢性病的患病率较高。在被问及是否患有经医生认定的慢性疾病时，几乎所有的被调查者均表示有包括高血压、类风湿、关节炎、颈/腰椎病、慢性支气管炎等慢性疾病（详见表 6－15），其中 71.1% 的人表示其慢性病得到过相关指导，但基本是在用药方面，缺乏对慢性病的具体防治和管理服务。

表 6－15 老年人慢性病类型

单位：次，%

慢性病类型	回答"是"的频数	有效百分比
关节炎	219	13.1
高血压	271	16.2
类风湿	275	16.4
慢性支气管炎	94	5.6
颈/腰椎病	180	10.8
心脏病	74	4.4
肢体残疾	20	1.2
视力残疾	83	5.0
听力残疾	51	3.0
其他	407	24.3

在没有大病的情况下，最近半年，被调查者吃药/看病/住院的费用集中在 1000 元左右。随着老年人年龄的增长，一些易发突发性"老年病"、慢性病的防控、治疗、康复的需求越来越大。欠

发达地区农村，特别是在农业机械化程度较低的生产期，整个农业生产过程基本是靠人力来完成的，过大的劳动强度及家庭饮食和卫生条件的限制在一定程度上造成了农村老年群体慢性病的患病率上升。

2. 精神健康影响总体健康自评

这里的健康自评涉及精神健康、身体健康和生活状况自评。根据事先编制的题项选择涉及精神、身体健康和生活状况自评的18个具体题项进行测量，其选项按降序设置为三级（分值是18～54分）。其中在低分段（18～30分）的被调查者占65.2%，即其健康自评的满意度较高；中分段（31～44分）的被调查者占30.6%。总体上，被调查地区老年人的健康自评满意度较高，但是也有部分老年人表示有精神健康方面的问题。26.1%的被调查者表示近一个月以来经常会为小事担心、害怕；25.1%的被调查者表示心情时好时坏，容易发脾气；41.1%的被调查者反映心中有苦恼时基本不会和家人说，其中28.6%的被调查者是完全不会说。随着我国社会转型的全面展开，现代化的推进、市场经济的发展以及家庭结构核心化等对农村家庭关系产生了较大的冲击，家庭权力关系、代际资源分配呈下行趋势，家庭重心逐渐转移到孙辈身上。中青年夫妇对下一代的投资超过对上一代的回馈，老年家庭成员的传统家庭地位和家庭权威受到挑战。在这一过程中，老年人的精神健康成为社会和家庭转型过程中不可忽视的重要问题，特别是欠发达地区农村老年人的精神健康问题。调查资料显示，农村老年人的空闲时间基本限制在照护孙子女、串门聊天、看电视和做家务方面，活动范围和内容相对较窄且单一。部分老年人存在“老了，没用了，拖累儿女”等传统老年观念。同时，访谈结果表明，具有一定能力（生活和工作）的老年个体具有更积极的生活态度，其精神健康水平也较高。他们对生活状况的认知除了自身经济和能力，更重要地体现在其儿女生活水平和工作成就上。因此，家庭内部期待对老年群体的精神健康具有重要的意义。医养结合的养老模式融合养老和医疗理念，倡导积极养老、健康养老和幸福养老，不仅关注老年人的生理健康，同时注重其精神健康。

表6－16相关分析显示，相对于X省A县和B县，Y省D县J镇和C县K镇的被调查者健康自评较好。但是，差异并不明显。调查发现，与A县和B县农村人口散居特点相比，J镇和K镇村落的人口密度较大，老年人的整体生活状况和精神状态较好。受传统思想和家庭地位的影响，女性老年人的认知水平在一定程度上低于男性，其健康自评的满意程度也低于男性。被调查者的年龄越大，健康自评越好，特别是20世纪40年代以前出生的老年人，其受教育程度越高、婚姻越完整、收入水平越高、自理能力及老伴自理情况越强，健康自评的满意度越高。儿女数量对老年人的健康自评有一定影响，即儿女数量越多，被调查者的自评满意度越低。调查数据显示，39.2%的被调查者有4个及以上儿女，部分被调查者在访谈中表示“年轻时经济条件不好，加上孩子多，受了不少苦，老了之后就积了一身病”。88.4%的被调查者表示和儿女住在同一个村，其中76.9%的被调查者与儿女住在同一栋房子里，居住方式相对集中。因此，居住方式与老年人的健康自评之间无统计学意义上的差异。

表6－16 被调查者健康自评影响因素的相关分析

	相关分析	生活所在地	性别	年龄	教育程度	婚姻状况	儿女数量	居住距离	收入水平	自理情况	老伴自理情况
健康自评	斯皮尔曼等级相关	-0.10**	0.17**	-0.23**	-0.18**	0.46**	0.16**	0.03	0.27**	0.26**	0.47**
	Sig.（2-tailed）	0.00	0.00	0.00	0.00	0.00	0.00	0.41	0.00	0.00	0.00
	n	861	855	859	861	860	852	699	842	822	820

注：** 在0.01的水平上显著相关。

（二）村镇医疗资源供给的基础性作用

村、乡镇一级的医疗卫生服务在满足农村欠发达地区老年人的医养需求方面发挥着重要作用，35.3%的被调查者表示得了病经常去村卫生所/卫生室看病，34.5%的被调查者表示经常去乡镇卫生院看病，11.2%的被调查者表示经常去县医院看病，仅有1.6%的被调查者表示会经常去市级/省级医院看病（见图6－1）。20.0%的被调查者因为经济原因没有去县级以上医院看病，17.6%的被调查者表示交通不便，还有14.5%的被调查者则是因为县级以上医院离家远而没有去看过病。82.7%的被调查者能够按照医生的吩咐按时按量吃药，不能按时按量吃药的原因则集中于不认识字。当生病住院时，20.1%的被调查者表示是老伴在照顾自己，44.7%的被调查者表示是儿子/儿媳在照顾自己，还有16.1%的被调查者则是由姑娘/姑爷照顾，且需要他们帮忙送饭、拿药喂药和陪护，占比分别是31.3%、25.4%和18.6%。九部门《关于推进医疗卫生与养老服务相结合的指导意见》明确指出要“推进基层医疗卫生机构和医务人员与社区、居家养老结合，与老年人家庭建立签约服务关系，为老年人提供连续性的健康管理服务和医疗服务”①。特别是在欠发达地区农村，受自然条件（交通）和经济条件（收入）的限制，村、乡镇基层医疗卫生机构成为当地居民的求医首选，应充分发挥其在发展欠发达地区农村医养结合过程中的基础性作用。随着家庭结构和功能的转变，传统家庭养老方式已经不能完全满足老年人的养老需求，而医养结合的养老服务模式正是在家庭养老的基础上发展社会性养老服务体系，最大限度地将医疗资源和养老资源相结合，更好地满足老年人的生活需求。

---

① 国务院办公厅《转发卫生计生委等部门关于推进医疗卫生与养老服务相结合指导意见的通知》，中国政府网，2015年11月20日，http://www.gov.cn/zhengce/content/2015－11/20/content_10328.htm，最后访问日期：2022年5月2日。

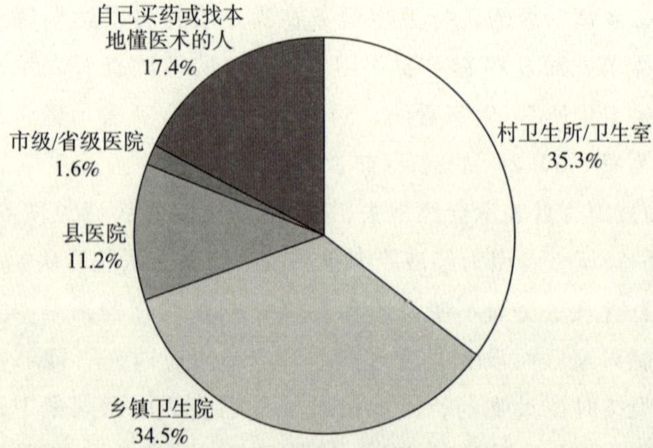

图 6－1　被调查者的看病地点

在医疗服务内容方面，被调查者集中表示希望村卫生室、乡镇卫生院能为其提供包括上门医疗服务、治疗感冒发烧、慢性病的管理/指导以及健康体检等方面的服务。受医疗基础设施、医护人数及其技术条件的限制，村、乡镇医疗资源供给尚不能满足老年群体的现实医疗需求，且还有需要改进的地方。35.1%的被调查者表示希望村卫生室能够为老年人提供上门诊疗服务，21.4%的表示希望能够提供如感冒、发烧等常见病治疗服务，还有13.5%的被调查者希望能够提供慢性病管理服务，并且希望村卫生室能够在药品、医护人手的配备以及医生医术方面进行改进（见表 6－17 和表 6－18）。29.3%的被调查者希望乡镇卫生院也能够为老年人提供上门服务，20.0%的被调查者表示希望乡镇卫生院能够提供义务诊疗服务，还有 11.8%的被调查者希望乡镇卫生院能够提供健康体检服务，并且希望其能够提高医生医术及其服务态度，改善因距离乡镇较远而产生的看病难等问题（见表 6－19和表 6－20）。

表 6－17　老年人希望村卫生室提供的服务内容

单位：次，%

服务内容	回答“是”的频数	有效百分比
上门诊疗	597	35.1
常见病治疗	363	21.4
慢性病管理	230	13.5
用药指导	149	8.8
健康保养	91	5.4
康复服务	81	4.8
就医服务	28	1.6
医保报销	36	2.1
其他	125	7.4

表 6－18　老年人希望村卫生室改进的服务内容

单位：次，%

改进内容	回答“是”的频数	有效百分比
医术	148	12.3
服务态度和质量	73	6.1
收费	74	6.1
医护人手	111	9.2
药品	272	22.6
保健、康复服务	17	1.4
场地	82	6.8
中医、民族医药医生	15	1.2
医保报销	15	1.2
其他	399	33.1

表 6－19　老年人希望乡镇卫生院提供的服务内容

单位：次，%

服务内容	回答“是”的频数	有效百分比
上门服务	558	29.3

续表

服务内容	回答“是”的频数	有效百分比
义务诊疗	381	20.0
家庭病床服务	22	1.2
家庭医生签约服务	13	0.7
常见病诊疗	152	8.0
专业护理	14	0.7
慢性病管理	167	8.8
康复服务	107	5.6
健康保养	90	4.7
中医、民族医药服务	16	0.8
健康体检	225	11.8
医保报销	47	2.5
其他	113	5.9

表 6－20　老年人希望乡镇卫生院改进的服务内容

单位：次，%

改进内容	回答“是”的频数	有效百分比
医术	137	10.9
服务态度和质量	100	7.9
收费	68	5.4
医护人手	65	5.2
保健、康复等医疗器械	41	3.3
保健、康复服务	36	2.9
场地	21	1.7
床位	39	3.1
空间距离	162	12.8
中医、民族医药医生	6	0.5
中医、民族医药药房	3	0.2
医疗业务	131	10.4
医保报销	22	1.7
其他	430	34.1

在养老生活方面，当被问及“如果村寨里有白天专门为老年人服务的地方（幸福院/居家养老服务中心等），希望为老年人的养老生活提供什么服务”时，38.2%的被调查者表示希望村寨提供体检、医疗、卫生、康复等医疗卫生服务，24.0%的被调查者表示希望村寨提供娱乐设施及场地（电视、棋牌室、乐器、广场舞场地等），15.8%的被调查者表示希望村寨提供午餐/晚餐，6.9%的被调查者表示希望有专门的人陪自己说话。可以看出，当前农村老年人存在对生活照护服务、精神需求服务以及基本医疗、健康保健服务等医养结合的服务内容要求。在传统性和现代性相互交融的转型时期，农村老年人自身养老观念的转变是一个渐进性过程。因此，当下在欠发达农村地区发展以医促养实现健康养老更能满足老年人的现实需求。

二　医疗资源供给中存在的问题

（一）基础设施落后且不完善

在欠发达地区农村，养老机构当前开展的医疗服务主要局限于提供基本的护理服务，缺乏保健和康复等医疗设施与服务手段，医疗机构目前并未设置专门的老年病科。因此，目前缺乏为老年人，特别是为失能、半失能老年人提供的健康护理、康复等专业养老及医疗服务及设施。调研地的多数农村日间照料中心只配有电视、棋牌桌等基础设施，没有锻炼器材及其他医用设施，部分村医没有独立的办公场所，工作场地就是家庭生活场所。H镇卫生院院长表示目前在老年人医疗服务中缺乏老年业务用房、康复、保健器械，难以满足老年人的需求。B县敬老院内除了基本的生活设施（食堂、床位、桌椅、电视），没有专门的活动和医疗用房，配备药品仅有常规的感冒药。

在探索医养机构结合的过程中，E县中心敬老院与中医医院、社区卫生院服务中心签订了《医疗卫生服务机构与养老院医养结合协议书》，中医医院在中心敬老院设立了标准化的医务室，每天上午派出医疗组进驻中心敬老院，为在院老人提供小病、常见病的诊疗服务，在一定程度上为在院供养老人提供了小病、常见病在院内获得治疗的机会。但是，就现行协议式医养机构结合的形式来说，一方面，受医疗服务人员和时间的限制，目前很难满足老人在护理和康复服务以及突发病症等方面的就诊需求；另一方面，由于养老机构本身缺乏必要的康检、医疗和康复训练设备，难以同时培养和发挥养老机构护理人员于“医”方面的作用。

（二）服务人才队伍建设与储备不足

养老机构缺乏专业性的医养复合人员。现有养老机构专业院校毕业或经过相关培训取得护理资质而从事养老护理的人员较少，大多数养老机构的护理人员为非专业人员。例如，B县农村敬老院工作人员中无医生和专业护理人员，且除了县中心敬老院和一个乡镇敬老院有事业编制人员外，其余9个敬老院的工作人员均属于编外人员。在27名编外人员中，有9名男性、18名女性，且年龄集中在45~55岁；小学学历的有15人，初中学历的有11人，高中学历的仅有1人。E县中心敬老院是一所为全县辖区内的城乡“三无”人员提供集“衣、食、住、医、养、葬”于一体的养老服务机构。现在院集中供养“五保老人”147人。有事业编制管理人员3名，政府购买合同制护理员12名，其中保安2名、炊事员5名，生产管理员1名，楼层护理人员仅有4名。A县卫计委副局长表示结合当前A县实际情况，老年人养老还是以家庭养老为主，在这种情况下要发展医养结合就是要发挥好乡村医生服务上门的作用，目前进行的家庭医生签约服务面临的最大困难是医务人员的数量和质量均欠缺。

医疗服务人员的准入和管理存在问题。受经济社会发展程度的限制和人才体制机制的约束，现有基层医疗卫生人才的招聘很难纳入系统编制统管范围，在一定程度上影响基层卫生服务人员的准入及服务队伍的稳定性。例如，H镇卫生院的93名工作人员中有50人属于编外人员，院长表示目前开展老年人医疗服务急缺老年病、康复医学专业人才，难以满足老年人的需求，但是真正掌握该技术的人员又不愿意进来，只能从内部进行培养。I 镇卫生院院长则表示近十年来院内工作人员在编名额一直限于 24 人，有些经过培训获得执业资格和执业（助理）医师的工作人员相当于获得了流动资本。D 县人社局相关负责人表示 D 县如果要想推广一些医养结合的相关服务，其发展的最大瓶颈是医务人员的配备比例问题，按照国家医护比例规定，D 县目前勉强能达到标准，但是基层医务和医护人员的比例较低。受人员配置水平和素质水平的限制，卫生院实质上只能提供最基本的医疗服务内容，完全没有达到医养结合服务的水平。

基层医疗服务人才的后继力量不足，特别是村医力量。笔者通过对 B 县各级业务机构负责人的访谈发现，一方面，受经济发展程度、自然条件、交通条件、工资待遇、保障水平等诸多因素的影响，各机构对外招聘村医人员很困难；另一方面，对内培养又受培养对象的年龄、文化水平等条件的限制。B 县 I 镇 M 村村医表示目前只能提供基本医疗服务和基本公共卫生服务，村民人口基数大，村卫生人员不足，工作时间较长，工作任务较重，难以满足村民的需求。以 H 镇为例，全镇设村委会 17 个，村民小组 227 人，农业人口 31631 人。实际设立村卫生室 17 个（实行合医合药管理村卫生室 2 个，实行合医不合药管理村卫生室 1 个，实行既不合医又不合药管理村卫生室 14 个），乡村医生 38 人，平均年龄 38.05 岁，无取得执业（助理）医师人员，有取得乡村医生执业证书 28 人，占 73.68%，未取得任何从业资格 10 人，占 26.32%。该镇卫生院院长表示：

> 2013 年，乡村医生队伍退出人员较多，部分村卫生室尚无办公地点，导致两个社区卫生室至今尚不能正常开展工作。乡村医生年龄结构老少不一，加上学历层次普遍偏低，老的未接受过正规医学教育，小的无机会接受正规医学教育，并且接受新知识、新技能能力较差，导致难以满足人民群众日

益增长的健康需求。另外，三分之一的乡村医生未取得任何从业资格，开展基本医疗服务和预防接种服务存在极大的医疗安全风险。（访谈资料：B县H镇卫生院院长）

制度环境与乡村医生自身结构因素共同影响村医队伍的建设，在不断改善村医结构过程中也需要为其提供一定程度的制度保障。

（三）以医促养服务的资金投入欠缺

以医促养服务资金的投入主要涉及两个方面：一方面是新办医养结合机构、开展医养结合服务所需设施和专业人员配备的资金投入；另一方面是医养结合服务对象的资金投入。在建设过程中，城市居家养老服务中心得以优先发展，和城市相比，农村居家养老服务中心的建设较为滞后。在投资建设资金方面，农村居家养老服务中心的投入低于城市，以X省为例，“其省市县三级的投资标准是120万元，而农村居家养老服务中心只有60万元”①。资金缺口大，一些农村居家养老服务中心在立项之后迟迟不能动工或工期拖延，部分建设好的也存在由于缺乏装修资金而不能投入使用的情况，更不要说购置康复护理、医疗保健等设备。在新建医养结合服务机构方面，由于缺乏强有力的配套金融支持和激励机制，从审批到按照达标规范来设置和运营管理，其资金投入较大，但回报周期较长，经济效益较低，这在一定程度上影响医养结合机构，特别是民营机构的可持续发展。

影响医养结合服务机构老年人入住率的因素除了传统养老观念外，就是老年人及其家庭的经济能力，特别是在欠发达地区农村，老年人的医养服务需求远大于其支付能力。B县中医院院长表示：

我们院的老年康复护养中心，按照老年人的身体状况分

① 资料来源：B县民政局。

级别进行收费，半失能60元/天，失能90元/天，并且护理费用医保不支持，对于普通家庭来说，费用还是高的……如果国家和政府相关机构能在这方面提供适当的（报销）费用比例，可能会提高老年人家庭的支付能力，这样受益群众的面会更宽一些，因为老年人康复护养的社会需求还是高的。（访谈资料：B县中医院院长）

E县夕阳红老年公寓（采用民办公助的建设方式，以医养结合的模式运营）相关负责人也表示：

……还有一个问题是国家对社保介入的门槛。就算医养结合，“医”这个环节到我们养老机构，这个报销费用没有解决，就是公共卫生报销的问题。长期（看）病的费用得不到报销，医保中心不认这里是定点报销单位。包括中心敬老院设立的诊断室，费用也是产生在门诊上的费用，这些老人交的新农合医保不起作用，在养老机构的基础医疗费用得不到报销，如果这个配套问题解决了就更好了。（访谈资料：E县夕阳红老年公寓某负责人）

经济支持是影响老年人健康养老的关键，特别是欠发达地区的农村老年人。在农村养老和医疗保障体系发展不断完善的阶段，应逐步将参保老年人的医疗费和护理费纳入保险轨道，扩大农村医疗保险的覆盖面，使欠发达地区农村老年人得以健康养老。

小　结

欠发达农村地区老年人基本生活活动能力处于中等水平，尽管老年人的健康自评满意度较高，但慢性病的现患率也较高，基本囊括了所有被调查者，其中也有部分老年人表现出精神健康方面的问题。村、乡镇基层医疗卫生机构在欠发达农村地区医疗资源供给中占基础性地位，并成为当地居民的求医首选。欠发达农村地区的自然环境、道路交通条件及经济发展水平影响当地居民医疗需求的实现。老年人的基层医疗资源需求、慢性病管理需求和精神健康需求较强烈。农村地区医疗资源的供给状况集中表现在以下几点。

第一，村级医疗资源的供给主要体现在公共卫生服务方面。村卫生室是乡村医疗场域中提供医疗服务的主体，村卫生室开展的多数公共卫生服务内容，如每年一次对 65 岁及以上老年人的健康体检、老年人慢性病管理、特定人群的健康管理等，是配合乡镇卫生院完成的。部分有条件的村卫生室设立了日间照料休息室，但是其使用率较低。乡镇卫生院负责考核与管理村卫生室公共卫生服务的完成情况与药品采购等，并对乡村医生开展定期业务培训。受体制编制影响，乡村医生的身份归属是他们较关注的问题。

第二，乡镇卫生院的医疗供给主要包括健康教育宣传、居民健康档案的建立、特定人群的健康管理等公共卫生服务以及常见病和多发病的诊疗、家庭医生签约服务以及中医药服务等。其中，家庭医生签约服务包括基本医疗服务、基本公共卫生服务和个性化健康服务内容。新型农村合作医疗制度、三级医疗卫生服务的一体化管理、贫困地区健康扶贫帮扶措施以及中医药服务政策等制度为欠发达地区农村医疗资源供给提供了重要的保障。但是，受基础设施、医疗设备、医护水平及质量等内外因素的限制，现阶段基层医疗卫生机构的资源供给很难满足当地居民的实际医疗需求，且存在需要改进的地方，集中于药品的配备，医护人手及水平，增加养老、保健和康复服务等方面。

第三，从医疗卫生机构数、床位数和卫生人员的基本情况看，县域内每千人口的床位拥有量和卫生人员数较少，有条件的县级医疗机构设置了康复服务和专门的老年科室。县级卫生部门全面负责县境内老年人的健康管理、慢性病患者管理和健康教育宣传。

县级医疗资源的供给除了基本公共卫生服务和基本医疗服务，近年来按照“健康中国”战略和医养结合相关政策，建成“养”设“医”和“医”办“养”医养结合机构，发展“康养+医疗”产业，持续推动医疗、养老、康复等产业链式聚焦，以提升欠发达地区的医养水平。

第七章　欠发达地区农村多层次医养资源整合体系形塑

在欠发达地区农村，老年人整体上经济供养匮乏、生活照料不足、精神慰藉贫瘠、医疗资源供给有限，为更好地满足老年人的健康养老需求，需要以多层次医养资源整合的方式对健康养老服务体系加以形塑。多层次医养资源整合应该立足于村级、乡镇级和县级原有医养资源的优化，进而从横向和纵向两个维度来实现医养资源的整合。在横向上，着重于乡镇级和县级医养机构的整合；在纵向上，则以村级、乡镇级和县级医疗资源整合服务于居家养老老年人为核心。也就是说，既要着力于机构式的医养结合，也要针对居家养老作为一种主要的养老方式的情况，着力于以医促养的“分级诊疗，资源下沉”模式。

第一节　村级医养资源整合的服务体系建构

一　优化村级养老资源供给

（一）强化养老的家庭支持能力

一般而言，在中国传统社会中，家庭、家族和村社三者交织形成的共同体是社会结构的基础单元，老年人的养老需求就是在这套基本的制度结构中得到满足的。从传统向现代社会转型是一个涉及经济、社会和文化的总体性转型，如果从养老需求的制度文化满足来看，社会转型实质上是在重塑传统的养老制度。一方面传统以家庭为核心的养老制度的性质和功能发生着转变，另一方面以政府为主导的社会化养老逐渐被纳入养老支持体系。不过由于诸多原因的限制，比如历史社会文化、经济发展水平等，以政府为主导的社会化养老必然存在一个限度，其不断完善也是一个长期的过程。这意味着在养老的社会化拓展的同时，重新明确养老的家庭责任并强化养老的家庭支持能力将有助于更好地满足老年人的养老需求。

在欠发达地区农村，由于身体机能及知识技能等方面的限制，老年人对于现代市场经济环境的适应能力相对更弱。这种市场能力的限制使得欠发达地区农村老年人几乎不可能依靠自身实现健康养老。在这种情况下，如果先不考虑国家提供给老年人的养老保障资源的话，对于欠发达地区农村老人而言，家庭作为满足养老需求的功能单位、责任主体，其作用就会在相当大的程度上凸显出来。不过，从对两省老年人的调查情况看，尽管在经济供养的来源上存在老年人自身、家庭及社会三者相互补充的状况，但是整体情况不容乐观，三方面都较为薄弱。此外子女长期外出务工更对老年人的生活照料造成了严重制约，考虑到老年人劳动能力、生活自理能力逐渐丧失以及可能存在高风险的带病期，再加上子女家庭经济供养的不足和生活照料的薄弱，老年人的情况更堪忧。由于我国地区之间发展不平衡、不充分，在欠发达地区农村强化养老的家庭支持能力尤为重要，这是结合现阶段的经济社会发展状况应对老龄化问题、更好地满足养老需求的重要保障措施。毋庸置疑，家庭养老支持能力的强化对于提升老年人的心理及精神健康水平，使其更好地享受医疗健康资源具有重要作用。

强化家庭的养老支持能力可以从三个方面展开。第一，确立养老责任人制度，以制度的方式来弥补社会转型给养老的家庭支持带来的“阵痛”漏洞。不过相比制度的“刚性”层面，同时推进“柔性”的层面也很重要。第二，从中国的传统文化中寻找理念资源，凝聚孝文化意识，使家庭更有意愿为养老提供支持。同样不可忽视的是，不仅要使家庭愿意而且要着眼于“能”为养老提供支持。第三，提升家庭经济能力，使家庭在养老需求的满足中不仅有意愿而且有技术性的能力。可以说，面对欠发达地区农村老人的养老困境，这三方面的措施是一个渐进的基础性工程，在老年人个人及社会的养老资源供给稳定性受到束缚的情况下，强化家庭的养老支持能力是改善老年人养老境况的关键一步。这种境况的改善不仅体现在经济供养及生活照料方面，也将有助于老年人享受医疗资源，实际上是从老年人方面巩固以医促养的基础。

（二）重振养老的邻里互助支持

在传统社会中，对养老发挥核心支持功能的是家庭，不过它并不孤立发挥功能，家庭所在的村落共同体实际上也以一种邻里互助的方式满足着老年人的养老需求。在现代社会转型的过程中，传统的以家庭为核心的养老制度受到了严重限制，相应地包含于村落共同体中的邻里养老互助支持能力也被削弱了。在养老领域，应对这一社会转型的主要方法是以政府为主导的公共化养老被逐渐纳入养老事业，养老责任在老年人个体、家庭、社会和政府之间进行重新分配，并且从经济社会的发展和现代政治伦理的要求看，养老责任内在具有一种社会化的倾向。

不过受历史文化传统及经济发展水平的影响，政府主导的社会化养老依然有其内在的限度，以公共化为导向的社会养老依然不具备全部的条件。这意味着，在政府主导的社会化养老所提供的养老保障的必要支持下，重塑家庭的养老责任支持，同时积极发挥社区的邻里互助效能，将是在现代社会转型过程中更好满足老年人养老需求的重要保障。实际上，先暂时不考虑公共化的机构养老方式，在社会现代转型中，家庭对养老的支持能力被削弱了，更充分地发挥邻里互助支持功能，将直接决定“居家为基础，社区为依托”的养老方式对养老需求的满足效能。

在欠发达地区农村，老年人养老需求更好满足，客观上对邻里互助有更强的依赖。从对两省老年人的调查情况看，第一，农村老年人经济能力较弱。有劳动能力时从事农业劳动获得的收入、子女家庭的经济支持和国家提供的养老保险基本就是农村老年人全部的收入来源。事实上，这三项主要的经济来源金额都不多，解决基本医疗及养老生活没问题，但通过市场方式购买更高质量的养老服务则难以实现。也就是说，居家养老仍然是农村老年人最为现实、理性的养老选择方式。第二，子女家庭的养老支持较弱。一般而言，当下农村家庭的主要经济收入来源已脱离传统的土地生产方式，主要通过进城务工、经商获取。这种社会流动的卷入以及传统孝文化的弱化，使得子女家庭除了承担老年人的基本经济生活费之外，很难提供更多其他方面的养老支持。更实际的情况是，在可能的条件下老年人还承担着隔代抚养的任务，帮衬着外出打工的子女。质言之，由于子女家庭支持较弱，农村老年人的居家养老方式内含缺陷。第三，受到丧失生活自理能力的严重威胁。由于常年劳作、身体机能逐步老化及身患疾病等原因，丧失生活自理能力对农村老年人是一种风险程度更高的威胁，而除了在预期寿命前早早离世的老年人外，随着年龄的增长，老年人一般都会有丧失生活自理能力的时期。由于现代社会功能运转的制约及健康护理知识技能的缺乏，丧失生活自理能力的农村老年人的健康养老需求巨大。因此，农村老年人的居家养老方式内含的缺陷在老年人丧失生活自理能力后更为凸显。

从上述欠发达地区农村老年人居家养老方式内含的脆弱性来看，应该着力在农村社区发展一种邻里互助支持方式以提高老年人养老生活质量。在中国现代社会转型的背景下，大量农民都选择进城务工、经商，只有当年纪偏大，在城里很难找到合适的就业机会时，他们才会决定返乡，这使村庄社会结构相较传统社会产生巨大变动，也意味着发展邻里互助就要考虑到一些现实条件及相应的制约。从两省老年人的养老情况看，在当下的欠发达地区农村，发展邻里互助应该主要考虑并运用老年人群体资源，作为居家养老方式的补充可以发展一种“老年人接力”的邻里互助养老方式。这种养老方式实质上就是将低龄老年人与高龄老年人组织起来并通过前者为后者提供养老支持而实现。不过需要强调的是，这种养老方式实际上不适合于重病、重度失能老年人，对于这部分老年人，其养老问题的解决应该另辟蹊径，简单地说，要么由政府购买服务对家庭成员进行护理知识技能培训，同时提供专门的护理补贴，要么直接纳入针对这部分老年人建办的县域医养一体化机构。

一般而言，在当前的欠发达地区农村，社区依然存在两种基本的有利条件可以助力于发展“老年人接力”式互助养老，第一个是制度性条件，即农村的集体土地所有制；第二个是社会性条件，即农村社区基本还是一个“熟人社会”（贺雪峰，2019）。对前者而言，农民有自己的宅基地、住房及承包地，从城市打工返乡的低龄老年人能通过与土地的结合获得相应收益，从而实现自己的基本养老保障，也就为参与“老年人接力”式互助提供了基础。对后者而言，“熟人社会”本身包含着相应的习俗及信任机制，“老年人接力”式互助养老可以通过内部“自然”监督而降低这种养老方式的成本。

除了农村社区提供的基本支持条件外，要发展这种邻里互助养老方式，还应该有以下四个更为具体的保障措施。第一，制定参与及管理制度。“老年人接力”式养老应该以老年人自愿参与为前提，并形成一个自我管理的组织。前者保证积极性、降低成本、提高养老质量；后者则保证形成一个制度化的组织推手，保证组织成员参与的稳定性。第二，建立“时间银行”制度。基于此，低龄老年人对高龄老年人提供的照料服务可以存入“时间银行”，到自己丧失生活自理能力后就可以持有相应的凭证来兑取相应的养老服务。第三，提供资金支持。一方面，政府应该为这种养老互助组织的运转提供补贴；另一方面，受照顾的老年人的家庭也是获取资金的对象。如此，可以在“时间银行”的预期酬报上为提供养老服务的老年人提供实实在在的金钱酬劳，以此为组织活力在动机层面提供“双保险”。第四，建造养老场所。尽管这种养老在老年人家里就可以进行，但是养老场所作为一个基本的载体，能发挥更多的社会文化功能，能够有力地助力接力养老组织持续运转。总之，这四种相互关联的保障条件支撑接力式互助养老发展，将有助于在居家养老方式的基础上更好地满足农村老年人的养老需求。同强化家庭的养老支持能力一样，此种互助养老的发展有助于从老年人方面巩固以医促养的基础。

（三）推进公共设施功能整合

总体而言，欠发达地区农村的基础设施较为薄弱，医疗卫生、养老方面的基础设施与发达地区相比存在很大差距，但经过国家的多年持续投入、建设，还是形成了相对完整的基本医疗卫生和养老服务框架。特别是近些年来，国家又逐渐加大了对欠发达地区公共服务设施的投入力度，欠发达地区农村的公共服务设施也有了较大改善。就当前对两省农村地区的调查情况看，在“医”的方面，欠发达地区农村基本可以确保每一行政村都有一个医务室；在养老场所方面，不同的村情况有较大区别，布局的养老场所多有不同，包括居家养老服务中心、农村幸福院、农村老年日间照料中心、老年人活动室等，但每个行政村也都有多少不一的老年人养老服务场所。其他公共场所，如学校、村民活动室、党员活动室等，也都有不同标准的分布，对应场所的设施也多有相应的配备。另外，其他的体育健身场所也有不同层次的布局。

随着我国老龄化趋势对养老问题的挑战日益严峻化，从养老提效的视点来看，上述所有公共设施，由于建设和使用过程中功能定位的局限性，相应就会产生辐射面小和利用率低等问题。循此问题逻辑，在欠发达地区农村，重新整合所有类型的公共设施功能，将有助于其更好地服务于老年人，满足养老需求，这实际上也巩固了以医促养的基础。毋庸置疑，从大健康的角度来看，这些设施将在老年人的健康中发挥积极作用。着眼于更好地满足老年人养老需求，可以从两个角度整合公共设施功能。

第一，设施功能拓展，突破设施的原有设计功能，实现设施多功能共享，在可能的范围内担负起对医疗服务的支撑功能。医疗场所要向养老功能拓展，闲置的卫生室可以承接失能老年人的照护功能、老年人的慢性病管理等。公共场所向承担老年人活动的功能拓展，村民活动室、村级会议室等场所在日程不冲突的情况下也应该向老年人开放，老年人可以在此场所自由活动，甚至可以将它们改办为互助养老的场所，实现多功能共享。此外，在可能的情况下可以向承担老年人照护的功能拓展，老年人设施向其他社会功能拓展。日间照料中心等场所可以承担老年人交流、娱乐的功能，也可以承担隔代照护的功能，即有能力的老年人可以将家庭中需要管护的儿童带入此场所。其他设施也可以承担老年人的一些锻炼功能，如健身活动设施、教育机构的体育设施也可以支持老年人的锻炼功能。

第二，统筹村级公共场所，发挥设施互补作用，产生协同效应。一方面，村级主要的老年公共活动场所与卫生室、学校、居民生活的公共场所在距离上一般都比较近，应充分挖掘和利用这种特点，使老年人在日常的生活中便捷地获得医疗服务、照护资源。比如，临近学校的老年人可以顺便去参加学校举办的敬老、爱老活动以及相关的老年健康知识讲座。另一方面，对于较为分散的自然居住点，老年活动场所应与村民的日常生产、生活的场所接近，以便于村民兼顾生产与对老年人的照护。一般来说，随着交通条件的改善和农村建设的推进，农民居住不断趋向集中，使得公共设施聚集建造成为可能。从当下及未来应对农村老年人养老问题的大局出发，不仅要考虑已经存在的公共设施的功能拓展与融合问题，更要以一种相互协同补充的视角在村庄公共设施的建设上进行规划建造。

（四）夯实养老的精神慰藉基础

精神健康和身体健康有着重要联系，两者会互相影响。随着老年人生理机能逐步衰退，老年人群体常常产生悲观、怕孤独等情绪，容易产生一定的心理问题，他们也是阿尔茨海默病和抑郁症等疾病的高发群体。良好的精神状态对健康的老年生活具有重要的意义，重视老年精神健康并建立其社会支持体系，是健康老龄化的必然要求。在欠发达地区农村，由于传统社会结构的变迁，与其相配套的文化信念及情感支持模式也都受到了较大的冲击。从两省农村地区的调查状况看，由于市场经济秩序制约、自身身体及经济状况不理想，老年人的精神健康状况不容乐观，尤其是处于老年人社会关系的核心圈层的配偶及子女的支持网络弱化，使这一问题更为严重。随着老龄化问题的加剧，需要夯实老年人的精神慰藉基础，使其在提升老年人养老质量的同时，为以医促养提质增效。精神慰藉需求的满足既是客观基础，也是一种主观认知，因此应从满足老年人精神需求的外部供给与调节老年人认知相结合的方式中夯实养老的精神慰藉基础。主要包括以下三方面。

第一，增强老年人在公共领域的物质获得感。能够维持生存的基本经济保障，是欠发达地区农村老年人保持良好心态的物质基础。物质方面获得的程度与方式是影响老年人精神状况的一个重要方面，对此可以从两方面提升。一方面，提升老年人在社会保障领域的物质获得感。虽然当前农村老年人的经济保障多依赖于子女，但是社会保障力度的加大在老年人生活中的作用越来越大，也逐渐成为欠发达地区农村老年人重要的制度性收益。因此，在普惠性的社会保障层面，如基本养老金方面，引导老年人们进行纵向对比，要有“好于昨天”的认识。在差异性社会保障方面，如对困难老年人的物质救助、无供养老年人的救助等，强调政府、社会对老年人的关爱与兜底保障。另一方面，提升老年人在公共设施建设中的获得感。随着社会的发展，公共服务水平的提升，欠发达地区农村也在逐步发展完善老年服务设施，提升老年人对涉老公共设施的使用率，从而使得老年人树立对老年服务设施的“权利”感。

第二，扩充老年人的社会资本。在人与人之间形成的社会网络中，人们能够共享信息、互相提供支持，这对于促进老年人精神健康具有重要的作用。这就要求，首先，关注老年人的感情生活，鼓励老年人与配偶互相关爱、互相支持，鼓励子女在积极为老年人提供经济支持的同时加强与老年人的联系，促进老年人加强与其亲友之间的沟通、交往。亲友、邻居、村组成员等应主动给予老年人关注、关心，并给予力所能及的帮助，同时老年人之间应经常交流、沟通，互相帮助。其次，提升老年人对公共文化活动及社区公共事务的参与度。个体和社区的社会资本量与老年人心理健康存在高度的相关性，加强农村社区建设，提高农村中老年人的社会活动参与度，是改善和维持他们精神健康的有效途径（温兴祥等，2017）。村级组织要积极开展多种多样的老年公共文化活动，并就其中契合老年人需求的活动给予支持，助其稳定深度开展，提升老年人公共文化服务参与能力。同时，要鼓励老年人参与村庄的治理，参与公共事务的讨论、决策，承担一些力所能及的工作。最后，强化制度性关怀。应该建立制度性关怀机制，保证以村级基层组织为主的社会组织对老年人的关爱，以满足其精神方面的底线需求。比如，村委会、村民小组在传统节日对老年人进行慰问，表示对老年人的尊重；对孤寡老年人、丧偶老年人、空巢老年人等进行特殊的关照；政府部门、养老院、志愿者与非营利组织等对老年人举办关爱与慰问活动等。

第三，提升老年人的自我调适能力。老年人精神需求的外部供给和个体的自我调适是影响老年人精神健康的两个方面，在加强供给的同时需要着力提升老年人自我调适能力。首先，多主体倡导科学的健康观。老年人精神健康受到健康状况满意度的极大影响（王昭茜、翟绍果，2018）。这意味着不但要努力保证老年人的身体健康，还要努力提升老年人对健康的科学认知。老年人很容易产生对身体健康的焦虑，医疗卫生人员具有健康卫生方面的权威性，应及时给予老年人以权威性的健康说明，同时在提供服务中做到态度和蔼，顾及老年人自尊心，宣传国家对老年人健康需求的“托底”政策，打消老年人在健康方面的后顾之忧。其次，多方鼓励老年人保持积极的生活心态。老年人日常接触的人，如家庭成员、朋友、邻居、家族成员、村（社）的权威人士、村组干部、党员等，应鼓励老年人努力调整好自身心态，增强自身的社会参与意识，开拓新型社会资本，树立起自我保障的意识，要活得更独立、活得有尊严。同时，组织专业的心理辅导人员开展进村服务，定期进村开展精神健康教育，帮助欠发达地区农村老年人提升自我心理调适能力，对有心理障碍的老年人需要及时介入。最后，激发老年人的求知需求。在鼓励老年人积极参与社会活动的同时，联系各类文化组织进村开展各种公益性的文化活动，如各类博物馆、剧院、体育场、美术馆、科技馆、纪念馆、公共图书馆以及文化馆等，发掘老年人的兴趣爱好，激发老年人的学习兴趣。

二　优化村级医疗资源供给

（一）重置村级医疗服务体系

村级医疗服务体系作为农村三级医疗网络的“网底”，它主要在基本医疗服务和公共卫生服务两方面发挥着重要功能，它为农村居民提供了基本的医疗健康保障。随着我国人口结构的调整，老龄化问题越发凸显，村级医疗服务体系在满足农村老年人健康养老需求上的功能重要性也日益显现。从本研究调查地老年人基本的医疗需求来看，考虑到时间、精力及金钱等各方面的限制，仅就老年人的一些常见病、多发病的初级诊治工作而言，村级医疗服务体系在农村三级医疗网中的作用更为明显。也就是说，客观上老年人对其的依赖程度更高。在欠发达地区农村，老年人更多地受到地理状况、健康知识观念及经济资源等方面因素的制约，相较于发达地区的老年人，他们的健康需求就更加依赖于村级医疗服务体系。从老年人的健康养老需求来看，这种更高程度的依赖自然就包含了对村级医疗服务体系本身品质的要求。

尽管满足农村老年人健康养老需求的村级医疗服务体系，可以从多方面来提升自己的质量，但整体而言，它自身的核心构成要素“村医”的合理化配置非常关键。在欠发达地区农村，受到历史因素及相应的制度因素制约，从老年人的健康养老需求分布状况与村医力量之间的适配性角度来看，村医力量的配置存在问题。从对两省农村地区的调查看，这种问题典型地体现为当前村医力量的配置受到行政村区划的限制。一方面村医在业务上接受乡镇卫生院的管理；另一方面村医又属于村委会成员，在承担村医职责的同时，还要承担一些村级行政事务。然而，从历史沿革角度来看，村医的收益来源已经从以集体供养为主转变为以政府购买公共服务和提供医疗服务的收费为主，村卫生室也没有必要与作为村级自治组织的村委会相配套。因此，作为以医促养重要的直接措施之一，应该使村医力量的配置脱离村级行政隶属及区划的羁绊，以老年人健康养老需求的分布状况为标准对不合理的村医力量配置进行调整、重置。

在欠发达地区农村，重置村级医疗服务体系使其更好地满足农村老年人的健康养老需求受到两个关键性因素的制约，一是老年人口分布状况；二是交通状况。前者直接关涉农村老年人健康养老需求总量，后者则涉及满足需求的医疗服务的可及性。因此，从理论上来说，可以以这两个因素为主要考量标准，从整体上重新合理配置村医力量。不过，由于当前村医力量基本是以行政村区划的方式来配置的，基于可行性考虑，最好的策略是在上述两种因素的标准下以一种基于现实的“向好调整”方式重置村医力量。更具体地说，以乡镇为范围，在一定单位内的人口密度可以在大、小两个向度上排列，同样交通状况可以在好、差两个向度上进行排列，以此形成村级医疗重置的逻辑标准（见图 7－1）。

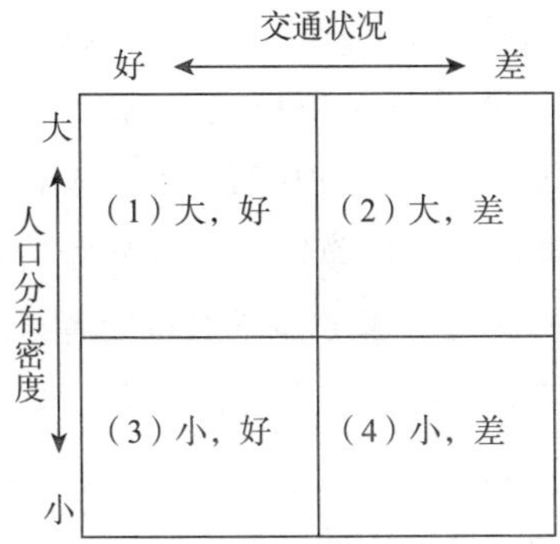

7－1　村级医疗重置的逻辑标准

在类型（1）中，由于人口分布密度大并且交通状况较好，对于这样的行政村卫生室，应该集中建立较为大型的中心卫生室并适度增加其村医人员，适度的标准主要由整个乡镇村医总量来决定；在类型（2）中，考虑到人口分布密度大但交通状况较差，对于这样的行政村应该选址增设村卫生室，以形成更好的服务结构布局；在类型（3）中，这样的行政村可以适度撤并村卫生室，联合建立中心卫生室，以合理的规模力量更好地服务老年人；在类型（4）中，由于其交通状况差，不能采取类型（3）的方式，在保持原来村医力量的情况下，如果条件允许，应该适度增设卫生室。总的来看，重置村医力量的基本原则就是，在交通状况好的地方需要集中建立中心卫生室，根据其相应的人口密度决定中心卫生室的规模；在交通状况不好的地方则不应该集中建立中心卫生室，反而要根据人口密度增设卫生室。另外，在这种参考标准下，对卫生室与乡镇卫生院重叠的情况，则要考虑卫生室的撤并，以保证有限的医疗资源更合理地分布，即有重叠而导致功能失效的应该向其他地区配置。最后，还需要考虑到现实基础，重置村医力量的基本原则是最大限度地利用原有的村卫生室设置。在欠发达地区农村，以这样一种方式重置村级医疗服务体系，实则是以医促养的关键步骤，以保证老人较便捷地获得医疗服务。

（二）提升村医的养老服务能力

老龄化问题日益凸显，对作为农村三级医疗网络“网底”的村级医疗服务体系进行重置，即根据农村老年人的健康养老需求分布状况对村医力量进行合理化配置，对于发挥其在基本医疗服务及公共卫生服务方面的基础保障作用具有显著功效，但仅仅这样做是不够的。村医是村级医疗服务体系的担纲者与承载者，在对村医力量进行合理化配置的基础上，提升村级医疗服务体系的效能使其能够更好地满足农村老年人的健康养老需求。由于时间、精力及经济收入等方面的限制，老年人的一些常见病、多发病的初级诊疗基本上是由村医承担，村医的服务能力从根本上决定了村级医疗体系的服务效能。在欠发达地区农村，老年人受观念因素及经济收入等情况限制，他们更加依赖于当地的村卫生室提供的医疗及相应的延伸服务，提升村医的养老服务能力也应该是以医促养的关键着力点。

从对两省农村地区村医情况的调查看，承担着老年人日常健康服务任务的村医，在收入、待遇、养老等方面缺乏稳定保障，也缺乏培训、进修、交流、职称评定等发展机会，并且正是这些问题的存在使得村医队伍无法补充更多专业人才。另外，在当前的政策框架内，村医的这一系列问题都需要在组织中进行解决，而村医在组织归属上的薄弱状态，使其出现了较强的“个体化”倾向，与之相伴随的就是为获取更高收入的“兼职化”倾向。总的来看，在欠发达地区农村，村医问题存在的核心就是这一群体缺乏组织化，从而也就缺乏职业化、专业化，这导致对其管理缺乏有效的手段，其服务质量也难以得到较大程度的提升。进一步而言，村医服务能力既难以得到稳定有效的保障又难以得到高质量的提升，村级医疗服务体系作为农村三级医疗网络的基础，其本身就很难稳固。随着老龄化问题不断加剧，农村老年人健康养老需求不断凸显，村医服务能力本身的脆弱性将使其难以胜任满足老年人健康养老需求的任务。

在老龄化趋势的挑战下，为了欠发达地区农村老年人的健康养老需求能得到更好的满足，相关部门应该针对村医存在的关键问题在“三化”的原则下提升他们的医疗服务能力。具体来说，“三化”主要是指村医角色组织化、村医技术专业化、村卫生室硬件标准化。对于解决村医问题来说，村医角色的组织化是核心，技术的专业化是关键，村卫生室硬件的标准化则是基础。村医角色组织化实质上就是要解决村医的身份问题，使他们在收入及养老等方面有更加稳定的制度保障。结合我国的相关政策，可以以乡镇为单位，将村卫生室设置为乡镇卫生院的村级派出机构，通过乡镇卫生院与其签订用工合同的方式使其组织化。村医技术专业化就是要解决他们的医疗服务技术水平的问题，在村医角色组织化的基础上主要可以从两个方面同时推动村医技术专业化。一方面是为村医搭建制度化的专业技术服务平台，使他们的医疗技术能得到提升，这方面可以在县级医疗资源下沉的制度框架内解决；另一方面是设置村医职业准入程序，从源头上优化村医的专业素质。村卫生室硬件标准化是提升村医服务能力的基础性工程，主要就是对医疗场所、器械和药品等进行标准化。在欠发达地区农村，虽然卫生室硬件标准化都得到了一定程度的满足，但依然有很大的提升、完善空间。总之，需要通过“三化”来提升村医的服务能力，使村级医疗服务体系更有力地承担起其对老年人健康养老需求的促进、保障功能。

（三）增强家庭健康知识技能

“我国正处于人口老龄化快速发展阶段，截至 2018 年底，60 岁及以上老年人口达 2.5 亿，2018 年我国人均预期寿命为 77.0 岁……2018 年我国人均健康预期寿命仅为 68.7 岁，老年人平均有 8 年多的时间带病生存，患有一种以上慢性病的比例高达 75%，患病人数接近 1.9 亿，失能和部分失能老年人超过 4000 万，老年人对健康服务的需求愈发迫切。”[①] 尽管笔者的调查数据与上面的数据有

① 老龄健康司：《〈关于建立完善老年健康服务体系的指导意见〉政策解读》，2019 年 11 月 1 日，http://www.nhc.gov.cn/lljks/s7786/201911/4cbecd7450694416a268a181f9b37e92.shtml，最后访问日期：2022 年 8 月 26 日。

差异，但总体上符合基本情况，几乎所有被调查的老年人均表示自己患有一种以上慢性病，而失能者也高达15.4%（其中11.4%的轻度失能，4.0%的中度及以上失能），老年人身体健康处境确实堪忧。虽然在向现代社会的转型过程中，我国传统社会养老的家庭制度受到冲击，在养老责任的划分上也偏向于政府主导的公共化养老，但是受传统文化观念及经济发展水平的制约，居家养老依然是我国应对老龄化社会及其问题的主要养老方式。因此，老年人对健康养老服务的迫切需求，实际上使在居家养老方式中处于第一线的家庭的健康知识技能的重要性凸显出来，而家庭健康知识技能的提升作为以医促养的基础性步骤，将直接有益于满足老年人健康养老需求。在欠发达地区农村，由于地理环境、生活方式、健康观念及经济收入等限制，老年人不仅身体机能老化，实际上也缺乏在疾病预防、身体保健及康复护理等方面健康知识技能。正是在此意义上，在欠发达地区农村，老年人客观上对提升家庭健康知识技能从而更好地满足自身的健康养老需求更为迫切。

在欠发达地区农村，对于很多老年人来说，由于长年累月的劳作以及身体机能衰老，慢性病及其相关并发症几乎成了老年人生活中的一部分。不过这并不是问题的全部，受农村地区本身医疗服务水平有限、老年人自身正确健康观念缺乏、饮食习惯、卫生条件及经济收入薄弱等原因限制，可以说老年人健康问题一方面是身体机能老化导致的，另一方面更是“缺乏”认真对待导致的，即不重视自己的身体健康，采取“拖、扛”等的不科学、不健康的方式来应对自己的身体疾病。因此，与身体机能老化对农村老年人健康养老造成障碍一样，缺乏预防、保健的意识及知识也是出现健康养老威胁的重要原因，这让老年人不能积极预防和有效处理自身的身体疾病。不过，如果说缺乏预防、保健的意识及知识严重制约着老年人的健康养老，那么对于一些更为特殊的老年人，比如失能、失智老年人，缺乏基本的康复、护理知识及技能则更严重威胁着他们的健康养老。实际上，由于家庭照料者不具备这方面的基本知识和技能，失能老年人也就只能被“草草”对待。总之，由于生活条件保障薄弱加之缺乏相应的健康知识技能，欠发达地区农村的老年人健康养老的质量大打折扣。人的机体老化与健康并不是全然冲突的，虽然人的机体老化不可避免，但如果处理得当，健康老龄化不仅是可想的也是可得的。因此，从预防、保健、康复、护理等方面有针对性地提升家庭的健康知识技能，能够更好满足老年人的健康需求。

为了在人口老龄化的趋势下更好地实现健康老龄化，把身处老年人健康养老第一线的家庭健康知识技能提升作为一项长期措施，并加以制度性建设，有助于从更为基础的层面助力于农村三级医疗服务网的功能发挥，使以医促养更为“接地气”。整合农村三级医疗服务网的医疗结构设置，应该将提升家庭健康知识技能的工作嵌入他们的制度与组织的运作。具体来说，可以从两个方面展开。一方面，开展嵌入县、乡、村三级医疗机构的“入村”健康知识讲座。县、乡、村三级医疗机构结合自身的医疗特色定期入村开展相应的健康知识讲座，其首要的目的是提供疾病的预防、保健知识。深入开展这样的健康活动，在提升老年人的健康素养的同时，也就隐性地降低了老年人遭遇老年健康问题的风险。另一方面，开展针对特殊老年人群体的家庭康复、护理知识及技能培训。对于这一老年群体的家庭照护成员，政府应该以购买服务的方式，将相应的医疗机构、养老机构、社会组织等力量组织起来进行康复、护理知识技能培训。实际上以一种制度化的方式安排这种培训将是对欠发达地区农村老年人及其家庭成员的一大助力，尤其是对那些经济条件制约更为严重的家庭。

三　充分发挥村级医疗的“网底”功能

（一）建立居家养老的疾病预防网络

对于老年人而言，要保持健康的体魄，延缓生理老化的进程，积极的预防远胜于消极的治疗。一般而言，生活规律、讲究卫生、饮食合理、积极锻炼、保持良好的精神状态和定期体检都有利于增强身体抵抗力，预防疾病的发生。为了提升居家养老老年人的疾病预防水平，需要加强村级医疗卫生资源对居家养老老年人疾病预防的管理与指导。第一，提供针对老年人公共卫生的上门服务。村卫生室在履行公共卫生职责时，应为行动不便的老年人和居住地为较偏远村组的老年人提供上门服务。第二，加强对老年人的健康管理。为老年人进行定期的体检，建立健康档案，开展流行病防疫等项目，在此基础上开展健康教育，督促老年人进行适度的锻炼。健康教育主要有两方面，一方面是根据不同老年人的健康状况有针对性地进行健康教育，另一方面是针对常发的老年病进行普遍性的宣传与教育。教育的对象包括老年人本人和其照护责任人。第三，强化对居家养老老年人的卫生指导。一方面是加强对老年人和其照护责任人进行卫生知识教育，帮助老年人形成良好的生活习惯与卫生习惯；另一方面是对居家养老老年人进行定期巡查，巡查的重点是老年人的生活环境是否符合卫生要求以及老年人的生活习惯是否健康，及时发现并指出问题，督促老年人和其照护责任人及时改进，使居家养老老年人有一个良好的卫生环境，形成健康的生活习惯。给老年人佩戴随身设备实时监控老年人位置及身体状况，并将数据及时发送到子女、医护人员的客户端，一旦某些指标出现异常立即介入。

（二）建立居家养老的疾病诊治网络

居家养老老年人不可避免会患有大小疾病，为了使欠发达地区农村老年人在患有疾病时都可以便捷地获得基本的诊疗服务，需要建立能够支撑起欠发达地区农村居家养老老年人的疾病诊治网络，主要针对的对象是因身体、居住环境以及受教育程度等因素就医困难的老年人，主要包括能够实现快速响应的村级医疗资源的上门服务和转诊服务。

第一，为就医困难老年人提供诊疗入户服务。诊疗入户服务让居家养老老年人在家中就可以享受到医生的诊治服务，既包括村医本人上门服务，也包括各种手段的“远程诊断”。诊疗入户服务一般由村级医疗卫生人员为居家老年人提供，提供的服务项目包括常见病的医治和慢性病管理等，对于常见病的医治，村医可以根据患者的具体状况采取不同的手段。轻微的状况村医可以远程诊断，指导用药，指导老年人或者老年人家庭成员进行简要的护理；而对于无法远程诊断的状况和必须村医现场护理的状况，则需要村医进行上门处理。对于慢性病的管理主要包括定期检查以掌握病程，指导用药，对老年人及其家庭成员进行相关的知识教育，以增强其自主管理意识及自我管理技能，加强对患病老年人日常生活方面的监控，确保慢性病管理的措施落到实处。第二，为老年人提供便捷的转诊服务。对于无法在村级医疗机构诊治疾病的老年人，需要转入上级医疗机构诊治时，由村级医疗人员协助进行便捷的转诊服务，尽可能地实现无缝对接。这主要是指村级医生的初诊服务，进行一些基本项目的检查，对患者症状进行描述，及时将相关信息传递到上级医疗机构，以便于上级医疗机构及时做出响应，缩短转诊的时间，使老年人获得及时的诊治。

（三）建立家庭照护村级医疗支持网络

失能老年人照护中的医疗支持是医养结合服务的一个重点部分，也是居家养老的老年人和养老家庭最需要被给予帮助的部分。失能老年人的具体情况不同，村级医疗卫生资源支持的重点也会有所不同。一般而言主要包括以下几点，第一，加大对居家老年人日常生活护理方面的卫生指导力度。村级医疗卫生人员在对居家老年人进行卫生督导的过程中，尤其要对有失能老年人的家庭进行重点关注，需要对失能老年人的家庭成员进行技能培训与督促，以确保基础护理的清洁卫生，避免感染发生。第二，有针对性地对老年人进行健康教育。村级医疗卫生人员可以根据老年人的具体情况，积极指导老年人进行体力和智力活动，延缓衰老过程。村级医疗卫生人员可以指导老年人进行与日常生活、活动有密切联系的运动，鼓励患者力所能及地活动，以保持肢体良好的功能状态，积极培养老年人的自我保健意识，及时进行自我评估和调整，在可能的情况下争取恢复日常生活自理能力，提高老年人生活质量。第三，加强医疗护理服务。针对需要居家进行医疗护理的老年人，要根据患者的病情及需求对老年人的健康进行全面评估。制订出切实可行而且能确保患者健康安全的护理计划，由村级医务人员提供上门医疗护理服务。一方面是利用专业技能完成各项护理操作，另一方面还需要对老年人家庭中承担护理工作的家庭成员进行培训，使其认识一些基本的治疗器械，掌握药物的使用目的、使用方法和注意事项，能够承担一些辅助工作，如观察、测量生命体征、日常用药等，配合和协助村医完成老年病治疗过程中的护理工作。第四，与家庭照护人员保持沟通，加强教育指导、全方位关注老年人状况，确保做到及时发现问题、及时响应、及时处理。

第二节　乡镇级医养资源整合的服务体系建构

一　优化乡镇级医养资源配置

（一）提升乡镇级卫生院服务能力

乡镇级的医疗卫生部门在当前主要指乡镇卫生院，它是县级政府在乡镇设置的承担辖区及周边基本医疗服务和基本公共卫生服务的综合性基层卫生机构，其任务是负责所在地区内医疗卫生工作，组织领导群众卫生运动，培训卫生技术人员，并担负着医疗防疫、保健的重要任务。乡镇卫生院的功能定位，使得它在“农村三级医疗网点”中居于中间的位置，与县级卫生机构和村卫生室上连下通相互配合，组成有机的农村“三级医疗网”。与村卫生室相比，乡镇卫生院有较为完善的组织结构，它按照医院的标准进行建设和管理，是夯实农村地区医疗资源的最主要承载体。

从老年人对医疗卫生资源服务的需求来看，乡镇卫生院承担着主要的疾病诊治工作。为了更好地为农村老年人服务，需要不断地提升乡镇卫生院治疗、康复、保健等方面的服务能力。同时，乡镇卫生院需要随着社会环境的变化，调整不同业务比重，随着老龄化进程的不断加快，需要不断加强为老年人服务的业务力量，为乡镇层面的医养资源整合奠定坚实的医疗卫生基础。提升乡镇级卫生院服务能力可以主要从两个方向展开。

第一，提升原有资源服务效能。提升乡镇卫生院的治疗、康复、保健水平，首先就是立足现有条件，对其进行挖掘、提升。现有的条件包括场地、设备、人力资源配置等，采取的手段主要是提升和优化配置。一是多途径提升治疗、康复、保健能力。一方面，努力提升乡镇卫生院的硬件设施利用率，如通过降费或者免费向群众开展一些健康检查、护理项目，康复器材向有需要的患者免费或者低价提供；另一方面，多渠道提升现有的医护人员与管理人员的业务水平，主要途径包括在职培训、远程学习、学历继续深造、选派人员到上级或者发达地区医疗机构挂职学习等。此外，还需要改善服务态度，做到对患者耐心、细心，尊重患者，在诊治护理的过程中与患者多沟通、多解释，充分发挥专业权威的作用，给患者答疑解惑。二是优化现有资源配置结构，提升服务效率。一方面，需要针对群众需求，调整各业务板块的重心，均衡各业务板块的工作量。如随着老龄化进程不断加快，逐步调整充实老龄相关业务的力量，增强慢性病康复护理的业务力量等。另一方面，优化流程，提升服务效率。针对目前乡镇级卫生院的状况，要利用信息技术在医疗卫生系统中分配患者，以实现提升医疗资源的有效性。如利用“远程诊断”系统与村医、患者实现无缝对接，并借助“病历数据库”等辅助系统对患者情况进行初诊预判，根据情况由村、乡镇和县三级医疗机构进行分级诊治。

第二，争取优质资源注入。随着社会的发展和生活品质的高要求，人们对医疗、康复、保健水平的要求也不断提高。因此，在对现有条件进行挖潜提升的同时还需要不断有优质的资源注入，以提高服务水平，主要包括硬件投入与高素质的人才持续进入。一是拓宽硬件投入渠道。在政府投入的主渠道之外，还可以拓展其他方面的硬件投入渠道，可以根据需要与其他部门共享服务场所，还可以采取融资租赁的方式进行场所建设和补充新的设备，统筹接受各种商业性的远程医疗设备进驻。二是多渠道吸引专业人才进入乡镇从事医疗、康复、保健等工作。加强志愿者队伍建设，国家可以引导欠发达地区农村通过地方的团组织与医学类院校建立合作关系，以在校生暑期实践、志愿服务等活动为契机，建立一支人员流动但规模和服务时间相对稳定的志愿者队伍。建立长期的医学生志愿者队伍，鼓励医学生毕业后自愿到欠发达农村地区服务较长一段时间，根据服务的时限，在后期给予相应的优待。可以根据各地区实际情况外聘退休医生，或者聘用拥有执业医师资格但暂无固定机构就业的人员为农村老年人提供医疗服务。三是鼓励社会资本参与乡镇级的医疗卫生保健服务，在获得投资回报的同时提升乡镇级的医疗、卫生、保健服务水平。四是欠发达地区应积极与非营利性社会组织建立联系，以获得相应的支持。

（二）提升乡镇级养老机构服务能力

对满足老年人的养老需求、应对人口老龄化问题而言，作为居家养老补充方式的机构养老具有重要作用。在欠发达地区农村，养老机构具有社会基础保障性质，体现了政府的兜底保障责任，主要用于满足“三无”人员、“五保”人员的基本养老需求。随着经济社会的发展，人口老龄化大势带来的养老需求进一步凸显。在欠发达地区，也出现了由社会资本兴办的养老机构。当然，与由政府主导的具有公益性质的养老机构不同，这些养老机构是由市场主导的，它们是应具有更高支付能力的老年人的多样化养老需求而建办的。由于由社会资本兴办的养老机构主要受市场机制的制约，其养老服务能力本身就有一定的保障，否则就难以保障运营，市场机制已经为社会资本兴办的养老机构的服务能力设置了门槛。因此，优化乡镇级养老机构服务能力刻不容缓，这里的养老机构主要是指具有公益福利性质的养老机构。

在欠发达地区农村，随着国家健康老龄化战略的提出以及人们对老年健康养老问题的关注，就本研究所关注的地区而言，当前乡镇级养老机构暴露出一些基本问题，总的来说主要体现在两个方面。第一，乡镇级养老机构布局不尽合理。在欠发达地区农村，由于各乡镇的经济、社会、文化、地理等各方面情况不尽相同，每个乡镇都根据自身的具体情况建了敬老院，很多敬老院内部设施大量闲置，造成的直接结果是大量的养老资源被浪费，也就影响了从整体上提高老年人的养老需求的效果。第二，从业人员服务能力不强。实际上，基于养老机构的社会保障性质，机构中的从业人员主要的工作内容是“三无”人员、“五保”人员的基本生活照料。除此之外，老年人更多的社会、心理、健康等需求，由于缺乏刚性制度要求及其他许多相关因素制约，则很难得到满足。总的来看，乡镇级养老机构的整体布局及机构中从业人员的服务能力直接决定了养老机构自身对老年人的服务能力，提升乡镇级养老机构服务能力首先要着力解决的就是这两个问题，具体可以从以下两方面展开。

第一，建立中心养老机构。由于制度设置及传统家庭养老观念的制约，乡镇的养老院在建盖及运转中会存在大量闲置的养老资源。针对养老资源的浪费问题，可以对当前乡镇敬老院、养老院进行撤并、重组，建立中心养老机构。在县域范围内，应根据各乡镇集中供养的“三无”“五保”老年人的人数建立规模适度、养老服务设备齐全的中心养老机构，从而提升县域内养老机构的服务效能。

第二，提升乡镇级养老机构中从业人员服务能力。随着老龄化的加剧，乡镇级养老机构在欠发达地区农村的存在有一种结构性需求，这就意味着对其中的从业人员及其服务质量也存在稳定的需求。对此可以从以下几点来提升，一是可以从制度建设的方向稳定这一群体，使他们的职业化水平进一步提高，这是提升这些服务人员服务质量的关键所在；二是在职业化管理的基础上，可以通过社会招聘的方式吸引更为专业的护理人员，从源头优化整体的服务质量；三是可以通过政府购买服务的方式，对当前正在养老机构中从业的人员进行定期的职业化专业知识及技能培训。总之，政府通过上述的调整及努力，将引导乡镇级养老机构服务能力稳步提升，为健康老龄化在农村实现奠定基础。

（三）推动民族医疗资源长足发展

随着老龄化趋势的压力逐渐增加，老年人对医疗卫生资源的需求总体上也急剧增加。由于大量中青年都进城务工经商，在欠发达地区农村，老龄化问题较全国整体更为严重。相对于城市，欠发达地区农村的医疗资源较为有限，以此来保障日趋严重的老龄化对健康医疗的需求也就面临极大挑战。民族医学是各民族在历史发展过程中形成的具有本民族文化特点的疾病知识与治疗实践，由于长期历史中各民族的多元反复实践，我国拥有极其丰富的民族医疗资源。在欠发达地区农村，乡镇级医疗服务在满足老年人健康需求上发挥着枢纽型功能，乡镇也是民族医药实践的主阵地，因此应该把推动民族医疗资源长足发展作为优化乡镇级医疗资源的重要措施。对此主要可以从三方面展开。

第一，深入挖掘与老年人健康医疗需求相关的民族医学。虽然现代医学取得了巨大的发展，但是传统民族医学在长期的历史医疗实践中同样积累了丰富而有效的医疗知识与经验，按照民族医学自身独特的方式，它们依然在针对常规病、疑难杂症以及预防保健方面发挥显著的作用。一方面，加强涉及老年病的民族医药文献的收集整理和配方的筛选工作，同时对部分民族医生的经验、秘方也要及时抢救、挖掘、整理和开发利用。另一方面，加大对珍稀药材的保护和培育，让治疗老年病的稀有药材数量有充足的保障。

第二，扩大民族医药在医保报销目录中的范围。在欠发达地区农村，由于经济社会发展水平的限制，要想大规模地发挥民族医药在保障老年人健康方面的作用，只能尽可能地将民族医药中老年人的用药纳入医保报销药品目录。乡镇级医疗机构无疑在提升欠发达地区农村老年人的健康中发挥着巨大作用，也承受着巨大压力，将治疗常见病、多发病和地方病的民族医药纳入医保报销药品目录，才能为老年人提供优质的传统医药服务。

第三，大力培养涉及老年人健康的民族医药人才队伍。要充分发挥民族医药在满足老年人健康养老需求方面的作用，其基础在于要大力专业化地培养大批的民族医药人才队伍。一方面，需要对当前散落民间的民族医药人才进行正式的组织化、职业化引导，为他们提供更多的医疗硬件支持，从而更好地发挥他们对农村老年人的健康支持作用。另一方面，将涉及老年病的民族医药人才培养直接纳入专业医学院校，以更大规模的专业化方式来培养涉及老年病的民族医药人才，同时要制定政策将这些人才导入基层医疗体系，为农村较为严峻的老龄化医疗需求提供服务。

二　整合乡镇级医养资源供给

（一）乡镇级医养机构签约式整合

目前在欠发达地区的乡镇级养老机构多为政府建设的公益性敬老院，其承担着国家的“兜底”职责，主要负责供养农村“三无”“五保”老年人。针对养老机构中老年人集中的特点，为了加大医疗资源对老年人健康的支持力度，应将医疗资源放入养老机构，并形成固定的作业程序，通过简化医养机构的联系程序，促使医疗机构更高效地为机构中养老的老年人服务。在欠发达地区的乡镇，医养机构之间的整合应该首先考虑它们之间的签约式整合，其原因如下。

第一，早期医疗机构、养老机构功能定位局限。实际上，强调医疗机构与养老机构的整合是随着人口老龄化问题凸显而被提上日程的，因此早期的医疗机构只是专注于与医疗相关的服务，同样养老机构也只是专注于“三无”“五保”老年人的生活照料。在乡镇整合医养资源最经济理性的策略是在存量的医养机构现有基础上谋求整合。第二，乡镇医疗资源及医疗水平有限。受乡镇自身的经济发展水平及全国总体医疗资源配置的限制，乡镇医疗资源及医疗水平是有限的，相应地能够满足老年人医疗需求的程度也是有限的。乡镇医疗机构难以通过自身来提供养老服务，从而加大其在老年人健康养老中的医疗投入力度。第三，老年人的医疗需求类型不同。在养老机构中的老年人对医疗服务的需求并不是同质、均等的，总体来看，有重点医疗需求的老年人，如重度失能老年人，人数是很少的，乡镇医疗机构更需要满足老年人的常规医疗需求。总之，考虑现有的条件，乡镇级医养机构签约式整合应该成为首要考虑的方式，并且可以通过以下三方面的签约内容来实现。

其一，制度化医疗卫生人员对养老机构的巡查。医疗卫生人员定期进入养老机构开展疾病预防的管理与指导工作，包括慢性病防治与管理、保健服务、卫生监督、疾病诊治等。为老年人进行定期的体检，建立健康档案，对老年人健康状况进行评估；开展流行病防疫工作，对养老机构的公共卫生情况进行督导；针对老年人进行健康知识教育，主要针对常发的老年病进行普及宣传与教育；对慢性病患者进行指导与治疗，指导、督促老年人进行适度的锻炼，鼓励老年人参与力所能及的活动，以保持良好的肢体、思维功能状态，积极培养老年人的自我保健意识；对失能老年人进行医疗护理，为老年人提供精神保健服务。

其二，制度化医疗卫生人员对养老机构的出诊。除了在定期的巡查中对患病老年人进行诊治，还需对机构内老年人的身体健康做出及时响应、及时处理，为了方便老年人生活与就医，以乡镇卫生院医生进入养老机构诊治为常态，以入院治疗为例外。一是及时关注老年人身体状况。在依赖养老机构中的护理人员、工作人员进行人工关注的同时，逐步增加信息化的身体指标检测设备，利用信息技术对老年人的身体指标即时检测。二是及时进行初诊服务。应利用现代的网络技术，在乡镇卫生院与养老机构之间建立 24 小时不中断的视频、语音连接，以确保对患者及时进行初步诊断。三是在远程初诊的基础上分类应对。初诊医生能够直接开出处方指导护理人员解决的，则通过远程解决；初诊医生无法解决，需要专业医疗人员上门服务的，则由专门人员上门处理；对于判断必须入本院或上级医疗机构进行治疗的，则立即启动接诊响应，做出接诊准备。

其三，制度化医疗机构对养老机构中照护人员的技能培训与工作督导。医疗卫生人员定期对养老机构中的照护人员进行基本医疗及健康知识培训，同时对相应的医疗卫生工作进行督导。对失能老年人的护理人员进行技能的培训与工作监督，确保在基础护理上的清洁卫生，以避免感染发生；对不同慢性病患者日常照护人员的注意事项进行培训与工作督促等，培训其了解一些基本的治疗器械和药物的使用目的、使用方法和注意事项，使之能够承担一些辅助工作，如观察、测量生命体征、日常用药等，配合和协助医疗人员完成老年病治疗过程中的护理工作。对养老机构的公共卫生状况进行检查，以确保符合公共卫生要求；对组织的老年活动提供指导并进行健康评估。

（二）乡镇级医养机构功能拓展式整合

虽然签约能够实现乡镇级医疗机构对养老机构医疗服务的持续、稳定介入，但总体来看，这两种机构各自的功能定位使它们彼此通过签约方式达到的整合有其内在的限度。比如，医养机构作为两种交易主体，它们的签约服务存在很高的成本，其构成了签约整合的内在障碍。随着社会更加平衡和充分的发展，在欠发达地区农村，医养机构的服务能力也会不断得到提升，为了更好地实现医疗资源支撑养老，提高健康老龄化水平，满足老年人对美好生活的需求，也需要通过对这两类机构进行功能拓展，从而不断开拓医养资源整合的新途径。

针对欠发达地区乡镇养老服务机构主要依赖公共医疗卫生资源的状况，结合欠发达地区乡镇医疗卫生机构的功能定位以及实际情况，乡镇级医养机构可以进行“相向”的功能拓展。对这种功能拓展而言，最理想的状态就是两种机构各自通过自身的功能拓展就能基本满足老年人养老及健康的需求。不过由于乡镇经济发展水平及其医疗养老资源的限制，尽管医养机构功能拓展式整合有助于提升医养资源融合度，但是通过功能拓展来推进医养资源整合也存在自身的限度。因此，一般而言，乡镇级医养机构可以根据自身的实际状况进行如下两方面的功能拓展，以更好满足老年人的健康养老需求。

第一，养老机构拓展“医”的功能。这里“医”的功能并不是指医生进行处方处理的医疗诊治，而是努力提高养老机构与医疗机构的配合能力。一是提升养护人员的医疗卫生知识水平，通过培训、继续教育、人员更替等手段，养老机构护理人员逐步具有了日常的医疗护理能力，既实现了养老机构中的医疗护理与基础养护相结合，也大大提升了远程医疗的效果，总体上节约了医疗资源，提升了为老年人的服务效果。二是硬件上逐渐增加配备便于医疗资源介入的设施，如在养老机构内设置医务室，配备基本的检查设施以及常用药品，作为医疗机构定期巡查养老机构的基础，也可以视需要将其作为长期派驻医生的工作场所。

第二，医疗机构拓展“养”的功能。乡镇卫生院可以通过调整现有床位结构或者新增床位的办法提升护理服务水平，用于接纳需要医疗支持的康复老年人和轻度失能或者半失能老年人。在拓展此项服务的时候要与养老机构紧密配合，需要养老服务机构为这部分老年人提供生活服务。因乡镇医疗机构与养老服务机构地理位置上的接近，长期入住卫生院护理床位的老年人的饮食、日常起居用品的卫生保洁等也可以由养老服务机构承担。

三　充分发挥乡镇级医疗机构对居家养老的“枢纽”功能

（一）扩展乡镇级医疗机构居家养老服务功能

基于居家养老是当前主要的养老方式，医疗资源对居家养老的支持是欠发达地区农村医养结合服务的主要切入点。在欠发达地区农村，相较于村级医疗机构，乡镇卫生院无疑具有更为专业的医疗技术能力，相较于县级医疗机构，它又更为“贴近”农村老年人。在一种上连下通的医疗服务实践中，乡镇卫生院在满足农村老年人的健康养老需求上无疑具有一种“枢纽”的功能。具体而言，可以从两个方面看乡镇级医疗机构的枢纽功能，这也就意味着可以通过扩展其功能的方式强化其对居家养老的医疗服务支撑。第一，相较于县级医疗机构，在乡镇级医疗机构，居家养老老年人能够更为便捷地享受到较村级医疗更为专业的医疗服务。在欠发达地区农村，由于经济社会地位、健康素养、交通状况等限制，老年人通常在身患重病的时候才会选择到县级医疗机构就医。因此，客观上农村老年人的医疗健康需求处于“抑制”状态。相较于县医院，乡镇卫生院分布更为分散，老年人能较为便捷地获取医疗服务，扩展乡镇卫生院医疗服务的枢纽功能将直接有助于提升老年人健康养老质量。第二，充分发挥乡镇级医疗的枢纽功能将优化农村三级医疗服务网的资源配置，从而缓解县级医疗机构在承担农村老年人健康养老需求方面的压力。随着老龄化的进一步加剧，县级医疗机构将承担着越来越大的医疗服务压力，扩展乡镇卫生院的医疗服务功能将直接以更为分散的网络满足老年人的健康养老需求，从而优化三级医疗网的服务能力。

鉴于乡镇级医疗机构在老年人健康养老需求满足及优化农村医疗资源方面的枢纽性作用，可以从三个方面扩展乡镇级医疗机构对居家养老老年人的服务。第一，扩展其针对老年人的医疗设置。首先，这需要乡镇卫生院建立相应机构及设置相应人员以承接、整合县级优质医疗资源的下沉，使老年人更多的专业医疗需求在乡镇卫生院就能得到满足。比如建立联合的家庭医生签约团队，提升乡镇级医务人员专业技能及管理组织能力。其次，在条件允许的乡镇卫生院，设置老年病科、老年人就医专属通道。通过对老年人的健康管理档案的联通，提升老年病科及老年人就医专属通道的服务效能。第二，扩展其针对老年人的医疗内容。首先，这需要提升乡镇卫生院针对老年人大病、重病的治疗能力，完善其医疗转诊制度，以便更加科学合理地解决老年人的医疗问题。其次，设置康复、护理方面的服务内容，让老年人在疾病诊疗的过程中享受更多且优质的健康护理服务。第三，强化乡镇级医疗对村医的医疗能力支持。乡镇卫生院需要大力提升村医的专业医疗能力，并且最好是能将这种提升以一种制度化的方式稳定下来，通过这种方式使其间接满足老年人的健康养老需求。总之，可以从这三方面来扩展乡镇级医疗机构对居家养老老年人的服务功能。

（二）强化对村级医疗机构介入居家养老服务的监督与管理

乡镇级医疗机构枢纽性功能的更好发挥，除了需要扩展其针对居家养老老年人的医疗服务功能，还需要对村级医疗机构介入居家养老服务的工作进行监督、管理。当前，村卫生室主要承担公共卫生服务和开展基本医疗服务，一般一个村卫生室有 1～2 个村医，但是其与乡镇级医疗机构不存在隶属关系。从村医收益构成来看，一是承担公共卫生服务所获得的政府购买服务的费用，二是为村民提供医疗服务所获得的报酬。现行的职责体系导致了村医“个体化”倾向，工作上以任务为导向，缺乏程序管理，过程监督缺位。在目前村医承担的基本公共卫生服务中，除了直接指向老年人的健康管理这一项，还包括建立城乡居民健康档案、开展健康教育、中医药健康管理、慢性病患者管理、健康素养促进等项，应把老年人作为工作重点对象进行管理。村级的医养资源整合要将这些涉及老年人的公共卫生项目，以及为老年人服务的基本医疗项目重点突出，并以老年人为中心提升服务质量。针对现有的村医管理与运行机制，可以从以下几方面对村医服务老年人的过程加强管理。

第一，强化源头管理。这主要包括提升村医为老年人的服务能力和服务意愿两方面。一是加强培训，提升村医对老年人的服务能力。在“医”方面，重点培训老年科的相关内容；在“养”方面，重点培训老年人护理方面的技能，使村医具有“医”“养”两方面的复合技能。二是强化对村医的经济保障，提升其为老年人服务意愿。在医养结合服务体系下，针对村医为老年人提供基本医疗服务和公共卫生服务劳动付出的增加，政府购买公共服务涉及老年人部分应单列并相应提高价格，为老年人上门服务也应计算报酬，由新农合和个人统筹解决。

第二，利用现代通信技术，强化服务轨迹管理。一方面，将全村的老年人的地理位置建立数据库，对需要重点观察的老年人利用现代通信技术实时跟踪。另一方面，村医在为老年人提供服务（特别是上门服务）时，打开通信设备，利用通信设备的定位系统，上级主管部门可以根据村医工作期间的行动轨迹与老年人的空间布局进行比对，确保村医对老年人的定期巡查与上门服务等涉及老年的服务按要求实现。

第三，及时反馈，加强效果监控。建立多渠道的村医服务老年人的反馈系统，既能监督村医的服务质量也可以更好地掌握老年人的状况。以村医反馈系统为主，即村医在为老年人提供服务时，将老年人的情况进行记录并及时向上级主管部门反馈；以老年人对村医服务满意度反馈为辅，即定期对老年人进行关于村医的服务内容与满意度的调查，以了解村医对老年人的服务状况。此外，以基层自治组织的反馈为补充。农村的村组干部要对区域内的老年人接受医疗服务的状况进行关注，对异常情况要及时上报上级部门。

第三节　县级医养资源整合的服务体系建构

一　整合县级医养资源

（一）县级医养机构签约式整合

与乡镇一样，为了更好地服务于养老机构中老年人的健康养老需求，将现有的医养资源整合起来的最为便捷有效的方式是签约。在欠发达地区农村，无论是体现政府承担社会“兜底”责任的公立中心敬老院，还是民营或民营公建的社会福利机构，获得医疗支持最经济的途径就是依赖于现有的医疗卫生资源，通过签约的方式整合现有的医疗卫生资源，在为养老机构提供更为持续而稳定的医疗服务的同时，发挥各自领域的专业优势。

就县级医养机构而言，它们的签约主要可以包括四个方面。一是将医疗机构对养老机构中老年人的医疗服务制度化。根据养老机构自身的条件，可以由医疗机构向养老机构派驻医生，设立卫生室，也可以不派驻医生，通过定期巡查的方式为养老机构中老年人提供相关的医疗服务。二是为养老结构中的护理人员提供基本医疗知识培训。实际上，养老机构中许多老年人的一般医疗需求，可以通过医疗机构对护理人员进行专业的医疗知识技能培训而得到解决。养老机构中的护理人员通过这种大范围、专业化的培训，能从整体上满足老年人健康养老需求，提升服务的质量。三是建立就诊快速通道。当养老机构的老年人需要进入医疗机构就诊时，能够尽快地接受医疗机构的医疗服务。既包括优化接诊作业流程，缩短医疗的响应时间，也包括空间上的优化，使老年人可以在更短的时间内从养老机构到达医疗机构接受医疗诊断。这意味着养老机构的选址应尽量接近医疗机构，并且在二者之间，特别是应在与医疗机构的老年科和较多涉及老年人的医疗科室之间构建快捷的交通线。四是建立医疗、养老便捷转化系统。养老机构内设置符合医疗标准的床位，以便于一些需要医疗护理的老年人可以在养老机构接受医疗护理服务，而不需要进入医疗机构。针对部分必须入院治疗的患者和需要长期医疗护理的老年人，可以由与医疗机构地理空间接近的养老机构提供护理支持。

（二）县级医养机构功能拓展式整合

与乡镇一样，县级医养机构也可以通过功能拓展的方式来整合医养资源，从而更好地满足老年人的健康养老需求。功能拓展包括在养老机构中拓展“医”的功能、在医疗机构中拓展“养”的功能。不过，县级医疗机构与养老机构为老年人提供服务的能力远强于乡镇级相同的机构，即县级的医养机构有更强的能力拓展另外一种功能。因此，县级医疗机构和养老机构可以根据自身的实际情况做一种“相向”的功能拓展。同时与乡镇医疗机构相比，县级医养机构有更大的拓展空间，从而能为相关老年人提供更好的健康养老服务。

在养老机构中拓展“医”的功能。医疗服务是一个专业性很高的领域，如果不是建立高水平的专业医养一体化机构的话，在养老机构中拓展“医”的功能可以仅以应对一些常见病、多发病为指向。实际上，就老年人的医疗需求来说，除了较少的短期内对重点医疗的需求，以及重度失能、失智老年人对长期重点医疗的需求，大多数老年人只是有一些应对基本疾病的一般医疗需求。对一般医疗需求而言，实际上它可以通过在养老机构中拓展“医”的功能加以解决，这既方便了老年人寻医问药，缓解了县级医疗机构的医疗压力，也拓展了养老机构的业务，增强了老年人的安全感、归属感。县级养老机构可以从不同方面推进“医”的功能拓展。第一，招聘一定数量的具有专业照护及基本医护知识技能的从业人员。将这些人员作为推动养老机构服务转型的中坚力量，从而进一步明确自身在未来养老领域中的定位。第二，通过与医疗机构对接的方式对护理人员进行基本医疗知识的培训。这种与医疗机构对接的常态基本医疗知识培训，会进一步提升养老机构拓展“医”的功能的整体品质。第三，建立医疗场所，比如医务室，并购进应对常见病及多发病的医疗药品、医疗器械。这是拓展“医”的功能的最为基础的方面，能为老年人基本医疗需求的满足提供基本的工具。

在医疗机构中拓展“养”的功能。为了使医疗机构更好地满足老年人，特别是一些需要进入医疗机构长期接受治疗的老年人的生活照料需要，避免短期的医疗间隙在医疗机构与养老机构之间出现，医疗机构也应积极拓展养老功能。根据自身的不同情况可以采取不同的措施。第一，可以采取与地理位置相近的养老机构合作的形式，由专业的养老机构在治疗间隙期为老年人提供专业的生活护理。第二，通过调整布局或者新添置的形式设置护理床位，增添养老设施，配备养老护理人员，通过内部增设养老服务部门的形式，开展医疗间隙期的养老护理业务。这种方式既拓展了新的业务、方便了老年人，也可以方便医疗和生活的衔接，更好地促进患者的康复。第三，可以由医疗机构的出资方，或者医疗机构投资兴建或者收购养老机构。两者在业务上就可以实现紧密连接，在老年人这一目标群体上实现业务互补。

（三）建立县域医养一体化机构

随着老龄化的加剧，医养结合作为应对老龄化的方法不断地得到重视，也在实践中得到不断发展。从更好地满足老年人健康养老需求的角度来说，在医养结合的所有方案中，医养一体化机构是最理想的选择，它在同一个机构中将两种资源融合，老年人可以很方便地满足自己的健康养老需求，过上一个更好质量的晚年。尽管医养一体化机构可以根据老年人健康养老需求程度的不同提供服务，但是作为一种较为理想的养老方式，其效用体现在它可以用一种更为专业的方式解决失能、失智老年人的健康养老需求问题。实际上，一方面，居家养老仍然是主要的养老方式；另一方面，进入医养一体化机构养老的成本较高。所以医养一体化机构想解决养老问题更主要的是要集中面对重度失能老年人的养老需求。

在欠发达地区农村，建立县域医养一体化机构的关键在于解决其运营成本问题。这要求，县域医养一体化机构应该以其社会保障的属性，来更好地满足农村重度失能老年人的健康养老需求，将机构养老中的及居家养老中的重度失能老年人纳入县域管理，通过医养一体化机构来专业化地解决其更为特殊的健康养老需求。基于以下四方面的原因，在欠发达地区农村，建立县域医养一体化机构对满足老年人个体的健康养老需求、更好地解决老龄化问题有重要意义。

第一，健康老龄化的伦理要求。虽然长期以来，由于城乡经济社会发展水平的不平衡，农村老年人在获取更好的医疗资源，满足自己的健康需求上有较大的困难，但是随着健康老龄化战略的提出，农村老年人在满足自己的健康需求上有了更多的可能性及现实条件。建立县域医养一体化机构有健康老龄化的伦理需求。

第二，结构性存在的老年人长期重点医疗需求。无论是通过机构的方式养老，还是通过居家的方式养老，从医疗需求的角度来看，可以将老年人医疗需求大致划分为一般、短期重点和长期重点三种类型。受到身体机能自然衰弱规律及不同疾病的影响，在欠发达地区农村，老年人的长期重点医疗需求，比如失能老年人，始终有一个结构性总量存在。在欠发达地区农村，有长期重点医疗需求的老年人对建立县域医养一体化机构有客观需求。

第三，失能老年人缺乏专业照护。在欠发达地区农村，无论是养老机构还是家庭，基本上都缺乏相应的专业照护知识及技能来满足失能、失智老年人的养老需求。无论是前者还是后者，只要老年人还有生活自理能力，老年人的养老生活在最低程度上就还能得到满足。而一旦失能，由于机构或家庭缺乏专业的照护知识及技能，其养老质量就会大幅度下降。这种状况将进一步凸显对建立县域医养一体化机构的客观需求。

第四，家庭经济收入的薄弱及不稳定。在欠发达地区农村，无论是老年人自己还是子女家庭，收入都较为薄弱和不稳定。前者主要靠国家统一发放的基本养老保险金，如果有劳动能力的话，还能通过与土地结合劳作获取一定的收入；后者则主要靠进城务工、经商获取经济收入，其收入严重受到经济环境及自身知识技能的限制。这就意味着，家庭不可能为失能老年人购买更高质量的专业养老服务，老人只能以一种局限的居家养老方式来“草草”地度过自己的晚年生活。

在国家提倡健康老龄化的当下，无论是机构养老，还是居家养老，重度失能老年人应该得到更为妥善的医养保障，从而度过一个较有生活质量的晚年。在欠发达地区农村，县域医养一体化机构的建立就是要以一种专业医护的方式来解决这部分老年人的健康养老问题。不过，鉴于县域医养一体化机构比乡镇或县级的医养结合机构拥有更强的医疗、护理方面的专业性，因此无论是对运营成本还是对其中的工作人员都会有更高的要求。在欠发达地区农村，在医护的专业性及资金支持等方面，无论是村级，还是乡镇级都没有能力应对这一问题。具体而言，从以下几方面条件来看，更宜在县城建办医养一体化机构。

第一，在县域内有规模适度的重度失能老年人。将县域医养一体化机构面对的目标群体指向重度失能老年人，这意味着可以控制规模，实际上也就降低了运营的成本。而除此之外的老年人，可以根据他们的不同需求由更深度的医疗、护理服务介入家庭或者养老机构。在欠发达地区农村，乡镇范围内，仅从重度失能老年人的规模来看，它都无法满足建办专业性医养一体化机构的要求。只有将县域内各乡镇的重度失能老年人都集中到县城才能形成适度规模，从而能更好整合医养资源，使其更为有效地满足这部分老年人的健康养老需求。

第二，更有保障的专业化医护人员供给。在农村三级医疗服务网中，县级医疗机构处于核心地位，它拥有更为丰富的医疗资源，其医疗水平也较为高超。在建办县域医养一体化机构的早期，其对专业医护人员的需求，可以通过县级医疗机构的人才输送政策而得到有效解决。县域医养一体化机构运转进入正轨后，通过与县级医疗机构合作培训的方式可以进一步补充专业医护人员。另外，相较于乡镇，县城也拥有更好的生活条件，为县域医养一体化机构招聘专业医护人员提供了较强吸引力。

第三，更为有力的资金支持。除了专业的医护人员，县域一体化机构建办的最大障碍在于如何得到更为稳定的资金支持。相较于其他类型的医养结合型机构，医养一体化机构的专业化水平更高，其服务的对象更为特殊，它需要有大笔的资金支持，否则难以持续保障自身的运营。欠发达地区的县政府在解决县域医养一体化机构的资金保障问题方面，更有能力探索并建立长期护理险制度。一般而言，长期护理险制度的资金主要来自医保资金划拨、财政补贴和个人，针对欠发达地区农村的特殊情况，在个人资金投入方面，针对特殊困难家庭的重度失能老年人，政府应该有更大的财政支持力度。

二　充分发挥县级医疗机构对居家养老的“轴心”功能

（一）建立居家老年人“重”“难”病症县级医疗支持网络

县级医疗卫生机构在职能定位上既承担着全县范围内常见病、多发病的诊治任务，也承担着“急危重”症抢救和复杂疑难病症诊治任务。但事实上对欠发达地区的农村老年人而言，多数情况下只在患有“急危重”症和复杂疑难病症时，才会选择县级医疗卫生机构。因此，对于欠发达地区农村的医养结合服务体系而言，不但需要县级医疗卫生资源与养老机构的无缝衔接，还要使居家养老老年人中的“重”“难”病症患者获得县级医疗卫生机构的便捷诊治。

第一，建立“危急重”症老年人的快速接诊网络。针对农村老年人患“危急重”病症，需要进入县级医疗卫生机构就诊时，县级医疗卫生机构可以及时做出反应，使患病老年人能够尽快接受县级医疗卫生机构的诊疗服务，这主要依赖于多方面的紧密配合。一是建立重点老年群体的健康关注系统，通过医疗卫生系统对老年人的健康档案数据进行处理，对一些易出现高危症状的老年人，如高血压、心脏疾病患者等进行重点关注，做好快速接诊的基础准备。二是以基层医疗体系“送”为主，以县级医疗卫生机构“接”为辅。针对很多欠发达地区农村地广人稀，常规地依赖于从120急救中心出发的救护车，会需要很长时间的情况，应依赖于三级医疗体系的纵向连接和医护的横向扩充，进行区域规划。地理距离近的以“接”为主，地理区域较远的则以“送”为主，或者“送”“接”结合分段进行。三是优化接诊流程，利用大数据和信息技术，对需要入院接受诊治的患者情况进行实时传送，预估入院时间，形成接诊预案，合理做好接诊准备。

第二，建立老年患者治疗期和康复期的医养衔接网络。很多老年患者往往需要较长的疾病治疗期和康复期，也可能伴随间隙的治疗。为了更好地服务老年患者，也为了提升医疗资源的服务效率，需要快速地实现老年人在医养之间的转换。一是要依赖于上文涉及的医养机构之间的无缝转换。二是要根据病情状况，及时转移到下级的医疗机构，由下级医疗机构与养老机构提供服务。三是在后期的康复中，医疗机构需要通过多种渠道关注患者康复进程，也需要对日常生活照料提供监督服务，确保医嘱得以实现。

第三，建立复杂疑难病症的服务网络。从欠发达地区农村当前的状况来看，县级医疗卫生机构无论在客观上还是在农村老年人心目中，都是当地最高水平的医疗机构。对于疑难病症的老年患者，县级医疗机构应该根据病情状况进行分类处理。一是对于本级医疗机构能够确诊，并且有较好的治疗手段能够实现较好效果的患者，应积极动员其入院治疗。二是对于本级医疗机构无法确诊的患者，也应将病情症状以及身体检查状况详细记录，通过各种交流的机会向更高水平的医疗机构求教，争取获得一个较为明确的诊治方向。三是对于以当前的医疗水平无法确诊，以及可以确诊但当前仍无有效治疗手段的患者，要在缓解患者痛苦方面给予支持并要做好对患者或家属的解释工作，既要尽量缓解患者痛苦又要避免对患者的无效和过度医疗。

（二）推进县级优质医疗资源沿居家养老服务网下沉

在农村三级医疗服务网中，相较于乡镇级和村级，县级医疗机构的医疗服务能力更强。但是由于好的医疗资源主要集中在县城，除非有特别的需求，并且自身情况也允许，否则很多农村老年人无法享受到县级较为优质的医疗资源。为了农村老年人能更好地享受县城优质医疗资源，也为了能形成更为合理的农村老年人健康养老服务的纵向体系，应该推进县级优质医疗资源下沉。主要可以通过以下几方面展开。

第一，推广医共体建设。县域医共体建设要求县乡医务人员统一招聘、集中培训、统一管理，这其中的障碍在于打破单位、科室、身份限制，而其目标则是实现合理轮岗、有序流动、统筹使用。在落实医务人员“县招乡用”政策的同时，医共体将加强以群众受益为导向的绩效评价考核，推动医共体更好完成带基层、提能力、促健康的新职责，从而为基层医疗卫生发展注入活力。在医共体组建之后，县医院要加强对卫生院的技术指导和人员培训，提高卫生院诊疗水平，同时加强重点专科对口扶持、双向转诊等医疗服务，为老年患者提供安全、有效、方便、价廉的基本医疗服务。

第二，由县级医疗机构牵头，纵向组成医疗团队，发挥“传帮带”作用，提升乡镇、村两级医疗卫生人员水平。组成三级医疗卫生团队，由县级医疗机构中高水平的医护人员作为带头人，加强上下联动，下级医疗机构通过各种手段向高水平医务人员学习。同时可以通过扩展家庭医生签约团队职能的方式，形成实现“传帮带”功能的团队。

第三，充分发挥信息系统的作用，开展纵向的远程医疗协助。

按照现有的条件可以在乡镇卫生院处理的患者，医疗卫生人员在必要的时候可以联系县级医疗机构，共同参与会诊，以提升诊断质量。同时，加大县级医疗卫生力量对服务于居家养老一线村级医疗卫生人员的支持力度。

第四，加大对乡镇级医疗机构的专家支援力度。上级医疗机构根据条件和需要选派专家对乡镇级医疗机构进行支援。支援的方式应灵活多样，既包括直接任职、挂职等持续一段时间的到乡镇医疗机构工作，也包括针对单一患者的赴乡镇卫生机构的一次性支援，还包括就自身专长给乡镇级医疗卫生人员进行培训。

小结

受相应的社会历史及经济发展等诸多限制，欠发达地区农村的老年人养老总体上存在养老资源薄弱和医疗资源匮乏的状况。基于这种基本事实以及公平健康福利理念的引导，要改善欠发达地区农村老年人的健康生活福祉，只有对欠发达地区农村多层次医养资源整合体系进行再形塑。

对欠发达地区农村医养资源整合体系的形塑主要包括基本条件和核心逻辑两点。就前者而言，一方面欠发达地区农村老年人在养老方式上主要包括居家养老和养老机构养老，并且居家养老在老年人的养老方式中所占比重非常大；另一方面这两种类型的养老方式卷入的医疗支持主要集中在村级、乡镇级和县级层次，并且老年人病患中的轻症、常见病集中于前两层级。针对这种基本条件，形塑的核心逻辑需以不同养老方式为着力点，将针对居家养方式的县级、乡镇级、村级医疗资源形塑成“轴心 + 枢纽 + 网底”的“资源下沉，分级诊疗”一体连带体系，同时将乡镇和县两级的养老和医疗机构进行“彼此对向”整合形塑。

就针对居家养老方式的三级医疗体系形塑而言，由于绝大多数老年人在村庄中生活，在村级应该基于“网底”的角度来形塑，通过强化养老的家庭支持能力和重振养老的邻里互助支持来优化养老资源供给，重置村级医疗服务体系和提升村医的养老服务能力优化医疗资源供给，建立起村医疾病“预防＋诊治＋介入照护”的支持网络。乡镇级应该从“枢纽”的角度来形塑，一方面要强化其在三级体系中的承上启下功能，充分做好县级以及其自身的医疗资源对村级医疗的直接支持工作；另一方面则要强化其对村医非专业业务方面的监督和管理能力。由于县级在医疗上具有相对更加凸显的能力，应该从“轴心”的角度来形塑，一方面强化其针对居家老年人“重、难”病症的覆盖能力，另一方面则是推进其对乡镇特别是村级的医疗资源下沉。就针对机构养老方式的医养资源整合形塑而言，根据各个机构自身的情况，一方面，要促进医疗机构和养老机构的签约式整合和功能拓展式整合，同时随着各机构条件的成熟应该更多地朝着功能拓展式整合方向推进服务；另一方面，针对居家和机构养老方式中重度失能老年人，应该尝试建立“县域医养一体化机构”。在这种旨在提升欠发达地区农村老年人健康养老福祉的医养资源整合形塑安排中，应该以围绕居家养老方式的县级、乡镇级和村级的纵向医疗资源优化、整合为主，以横向机构养老式医养资源整合为辅，主、辅连轴推动，形塑以医促养的健康养老服务大局。

第八章　欠发达地区农村多层次医养资源整合体系保障制度构建

根据当前我国的发展历史阶段和欠发达地区的客观状况，在欠发达地区农村可以通过构建多层次医养资源整合的健康养老服务体系来推进医养结合，促进健康老龄化。对于欠发达地区农村多层次医养资源整合的健康养老服务体系而言，既需要相应的制度对相关主体发挥制约与使能作用，使其向着有利于促进这一体系构建的方向行动，也需要相关的行动者通过发挥自身的能动性促使制度形成。所以，在推进欠发达地区健康老龄化过程中也需要深入地探讨如何“创造”出一套制度来进行保障。我们可以按照不同主体在制度创建中的特点将涉及的行动者分别归为政府、市场、家庭、社会四类。这些行动者既是需要构建出制度进行制约与使动的主体，也是农村健康养老服务体系保障制度建立的能动者。所以，可以根据这四类行动者的特点与作用发挥其能动性促进农村健康养老服务体系保障制度的形成。

第一节　发挥政府的主导保障作用

政府是国家权威的代表，代表国家行使合法强制的权力，是当今社会主要的规制性制度的供给者，在一定历史时期内政府还是欠发达地区健康养老服务体系主要的资源供给者。所以，政府在制度建立的过程中有责任有能力承担起主导作用。本章采用广义的政府概念，指的是行使国家权力的所有机关，包括一切依法享有制定法律、执行和贯彻法律，以及解释和应用法律的公共权力机构，从横向而言既包括立法、行政和司法机关，也包括居于领导地位的中国共产党；从纵向而言包括各级党委、立法、行政、司法机关。

一　树立“底线公平”的理念

党的十九大报告明确指出，“积极应对人口老龄化，构建养老、孝老、敬老政策体系和社会环境，推进医养结合，加快老龄事业和产业发展”①。作为积极推进健康老龄化的医养结合自然具有“事业”与“产业”的双重属性。健康老龄化立足于全体老年人的整个老年时期，老年人的情况是多样的，对医疗与养老的服务需求也具有多样性。针对老年人对医疗与养老服务需求多样性的特点，其提供主体就不能只是单一主体，也不能只是单一模式，需要政府、市场、家庭、社会四大主体协调努力。处理好这几者关系的核心是政府守住“底线”并确保“底线公平”。政府要守住的“底线”，指的是“基础的部分，这是政府必须保障的”；而“底线以上的非基础部分，可以由市场、由家庭和个人去负责”（景天魁，2012）。对于养老方面而言，“一个老人依靠最低生活保障加上卫生保健和医疗救助，就可以获得最基本的社会保护，这是政府的责任”（景天魁，2004）。老年人在医养方面的公平可以被视为社会的“底线公平”，这是政府必须托住的“底线”。欠发达地区农村健康养老服务体系中的“底线公平”应体现为政府要保证全体老年人都可以平等地享有当前各项政策带来的“基础”福祉。这个“基础”福祉是一个与社会经济发展相适应的动态概念，并不能等同于低水平。立足于我国城乡发展不平衡的基本国

① 习近平：《决胜全面建成小康社会夺取新时代中国特色社会主义伟大胜利——在中国共产党第十九次全国代表大会上的报告》，中国政府网，2017 年 10 月 27 日，http://www.gov.cn/zhuanti/2017-10/27/content_5234876.htm，最后访问日期：2022 年 4 月 21 日。

情考虑，如何确保处于“不利地位”的欠发达地区农村老年人群体达到与时代相符的最低医养水平是在发展中需要面对的问题。当前，我国的发展正处于“推动非均衡发展战略向全面均衡发展战略的切换”（朱碧波，2018）阶段，各方面已经进入了一个新时代，随着社会的发展，国家层面对需要守住的“底线”不断明确，其守住“底线”的能力也不断得到提升。“医疗卫生和养老服务资源实现有序共享，覆盖城乡、规模适宜、功能合理、综合连续的医养结合服务网络基本形成”①，这既是国家对医养结合服务的要求，也是政府应该守住的“底线”。所以，为了推进欠发达地区农村健康养老服务体系的有序运行，政府树立“底线公平”的理念既有其必要性，也有其可行性。政府可以从以下几方面着手促进“底线公平”理念的形成。

（一）明确“底线”职责清单

对于行使公共权力的政府而言，其行为受到严格的限制，即“法无授权不可为”。首先，政府的作为与不作为面对的是合法性考量，即是否有明确的法律法规的规定；其次，政府的自由裁量权，也只是在明确的法律法规的指引下的自由裁量，其合理性考量源于是否符合法定的目的、是否具有正当动机，必须符合公正法则。所以，应通过法定的程序明确医养结合服务体系在欠发达地区农村需要实现的目标，明确政府在行为、权限等方面的“底线”职责体系。这也是对政府在构建欠发达地区农村健康养老服务体系中的“强制”性要求，需要将其纳入政府内部的考核指标，严格执行。具体而言，政府必须确保公共预算供给，承担相关人才队伍的建设职责，提供医养设施的保障，对相关行业进行监管等。

现阶段我国的“不平衡不充分”主要表现为全国范围内不同

① 《国务院办公厅转发卫生计生委等部门关于推进医疗与养老服务相结合指导意见的通知》（国办发〔2015〕84号），2015年11月20日。

区域、不同领域之间发展的不平衡和一些地区、一些领域、一些方面发展的不充分。为此，需要在国家层面强调公平导向的公益性，更加关注普惠性，加大资源的投入力度，对发展不充分区域给予平等的关照。对于欠发达地区所处的历史阶段来说，依靠自身还未完全摆脱“落后的社会生产”的境遇，很难托得起“医养结合”的“底线”，在欠发达地区农村健康养老服务体系的构建中政府的“底线”需要国家来守住。国家顶层设计层面要对欠发达地区农村健康养老服务体系做出规划，并明确当前历史阶段应达到的水平；地方操作层面应根据自身的资源状况规划出多样的政策手段，确保政策目标得以实现。

（二）推进“底线公平”职责体系内化

通过法定程序，明确政府的“底线”职责清单只是构建政府“底线公平”理念的前提，还需要将这些明确的规制性职责变为政府自身的行动规范，最终要将在养老领域的“底线公平”视为判断政府行为合理性的价值基础，将守住养老领域的“底线公平”视为政府“理所当然”的职责。这样，才能全方位地保障政府在构建欠发达地区农村健康养老服务体系中承担起“底线”责任。结合我国政府体系的现状，可以从以下两方面着手推进政府“底线公平”职责体系内化。

第一，明确政府内部的相互期待。在欠发达地区农村健康养老服务体系的构建与运行过程中，政府体系内的各主体可以对其他主体积极表达出对其所应持有的价值观与规范的期待。从政府垂直体系而言，国家层面应明确欠发达地区政府在农村医养结合服务中应持有的价值取向，明确其“合适”的做法。同样，各省（自治区、直辖市）政府特别是欠发达地区的政府也应积极向上级政府展示出自身的“期待”。从横向层面而言，立法系统应向行政系统特别是专业管理部门明确其在欠发达地区农村健康养老服务体系中应秉承的价值观与“合适”的做法，行政系统也应明确其对立法部门的立法期待。从作为在各级政府中处于领导地位的党委系统而言，应将欠发达地区农村健康养老服务体系上升到新时代的需求层面，以此来指导立法、行政系统树立在欠发达地区农村健康养老服务体系中的价值观与规范。同时，立法、行政系统也应积极推动党委系统在欠发达地区农村健康养老服务体系中的价值取向与规范的期待。

第二，在行动中推进“底线公平”理念的形成。一方面，“底线公平”的理念需要具体的行动来体现；另一方面，具体推动“底线公平”的行动成为政府的程序性行为，也就意味着惯例的形成，这都有助于“底线公平”的理念形成。结合当前欠发达地区农村养老领域对健康资源的需求状况，各级政府应尽快在以下两方面行动起来。一是明确补贴兜底标准。建议国家尽快出台相应的具体经费保障办法，确保“底线”目标实现；各级地方政府应根据自身权限以及财力情况尽快出台“底线清单以及标准”。一般而言，固定成本投入部分应由政府承担，如场所建设、基础设备、医养队伍的建设与维护、数据系统的建设与维护；边际成本部分可由政府和个人分担，如家庭医生签约服务费用、数据系统的运行费用等。二是将老年人的护理费纳入救助轨道。调查发现，欠发达地区的农民负担新农合、新农保两项保险已经较为困难，再向其筹集部分资金发展老年人护理保险已不太现实，现阶段只能由政府对欠发达地区农村老年人产生的护理费用进行补贴。可将老年群体按身体机能的状况进行评估分类，区分出相应的护理级别，根据全国欠发达地区的经济状况确定一条“兜底线”，核定不同护理级别的护理补贴标准，特别是将失能、半失能老人的护理费用纳入救助体系，以确保在一般的护理水平下，家庭承担部分支出后不影响家庭基本生活和发展。兜底线标准经费由中央财政承担，地方提高部分由地方自行承担，老人进入机构选择更高收费标准的护理产生的差额部分由个人承担。

二　构建参与各方行动者的行动框架

“在制度建立方面，政府具有界定各种政治、经济行动者，以及各种集体行动者的性质、能力和权利的特权”（斯科特，2010：107）。欠发达地区农村健康养老服务体系的构建需要多方的行动者共同参与，为多方行动者搭建有利于这一体系构建的制度框架就是政府应该着力解决的问题。政府应积极做好医养结合服务体系的顶层设计，通过立法确定各种行动者的行动框架。总体而言，政府一方面要对现有的法律、法规、行政规章进行梳理、改革，进一步破除医养结合服务体系构建政策上的障碍；另一方面要根据需要积极制定新的政策以推进欠发达地区农村健康养老服务体系的构建。

（一）明确各方行动者的准入与职责

第一，明确市场主体的准入与职责。“政府引导，市场驱动”①是国家在推行医养结合政策中的一个重要的原则。对于强调医疗资源对养老服务支持的医养结合而言，“市场驱动”指的是在追求利润回报的刺激下政府以外的行动者提供相关医养结合服务的供给，这些行动者既包括民营资本也包括具有国资背景的资本，不但包括提供医疗、养老的服务机构，还应包括相关的多样性推进健康老龄化的服务主体。为此首先就需要明确各类主体的市场准入、退出机制。从市场主体范畴而言，不仅是目前所强调的“鼓励社会力量兴办医养结合机构”②，要有所突破，还应该鼓励提供多样性的支持养老服务的健康资源主体进入养老市场。其主要思路应是立足于当前的社会发展状况，以降低制度成本和有利于健康老龄化为标准，及时制定健康促进养老行业的准入、退出的标

① 《国务院办公厅转发卫生计生委等部门关于推进医疗与养老服务相结合指导意见的通知》（国办发〔2015〕84 号），2015 年 11 月 20 日。

② 《国务院办公厅转发卫生计生委等部门关于推进医疗与养老服务相结合指导意见的通知》（国办发〔2015〕84 号），2015 年 11 月 20 日。

准与机制。

第二，疏通医护人员的介入渠道。为了医护人员能够顺利介入健康促进养老服务体系，就需要着力解除一些原有的规制限制、优化已有的介入渠道，为医护人员介入养老服务提供便利，建立明确的医疗资源介入养老的人力资源通道。如建立医疗人员为机构和居家老人提供上门医疗服务的行动规范及其风险管控机制；推动护士上门服务制度的完善与推广；建立完善的针对老人的巡诊制度、定期护理制度以及公共防疫的上门（入养老机构）服务；加大“家庭签约医生服务”与养老服务相整合的力度。

第三，优化社会力量介入途径。在欠发达地区农村健康养老服务体系的构建中，社会力量是一个重要参与方，政府也需要通过明确的制度设计动员、鼓励社会力量为健康老龄化做出贡献。首先，需要明确社会力量的进入途径。明确公益性组织的介入健康养老服务体系的途径和介入的领域；明确志愿参与健康养老服务体系的行为标准与服务领域；明确其他行动者与社会衔接的机制。其次，必须对进入医养服务领域行动者的禁止性行为进行明确，即不得触碰的底线需要明确界定、惩罚措施必须明确，如对骗补、骗保等行为的明确界定与惩处。

（二）构建参与者的制度性回报体系

第一，明确市场主体的制度性回报。“市场驱动”能够发挥作用就意味着参与的市场主体可以获得利润回报，只有这样才能激励各类市场主体投入欠发达地区农村健康养老服务体系的构建工作，那么就需要政府尽快明确各类市场主体能够获得制度性的利益回报。针对欠发达地区的资源状况，健康养老服务体系需要政府与包括市场主体在内的多方行动者共同努力，市场主体获得的收益必然有一部分源于政府，应尽快将这一部分的政府资源供给予以明确。具体而言，要对欠发达地区农村老人进行分类管理，根据老年人的身体状况制定市场主体对老年人的健康服务标准，并对欠发达地区农村老年人口的护理进行补贴，进一步明确在欠发达地区农村从事健康养老服务的优惠政策，如财政补贴、税费减免、土地优惠使用等。

第二，明确医护人员的制度性待遇。发挥医护人员的积极性对于欠发达地区农村医养结合的实际效果具有至关重要的意义，而明确其制度性待遇是提升医护人员积极性的基础。首先，政府应为农村村医组织化提供法规保障，包括经费管理办法、人力资源配置方式，明确培训、晋升、流通渠道等配套体系。其次，政府应尽快建立拓宽健康资源渠道的规制体系。如设立能够适应健康养老服务的护理标准的人才培训体系，并为医护人员提供较为清晰的就业前景；明确兼职、非全日制医护技能人员介入养老服务的收益回报；养老从业人员拓展医疗知识的回报收益的制度性安排。最后，建立支持欠发达地区农村健康人力资源的激励制度。对介入欠发达地区农村健康养老服务体系建设的医护人员在职称、待遇、晋升、继续教育、流动机会等方面给予适当倾斜，对于非医护人员的其他养老工作人员给予相应的发展支持。

第三，明确家庭与个人的收益期待。在欠发达地区农村健康养老服务体系的构建中，老年人是全程参与的中心，但是老年人并不是完全被动的被供养者，也是具有能动性的能够为医养结合服务提供支持的行动者。在可预期的将来，欠发达地区农村居家养老是老年人主要的养老方式，其家庭与老年人必然是健康养老服务体系构建的重要参与者。政府对此也应做出相应的制度安排，既要将老年人作为服务对象来看待，更要鼓励有条件的老年人发挥自己的能力参与到健康养老服务体系建设中，并为其提供帮助。具体而言，需要做好以下几类制度安排。首先，为老年人建立分类管理制度。按照供养能力分类明确供养责任人，按照身体状况进行分类以确定照护的方式，对不同程度的失能老人家庭给予不同层级照护补贴，重点是建立针对失能老人和患慢性病老人的照护制度。其次，建立老人制度化的互助制度，如建立“时间银行”，也可从鼓励有行动能力的、较为“年轻”的老年人以二次就业的形式参与医养结合服务。最后，建立家庭成员照护相关知识培训制度，其培训的基础是养老护理，重点是协助接受医疗服务的能力。

第四，明确对社会力量（民间组织）的制度性回报。对于当前的欠发达地区农村而言，尤其需要强调基层群众性自治组织在健康养老服务体系中的作用。基层群众性自治组织是农村地区一个较为特殊的组织，其承担着一定的法定自治职责，且与老年人的日常生活息息相关。为了发挥基层群众性自治组织在健康养老服务体系中的作用，应拓展其职责功能体系所需要的制度保障，以加大对农村健康养老服务体系的支持力度。如应在基层群众性自治组织中设立人口专员、建立护老队伍，承担管理老人活动场所、组织老人活动，督促养老责任人等责任，并将其纳入政府对基层群众性自治组织的考核，作为补贴、奖励的一项依据。对于其他民间组织而言，一是需要政府明确与其联系的政府部门和可提供配合事项，以便其为欠发达地区医养结合服务的开展提供支持；二是在可能的情况下，政府可以建立社会力量支持欠发达地区农村健康老龄化的荣誉表彰体系，以鼓励社会力量积极参与欠发达地区农村医养结合服务工作。

三　推动全社会形成健康促进养老文化的良好氛围

政府不但可以直接制定各种规则并利用强制力推行，其权威还可以通过其他途径影响其他行动者，即“政府干预与科层控制产生了文化——认知性和规范性的压力，以使专门管理人员一致遵守，并加以强制性的规制控制”（斯科特，2010：108）。政府可以采取以下几方面的措施，利用自身的影响力促使规制性制度要素向规范性和文化认知性制度要素转化，推动全社会健康促进养老文化的形成。

（一）明确政府对各方行动者的角色期望

人类的行动是由动机推动的，一般而言，只有意识到对自身有价值才会采取相应的行动。行动者所偏好的观念或者所需要的、有价值的观念就是所谓的价值观。而价值观是由权威者界定的，价值的形成必然受场域中具有支配性的权威影响，政府作为整个社会生活中具有较高权威的行动者，可以利用自身的支配性地位，促使各方行动者形成相应的价值观。在这方面，政府可以发挥其支配者的“期待”作用来实现目标，期待其他的行动者的行动，通过给期待所指向的焦点行动者外在的压力，促使各方行动者明确其价值观与相关的规范。

主要包括对以下几方面行动者的期待。一是对老年人的期待：期待老年人树立老有所为，互助友爱的行为规范；期待老年人树立积极的健康观。二是对医护人员的期待：期待其热心对待老年人；期待其将对老年人的服务看作职业生涯中有价值的行为；期待其积极提升为老年人服务的技能。三是对专业养护人员的期待：期待其努力提升接纳医疗资源介入的能力并视为职业生涯提升的有效途径。四是对医疗、养老行业投资者的期待：期待其投资健康养老行业获取的收益不仅仅包括经济收益更包括公益收益，其行为对人生是有较大价值的。五是对养老责任人的期待：期待养老责任人重视老年人的医疗需求；期待养老责任人提升对老年人健康的价值认识。

（二）强化对体系运行的持续监督

“强制性权力通过一种既支持又制约权力实施的规范框架而合法化，从而使权力转化为权威，得到别人的遵守。”（斯科特，2010：61）这时，规制已经不再是强制性的了，而是成为行动者的一种规范。这种规范的形成需要立足于明确的奖惩机制持续产生作用。所以，对各方行动者的持续监督具有必要性。

第一，强化政府的监督作用，根据监督状况及时奖惩。从监督的内容而言，一方面是对政府体系内部的监督，主要指的是将医养结合的推进、落实情况纳入政府的考核体系；另一方面是对非政府行动者的监督，主要包括对健康资源介入养老服务提供者的准入监督、服务质量监督、服务过程监督等方面。这种监督的重点是要突出其持续性与奖惩的及时性。

第二，推进社会监督网络体系的形成。一是政府应积极回应针对欠发达地区农村健康养老服务体系中的社会舆论、社会组织、从业者、被服务者等对健康资源介入养老服务的监督，激发整个社会对此监督的热情。二是政府要对社会对其他行动者的监督做出积极回应，利用自身的权威给社会监督以积极反馈，通过全社会的共同监督促进多方行动者的共同规范形成。

（三）利用自身优势促进制度的传递与维持

“一套规制与结构的扩散程度，常常被视为某一制度结构的力量在不断增加的指标之一。”（斯科特，2010：140）欠发达地区农村健康养老服务体系的保障制度覆盖的范围越广，其制度的稳定性也就越高，其保障作用也就越大。政府可以在以下几方面做出相应的努力。

第一，支持健康养老服务的行动者拓展社会网络。政府在推动欠发达地区农村健康养老服务体系的构建中做好顶层设计和一些刚性的规则供给之外，也需要充分利用地方与相关行动者的积极性，将在一些区域和领域取得较好效果的措施、办法进行经验总结，并迅速向其他区域推广。其扩散的方式有两种，一是利用政府网络体系进行扩散，即对于具有普遍性的做法应利用政府系统积极推广。二是利用相关行动者的工作网络进行扩散。这就需要政府帮助相关的行动者拓展其社会网络。政府应利用自身的科层制体系采取多种方式加强不同地域、不同层级的医疗、养老服务、管理部门人员的工作交流，提供自由的医疗、养老服务从业人员的流动环境，拓展医养结合服务相关者的社会网络，鼓励相关行业协会的成立并支持其开展活动。

第二，支持健康养老服务体系创新举措理论化。朱克尔用实验证明了“制度化水平越高，则文化传播、维持和对变革意图的抵制程度也就越高”（朱克尔，2008：97），并指出“高度制度化行为的传播的行动者，只是把这些行为作为一种客观事实进行交流和传播；而接受这些行为的行动者，则会把这些行为视为完全是对客观事实的一种体现和表演”（朱克尔，2008：94）。斯科特赞同朱克尔关于客观化程度与制度化高低存在密切关联的观点，并指出“理论化”与“共同意义”能够促进“客观化”。他认为“理论化”能够促进“客观化”，一个重要原因是“理论化”可以为某些行动者需要增加某些特殊的制度要素或实践提供因果说明和解释（斯科特，2010：146）。立足此视角，政府可以积极推动健康支持养老服务行动的“理论化”，促进相关新制度的创建。一是积极界定所需解决的问题，明确服务对象群体以及供给主体的责任，明确应对这一问题的原因以及利益归属问题，即明确健康养老服务既是一项社会福利也对地方发展有利的定位。二是积极采取行动对健康支持养老服务中有效的措施、办法进行及时归因，探索有效的机制。为此，可以支持涉及健康与养老专业的部门承担此项职责，也可以积极吸纳政府体系外的研究人员参与。斯科特关于“共同意义”的理解，也对制度的“客观化”有积极的建设价值。“制度化的活动随着行为模式的不断重复而形成，随后这种行为模式会在参与者之间引起共同意义。”（斯科特，2010：68）共同意义的形成也有助于提升客观化程度。共同意义其实在某种程度上也是具有理论形式的，为此政府还可以利用其宣传系统对欠发达地区健康养老服务“灌注”相应的意义以促进制度化水平的提升。

第二节　彰显市场的利益实现作用

欠发达地区农村健康养老服务体系中的市场主体指的是以营利为目的进入健康养老市场的行动者，包括投资者、经营组织及其组织中的从业人员、个体服务者等。虽然这一行动者在当前的欠发达地区农村健康养老服务体系中占比并不大，但是其承担着满足欠发达地区老年人健康养老多样性的功能，且随着社会经济水平的提升，其占比将不断提升。市场行动者以追逐经济利益为其主要目标，需要欠发达地区农村健康养老服务体系对其回报制度性保障。市场行动者可以根据自身的特点与优势在以下几方面促进欠发达地区农村健康养老服务体系的保障性制度形成。

一　促进市场行动者利益规范形成

市场行动者在健康养老产业中追求经济利益需要由相应的规则体系来保障其行动的合法性与能动性。这种规则体系既包括市场行动者的价值观也包括其行业行为规范。这种规则体系的建立既需要社会权威部门的推进也需要市场行动者在为老年人提供服务的实践中根据实际需要来构建。市场行动者可以从以下几方面推动规则体系的形成。

（一）树立社会责任的价值取向

在当今老龄化与经济社会现状的大背景下，老年人对健康服务的需求将逐渐成为一种刚需，其提供的服务应被视为一种民生服务，所以健康养老服务的发展需要凸显其较强的公益性。市场行动者介入健康养老产业固然是以获得经济回报为目的，但是市场行动者也应认识到针对老年人养老生活提供的健康行业不应是暴利产业。这就要求市场行动者在获取经济利益的行动中应树立“回报适宜”的价值取向，为此，市场行动者可以从以下两方面努力。

第一，着力推进行业自律。推进行业自律的目的是促使为老年人的养老生活提供健康服务的行业规范得以落实，并使市场行动者在行动中不断强化其行业规范。首先，可以通过组织行业内部的交流、学习、培训等手段来促使各类市场行动者清晰地认识到行为规范有利于各方利益的实现与行业的可持续发展，从而提升市场行动者遵守行业规范的自觉性。其次，积极发挥行业内部的监督功能，即市场行动者要成立行业性的自律组织，对于违背行业规范的市场行动者应及时给予相应的谴责并予以职权范围内的制裁，配合政府部门的管理。

第二，自觉树立适应行业特点的价值观。针对健康养老服务体系中各类市场行动者的特点，市场行动者也应树立适宜自身的价值观。总体上应树立的价值观是：为老人服务是获得利益的依托，其利益包括精神和物质的二者兼得。产业的投资者应树立的价值观是：投资老年人养老生活中的健康服务行业是自身获得适当的利益回报和自身回馈社会相统一的有效途径。相关的从业者应树立的价值观是：从事这一行业既是获得职业生涯发展的途径，也是自身人生价值实现的途径，合适的做法是尽心尽力服务老年人，努力提升自身专业素养，在合理合规的范围内获得利益。

（二）探索“取之有道”的服务标准

欠发达地区农村健康养老服务体系中的市场行动者获得自身利益的途径是向老年人提供相应的健康服务，这就需要市场行动者找到能为老年生活提供健康支持服务的介入领域，并设计出合适的健康服务标准。

第一，立足于市场行动者能力设计健康服务方案。市场可以为老年人的健康提供何种服务与如何提供服务是市场行动者必须明确的首要问题，对此，市场行动者可以从两个方面着手应对。一是立足于需求与供给的可能性进行理性设计。首先，市场行动者要对欠发达地区农村老年人的健康服务需求进行深入调研。各类市场行动者都应通过调研了解老年人生活中对当前健康服务内容的需求及其对未来的预期，了解老年人在现有的医疗、养老制度安排下获得所需要的健康服务的困境。其次，探索行动者的健康服务方案。市场行动者要分析老年人需求并结合对未来趋势的预判，立足于自身所拥有的及可以调配的资源规划出可以为老年人提供的健康服务。二是积极开展同行交流。相关的市场行动者应积极与相似的行动者交流，积极借鉴成功的探索经验，反思探索教训。首先，市场行动者应积极拓展自身的社会网络。要积极参与行业交流，与相关行动者建立联系，其中既包括相似的市场行动者也包括健康养老服务体系的其他相关行动者。其次，在同行交流中不但要向其他行动者学习借鉴，也需要积极展示自身的探索成果，以促进同行之间得以充分交流，推动行业发展。

第二，基于适宜的经济利益的方案选择。对于市场行动者而言，一方面，是否具有盈利的可能性是其为老人提供相应健康服务的首要考虑因素，需要对各种可能的方案进行投入与回报的考量，以寻求既立足于当下又对未来有适度预期的方案。另一方面，为老年人提供健康服务并非一种纯粹的市场行为，其支付方包括家庭、个人，也包括政府在内的其他社会性投入对象。所以，在此过程中市场行动者应重点明确以下几方面的内容：一是明确当前条件下的盈利平衡点，即提供的服务内容与服务标准在现有的欠发达地区农村老年人支付状况与政策环境下可以获得相应的收支平衡；二是明确优化服务流程，提升服务性价比的措施及其所需要的条件与支持；三是对未来各方投入的设想及其可行性考量。在此基础上市场行动者确定当前合适的介入健康养老行业的方案，并明确其发展路径，积极参与行业规范的制定，努力促进行业共同体的形成，为对外争取行业利益奠定基础。

二　给予非市场行动者资源支持

制度既包括对行动者有约束与能动作用的符号系统，也涵盖相关的资源。制度与资源状况高度相关，一方面，“得不到各种资源的支持而再生的图式，最终会被放弃和忘记”（斯科特，2010：58）；另一方面，制度的一个重要功能是“为行动提供导引与资源”。从这一角度出发市场行动者可以利用自身所拥有的资源来影响欠发达地区农村健康养老服务体系的构建及其相应保障制度的形成。

（一）为政府提供资源补充

基于欠发达地区农村健康养老服务体系的公益优先性和当前

的客观情况，毫无疑问，这一体系的主要资源供给者是政府行动者。在当前这一历史阶段，即使市场行动者投入的回报具有不确定性，市场份额也较为有限，但也需要用实际行动表明在欠发达地区农村健康养老服务体系构建中自身的价值，从而为市场在制度设计中获得合适的空间。市场行动者应积极介入，为欠发达地区农村健康养老服务体系提供力所能及的资源支持，对政府的资源投入做出补充。市场行动者的资源补充应主要体现在满足老年人养老生活中的多样性健康服务需求上，市场行动者应在政府无力和无依据应对的需求方面寻找自身介入的突破口。一是为在养老生活中有针对性健康服务需求的老年群体提供服务。如为当前公共医疗卫生体系所不能覆盖的失能、半失能老人的医疗护理与生活护理需求，老年人慢性病的管理与指导需求，老年人心理健康慰藉的需求等方面提供市场化的服务。二是根据老年人养老生活中的多样性健康服务需求，市场行动者可以采取多样性的服务模式。如市场行动者可以根据需要设立集养老与健康服务于一体的医养一体化机构，也可以机构间互相支持、建立联系，还可以建立服务居家养老的健康服务机构，甚至可以作为专业的个体为老年人提供健康支持服务。

（二）导入新健康资源推动健康需求提升

欠发达地区农村健康养老服务体系不仅要立足当下，还要展望未来，其服务标准也应随着时代的进步不断提升。需求的不断提升不但可以有效推动服务升级，也可以为市场活动提供更大的空间。为此，市场行动者应积极引入新的健康服务资源以引导需求，即引入超越当前公共服务体系的服务内容与服务水准，如更舒适的养老与健康支持环境、更好的服务硬件和服务技术、更高的执行标准。这种“超越”当前的服务可以是基于发展不平衡的现状，引入发达地区在老年人养老生活中已实现的健康支持服务；也可以是根据欠发达地区农村实际情况探索出的适合本地的创新措施。这就需要相关的服务人员树立持续学习的意识，多渠道提升自身业务能力，如参与学历进修、远程学习、同行交流等；投资方和管理方要创新管理、经营模式，树立成功的典范。可以通过试点的形式将新的健康资源打造为样板，作为展示的窗口，向老年人和政府传递一种新的健康养老的可能性。更具有可持续性的手段是欠发达地区的市场行动者应积极推进异地养老产业发展，按照发达地区的标准提供面向发达区域高收入群体老年人的健康养老服务。其目的是要使老人和养老责任人感受到医养结合服务真正能给老人带来福祉，可以为养老责任人分忧，刺激需求升级，为新制度的创立提供动力。

（三）资助相关研究的开展

市场行动者既需要将自身的活动规范化，也需要将自身规范活动的意义向社会传递。同时，市场行动者还需要明确自身的利益诉求，向社会各界明确表达在现有的制度框架下所受到的制约，需要哪些规制性制度保障其进入健康养老服务行业的权益。专业的研究者在这方面可以给予市场行动者相应的协助，所以市场行动者可以与专业研究者开展合作，利用自身的资源支持研究者开展研究工作。一是利用自身的体系吸纳研究者开展研究，即市场行动者设立专门的研究机构，招募研究人员开展研究。这种专门研究机构一般由行业协会或者规模较大的市场主体来设置，然后按照设立者的意图，依托于设立者的资源展开相应的研究。二是为研究者提供经验性材料支持。市场行动者所做的探索与实践活动是专业研究者所欠缺的，也恰恰是必需的。在此方面市场行动者应对研究者予以支持，以便于研究者获得相应的经验材料。三是为研究者提供资金支持。市场行动者除了设立专门的研究机构，还可以采取提供资金支持的方式主动吸引研究者参与研究。当然其提供资金支持的方式是多样的，如设立专项的研究基金、为研究者的交流提供支持资金、专项研究成果的购买等。

三　赋予非市场行动者利益预期

从能动的视角来看，制度创造的动力来源于利益，而利益既包括当前利益也包括对未来利益的预期，市场行动者不仅可以在这方面给予其他行动者以合理的利益预期，还可以推动欠发达地区农村健康养老服务体系的保障制度向着有利于市场行动者的方向制定。

（一）凸显市场行为的经济效益

在当前的历史条件下，市场行动者在欠发达地区农村健康养老服务体系中不仅可以在竞争性领域提供健康养老服务，还可以承担本来应该由政府提供公共服务的健康养老服务。为此，市场行动者应该积极行动，用实际行动向政府和服务对象的家庭与个人明确其经济贡献。从投资角度来看，市场行动者投资设立的健康养老产业可以缓和当前政府的公共投入不足的现状，缓解政府公共投入的压力。从服务提供角度而言，市场行动者在一定程度上也有助于降低政府的服务成本，为政府节约公共支出。基于健康养老的边际性考量，一般而言，竞争性的市场性供给成本与服务质量会优于政府的单一供给。对于家庭与个人而言，由市场行动者提供的满足老年人针对性需求的服务也是较为经济的选择。市场行动者应做好以下几方面的工作。一是积极寻找投资机会，主动介入健康养老行业。一方面是向社会提供政府所不能提供的健康养老服务；另一方面是积极承担当前政府无力直接提供的健康养老方面的公共服务。在此过程中还应积极与政府沟通，既要了解政府在健康养老方面的未来安排，也要向政府表达自身的诉求与对政府的期待，努力影响政府的制度设计。二是优化服务流程，为社会提供高性价比的健康养老服务。一方面是在不降低服务标准的前提下，努力提高劳动效率，降低成本；另一方面是努力提升适应市场需求的服务质量，其目标是展示出市场供给的高效性与灵活性。三是对各方的收益进行精确测算，明确其行动给其他各方行动者带来的经济利益，并在行动中打造出具有表率性的示范样板。

（二）展示市场行为产生的衍生收益

市场行动者为欠发达地区农村的老年人养老生活提供健康服务不但可以带来经济方面的利益，还可以带来一些衍生的利益，主要体现在以下几个方面。一是市场提供高效且便利的健康养老服务，满足老年人在养老生活中的健康诉求，至少可以带来两点好处。首先，老年人的健康需求得到满足，解除了老年人家庭的后顾之忧，可以使家庭成员更好地投身于自身的事业，总体而言有利于社会的稳定。其次，老年生活是完整人生周期中必然需要经历的一个过程，随着社会发展，未来的老年人对老年养老生活的健康服务也有更高的要求与期待，市场行动者要在这方面提供适当的个人预期，使之认识到市场行动者的参与可以给自身带来更幸福的晚年。二是通过市场化产业发展，可以促进欠发达地区农村的相关产业发展，给当地政府带来相应利益。主要体现在两个方面：一方面，健康养老行业的扩大必然可以促进当地就业；另一方面，异地健康养老的产业发展也可以带动外部消费，进而从需求的角度拉动其他相关产业发展。这既需要市场行动者朝着这些方向努力，也需要当前的市场行动者将未来的愿景向社会展示。市场行动者需要朝着以下两方面努力：一是基于市场状况对健康支持养老行业的前景进行尽可能的测算，给予政府尽可能清晰的广义的投入与收益的对比；二是利用与服务对象接触的机会，向其展示其可能的收益，促使家庭与个人认识到市场行动者提供的养老生活中健康服务可以获得较大的幸福收益，使家庭与个人付费获得老年生活中健康服务的路径，促使个人形成付费部分是自身与政府分担的理念。

第三节　强化社会的公益促进作用

欠发达地区农村健康养老服务体系中的社会行动者主要包括

各种公益组织、各类为老年人提供服务的志愿者、老年人自身的社会网络关系、基层自治组织、专业研究人员等。社会虽然没有强制性的权威，但可以发挥其自身的公益性追求优先的身份特点，在某些方面促进欠发达地区农村健康养老服务体系保障制度的建立。

一 推进农村健康养老问题进入公共议题

在制度建设中，社会虽然不具有强制性的权力，但是因其公益性和群体的广泛性，有着较为重要的影响力，可以利用自身的影响力来推动政府行动者对社会问题做出应对。政府构建欠发达地区农村健康养老服务体系的规制性制度保障方面其实是一种公共政策行为，最终是要构建出一套能够保障欠发达地区农村医养结合服务体系可持续发展的公共政策体系。从公共政策的视角出发，欠发达地区农村医养结合服务这一社会问题只有进入政策议程才具有实质性意义。科布和埃尔德将政策议程分为系统议程（公众议程）和正式议程（政府议程），并指出建立政策议程的三种模型：内在创始型、政治动员型和外在创始型（陈庆云，2006：106）。外在创始型是指政策诉求由政府系统以外的个人或社会团体提出，经阐释和扩散进入公众议程，然后通过讨论使之进入政府议程，这是公众议程与政府议程相统一的过程。欠发达地区农村医养结合服务的相关行动者应在建立政策议题的外在创始型上着力。欠发达地区农村医养结合服务相关行动者可以积极参与对这一问题的讨论，并对此问题进行界定与阐释，通过合法途径向政府传递。

（一）助力诉求表达

无论是从政府角度还是其他非政府的角度而言，欠发达地区农村健康养老服务体系的规制性制度保障，对问题的解决都需要有一个明确的实现目标。所以，应将自身老年生活中获得医疗资源的困难向各方行动者传递，以推进共同目标的形成。结合制度建构中的各方行动者的地位与作用，这种传递应主要向政府表达老年人在养老生活中希望获得的医疗支持，同时向其他行动者传递健康诉求。社会可以利用自身的公益性身份，以较为客观与中立的方式向政府及其他行动者传递欠发达地区老年人养老生活中的健康诉求。首先，社会的相关行动者在与老年人接触和提供服务的过程中主动地了解老年人的健康状况以及养老生活中存在的健康问题，并在自身的业务范围内明确养老生活中的健康支持问题。基层自治组织应对老年人的健康状况进行统计，准确掌握组织内老年人的健康需求状况和健康原因给老人及其家庭带来的负面影响。专业研究人员应发挥自身的专业优势，通过开展调查研究，从宏观层面发现欠发达地区农村老年人养老生活中健康支持所存在的问题，对于老年人的健康需求与现状之间的差距要有清晰的认识，准确找出现有制度的局限性，寻求可能更好地服务老年人的有效制度途径、明确表达对政府在制度供给方面的具体需求。其他公益组织和志愿者在相应的服务过程中，也应积极深入了解掌握欠发达地区农村老年人养老生活中存在的健康困境，在可能的情况下将所掌握的情况形成相应的数据材料。其次，社会行动者可以利用自身职能的便利向政府和其他行动者传递诉求。基层群众性自治组织可以在协助基层政府履行某些公共职责时向基层政府反映本组织内老年人健康支持问题；志愿者可以在从事公益性的活动过程中，向所接触的政府部门及其他行动者反映欠发达地区农村老年人健康养老方面的困境；专业研究人员可以向相关政府部门递交关于欠发达地区农村老年人养老生活中的健康支持问题的专业研究报告。

（二）推动议题讨论

社会行动者不但需要直接将欠发达地区农村老年人的诉求向政府传递，还应该积极引起更大范围的社会关注。这既有利于让政府更加重视这一问题，也有利于加深对这一问题的认识，从而可能找到更好的解决方案。社会行动者可以利用自身的特点做出一些努力。一是不同行动者利用常规的内部交流进行积极的讨论。如公益组织和志愿者可以在内部交流活动或其他一些公益性活动中对欠发达地区农村老年人的健康支持问题进行非正式讨论；基层群体性自治组织可以在工作中与政府相关部门以及其他基层组织对欠发达地区农村养老中的健康支持问题积极进行沟通。二是组织专门的活动向公众展示欠发达地区农村老年人养老生活中的健康困境。如公益组织和志愿者可以利用自身活动范围广的特点，积极开展相应的公益活动让更多的人了解欠发达地区农村老年人的健康困境，以引起更为广泛的社会关注；专业研究人员可以通过召开专门的研讨会、发表学术文章等途径将欠发达地区农村老年人养老生活中的健康支持问题以理论化形式展示。三是推动各类行动者共同讨论。公益组织、专业研究机构等在条件容许的情况下组织研讨会，广泛邀请各类行动者共同参与，使得政府工作人员、研究者、老年人、公益服务者、从业人员、行业投资者等行动者同台研讨欠发达地区农村老年人养老服务中的健康支持问题，并与新闻媒体紧密合作，及时宣传。

二　参与农村健康养老体系框架设计

在制度创设中，社会行动者与其他的行动者一样既可以通过对包括政府行动者在内的其他行动者进行多样的监督，如舆论监督、业务监督等，也可以通过各类行动者的互相期望来推动各方行动者形成一个目标一致的网络体系，促使欠发达地区农村健康养老服务体系的保障制度的形成。社会行动者还可以利用自身活动广泛性的特征以及自身工作范围内的专业性来推动欠发达地区农村健康养老服务体系框架设计。

（一）介入健康福利制度的设计

在规制性的制度设计过程中，虽然政府是合法强制力的拥有者并承担主要职责，但是社会行动者在某些方面也可以给予相应的支持。首先，在全局性的制度设计方面，社会应积极主动介入。

专业研究人员可以发挥自身专业研究方面的优势，主动与政府的相应部门开展合作，在自身的专业领域对相关政策进行分析、评估进而提出相应的政策建议。公益性组织也应在自身能力范围给政府以支持，如对于政策未覆盖领域可以积极作为，起到补充作用。基层群众性自治组织应将其在履行职责过程中产生的制度性需求积极向政府反馈。其次，在涉及社会的相关制度建设方面，社会行动者应起到主导作用。无论是公益性组织、研究机构、基层群众性自治组织等组织还是专业的研究者、志愿者等相关个人，在开展相应的服务工作时，都应及时反思自身行为的界限，确立自身行动框架；在具体的措施方面应积极探索和总结，促成健康养老服务具体问题的操作程序；自觉优化工作流程，提升服务效率，并主动设计自身的行为标准，形成有利于为老年人养老生活提供健康支持的行为惯例；通过加强自我修养与自律树立公益优先的价值取向。当需要建立关于社会力量介入欠发达地区农村健康养老服务体系的正式规则时，社会行动者可以提供较为完整的制度蓝图。

（二）推动社会共同规范形成

专业研究人员可以发挥自身的优势在以下方面做出一些贡献。一是将各类行动者支持欠发达地区农村老年人健康行为的利益明晰化，通过理论建构，促使多方行动者在欠发达地区农村健康养老服务方面形成指向一致的价值观。二是利用自身的专业知识协助养老、健康资源提供者制定行业规范，如为医疗卫生、养护专业技术人员提供理论支撑、为投资者制定行业规范提供支持。三是对政府的行为给予积极的回应，对政府在欠发达地区农村推动健康养老服务体系建设的行为给予肯定性评价。

基层自治组织、公益组织、志愿者等活跃在为老年人提供服务第一线的行动者，对欠发达地区农村老年人的健康服务状况的了解更深入、更具体，对于健康促进养老服务的具体运行机制应积极寻求更大的发言权。对于在为老年人服务中产生的健康问题及时总结归纳，并向相关的行动者反馈，促使其做出合适的回应。在服务中与其他行动者相互配合，基于老年人的立场及时给予其他行动者反馈，以促使其他行动者形成相应的行为规范。健康与养老的专业技术人员在具体的服务工作中可以充分利用大数据平台对同质问题进行筛选，将探索出的应对之策进行总结，采用行业研讨，向行政主管部门提出建议等手段促使固定的操作程序形成，并利用自身的社会网络关系将规范行为向外传递。

（三）赋予健康促进养老行为的公益肯定

社会行动者公益性优先的特性使其在社会层面拥有较高的道德评价，社会行动者可以利用这种优势对欠发达地区农村健康养老服务体系构建有利的行为赋予积极的公益性意义。一是组织专门的宣传活动，对公益性行为进行宣传，帮助公众形成公益性判断标准。如对投资健康养老的服务行业、积极投身健康支持养老服务的职业选择、投身健康养老服务的志愿服务等行为进行公益性的宣传。二是适当地开展评比活动，对于在欠发达地区农村健康养老服务体系中做出贡献的组织和个人行为进行评比，并对其进行表彰，充分利用社会行动者“中立”的地位促进公益行为标准的确立。三是以实际行动对有利行动表示支持，社会行动者为健康促进养老服务体系提供的更多的是依赖于自身的劳动服务，是一种不以追求物质回报为目的的行动，对于其他有利于这一体系的行动，社会力量应积极介入，为其提供服务，从而用实际行动既向其提供实质协助也向社会展示对该种行为的认可。

三　促进农村健康养老集体实践理论化

随着客观化而出现的制度化是制度化三大机制之一，客观化指的是“行动者社会互动过程中产生的各种意义，相对于行动者而日益成为外在行动者的事实的过程”（斯科特，2010：133），这种客观化是制度重要的形成机制。相互监督与理论化是客观化的重要前提，而且理论化过程“极大地影响着制度的扩散过程”（斯科特，2010：146），所以，在欠发达地区农村健康养老服务体系的保障制度建设中“理论化”是必不可少的环节。理论化指的是“对创新是什么和如何有效地进行理论归纳，以及对其所适合的问题或组织进行界定——客体”（斯科特，2010：134）。从理论化的工作要求而言，专业的研究人员应发挥应有的作用。

（一）探索核心问题与利益实现的可行性

无论是对于新制度的建立还是对创新成果的理论化，都必须界定清楚所要面对的问题、明确各方的利益所在以及所希望实现的目标，并在此基础上进一步探索各方利益实现的路径。

首先，在欠发达地区农村养老中的健康支持方面需要从理论上论证清楚以下几方面的内容：界定所需解决的问题、明确服务的对象、明确其利益归属、确认各方行动者的责任。在当前阶段，政府是欠发达地区农村医养结合服务的主要资源供给者，也是老龄化背景下的主要责任者。所以其重点是要论证清楚政府所面对的问题与其利益所在，并分析当前政府为解决这一问题所能投入的各种资源。对于政府而言，需要明确的是推动欠发达地区农村养老中的健康支持既是一项政府在新形势下应该提供的社会福利，也是一种可以促进地方发展的手段。具体而言，就需要论证清楚推动欠发达地区养老中的健康支持所具有的较强正外部性，既要论证清楚欠发达地区农村老年人健康支持的欠缺给各级政府带来的负面影响，又要厘清养老中的健康支持给各级政府带来的收益。这种收益既包括投资带动产业发展的显性收益，又包括老年人养老质量提升所带来的整个社会获得感的提升和因专业化的服务所带来的整体人力资源效能的提升等方面的隐性回报。对于其他非政府行动者，分析其可能的资源投入状况也需要从各自的特点论证其参与欠发达地区农村医养结合服务的利益所在。为此，专业研究人员首先应开展广泛调研，在实践中界定清楚核心问题和利益归属。欠发达地区农村养老中的健康支持问题的凸显就是新形势下的实践需要，即在老龄化的大趋势下追求新时代所要求的更高生活品质。在调研过程中，一是要积极与相关的行动者建立联系；二是要详细了解各方的困境与利益诉求；三是要调查各方可能提供的资源与供给障碍。

其次，需要在明确各方利益的基础之上，对涉及欠发达地区农村养老中的健康支持各方主体所能提供的资源进行梳理，确定合适的目标与寻求可行的途径。这需要专业研究人员展开分析论证，在理论上建构欠发达地区农村健康促进养老的路径。欠发达地区农村养老中的健康支持其实是在未来一段时间内老年人养老生活中期望获得的健康支持，其必然带有一定的建构性。在实现期望的路径建构中，一是要立足于现有各方行动者的资源状况；二是要借鉴发达国家或发达地区的先行经验；三是要广泛征求相关参与者对建构的路径意见。

（二）推广实践创新成果

针对欠发达地区农村老年人养老生活中的健康支持需求所构建的医养结合服务体系并非由某一单一主体规划设计，其体系构建是政府主导下的多方参与设计的过程，也是一个多方博弈的过程，其呈现的最终形态是各方相关参与者在各自领域发挥其自身能动性的结果。对于各类行动者在解决欠发达地区农村老年人养老生活中的健康支持问题的有效措施都需要及时加以总结，并探索其发挥作用的原理，形成理论用于指导新的探索，从而不断推进医养结合服务体系的完善。这就需要专业的研究人员和政府的医养结合服务主管部门紧密联系、协同努力。

第一，专业研究人员需要对各方行动者的具体措施进行全方位的评估，全面考察其成本、收益与可持续性，归纳出推进欠发达地区农村医养结合服务中的有效措施、办法，对这些办法进行及时的归因，并且探索其有效的原因。这就要求专业研究人员加强信息收集手段，及时关注医养结合领域的新动态，寻找介入评估的渠道。在此基础上专业研究人员之间以及相关的行动者之间要进行广泛的交流，有助于集思广益，促进正确的理论构建。

第二，专业研究人员要将形成的理论成果进行推广，促进理论“沉淀”，进而推动具体措施形成惯例。需要重点做好以下几方面工作。一是利用自身优势进行推广，如利用自身的社会网络、成果公开等途径对理论成果进行推广。二是寻求医养结合相关行动者的支持，在有效措施推广的过程中需要与政府的行业主管部门、医养结合的服务供给者紧密配合，及时沟通，其原因在于促进欠发达地区农村医养结合服务体系的有效创新措施最终需要相关的行动者具体操作才能发挥实在的效果，也只有通过相关行动者将其变为自身的操作惯例才能使这一服务体系发挥作用。三是向利益群体阐明创新措施的利益所在，其利益群体既包括老年人、老年人家庭，也包括政府、市场和社会，要根据各自不同的利益立足点进行阐释。

第四节　突出家庭成员的利益焦点作用

当前，欠发达地区农村健康养老服务就其实质而言是政府承担着兜底责任的一项公共政策，其方案过程实际就是一个社会利益的分配过程（伊斯顿，1993：23）。老年人及其家庭是直接受益者，是养老生活中健康支持新制度中的利益焦点，而利益团体的支持对制度的强化起到重要的正向作用，所以，家庭成员可以立足于利益焦点的地位发挥自身的能动性来促进保障制度的形成。

一　树立良好的健康养老理念

利益既是客观的也是主观的，与利益主体的需要有关。健康资源支持养老服务的实施效果如何，不但要看服务主体做了什么，更需要获得被服务者的认可。一般来说，提供的服务不低于服务对象的期待，服务对象会有较高的获得感。如果老年人及其家庭成员抱有合适的期待，则容易在医养结合服务中有较强的获得感，从而更容易形成正向反馈。欠发达地区农村的老人及其家庭既是健康养老服务体系的利益焦点也是资源供给者，要积极参与到这一体系的建设中，其较高的获得感也可以促进各方行动者更加积极地为这一体系建设贡献力量。这就要求家庭成员树立良好的健康养老理念，对养老生活中的健康支持抱有合适的期待并持有积极作为的良好心态。

（一）树立“好于当前”的理念

健康养老服务的供给必然需要社会承担相应的成本，其服务水平必须与社会发展水平相适应。我国从总体上而言处于发展“不平衡和不充分”的历史阶段，共享发展不是一种平均主义意义上的共享，而是一个从低级到高级、从不均衡到均衡的过程。对于健康养老服务，首先要确保服务对象覆盖到全体老年人；其次应明确作为养老领域“美好生活”追求的医养结合服务是一个历史的、动态的、发展的概念，并不存在一种标准统一的状态。老年人对医养结合服务“适宜”的期待应该是“使这些老龄人口有一个好于当前状况的老年生活质量状态”（王彦斌，2017），即老年人及其家庭成员应树立“好于当前”的理念。这既是当前客观社会经济发展状况的要求，也有利于老人及其家庭成员对健康养老服务体系提供积极的评价，从而促进这一体系持续发展。这里的“基础”福祉不是一个静态的最低水平，而是与社会经济发展相适应的逐步提升的动态概念。

为此，一是需要老年人及其家庭成员理性认识当前社会经济发展的状况。政府所提供的具有公共福利性质的医养结合服务需要公共财政的支撑，市场所提供的医养结合服务依赖于老年人及其家庭的支付水平，这两者的提升都与经济社会的发展相关。要充分认识到当前广大的欠发达地区还是发展滞后区域，其服务水平只能是一个逐步提升的过程。二是需要老年人及其家庭成员多做纵向比较。要充分认识到国家发展的不平衡状态对医养结合服务供给的影响，当前欠发达地区农村老年人所能享受到的主要是国家层面面向全体老人作为公共福利意义上所提供的与时代相关的“最低”水准的健康支持服务。这种“最低”水准的服务与发达地区市场资源高度介入的医养结合服务必然存在巨大差距。所以，老年人及其家庭成员应立足于政府供给的公平性考量，更多地关注随着历史进程的推进自身所获得的“增量”。三是老年人及其家庭成员在社会交往中应展示出未来会更好的信念。总体而言，随着我国的社会的快速发展，各项养老事业蓬勃发展，老年人的养老生活的各个方面在纵向上已经有了较大提升，而且还会继续提升，老年人及其家庭成员应在日常的社会交往中将这一现实展示出来，通过展示促使共同氛围形成。

（二）树立“老有所为”的理念

老年阶段是一个较长的时间跨度，一方面，老年人的身体状况也具有多种形态，对于养老生活中的健康支持需求也不一样，医养结合服务中需要各种类型的照料资源的介入，老年人积极开展互助、提供力所能及的照料资源具有客观上的可行性。另一方面，老年人从事力所能及的工作对其健康晚年有所裨益，特别是有利于其精神层面的健康。从这一角度而言，老年人也应该积极开展互助活动。所以，老年人的互助可以为欠发达地区农村健康养老服务体系提供重要的支撑。这就需要老年人在意识层面树立“老有所为”的理念。这里的“老有所为”的理念指的是进入老年阶段的老年人愿意根据自身的健康状况参与社会、家庭事务的心态。老年人“老有所为”理念的树立固然需要整个社会层面的合力推进，也需要老年人及其家庭成员的自觉构建。

老年人及其家庭成员可以从以下几方面着手提高“老有所为”的自觉性。一是正确认识生命规律，接受身体上的“不完美”。生命进入老年时期，一方面随着身体机能的下降，各种身体上的疾病不可避免地增多，其活动能力不可避免地下降；另一方面，这种下降是一个渐进的过程，在此过程中也可以从事各种活动，而且随着时间的增加，其经验与阅历是一份宝贵的财富。所以，为社会、家庭提供力所能及的资源供给是生命价值的重要体现。二是要积极参加各类社会活动，在行动中提升自觉性。如，可以根据自己的兴趣参加各类学习活动、娱乐活动，也可以根据社会的需要参与各种社会性的服务，在医养结合服务方面积极参与老年人之间的互助活动。三是家庭成员支持老年人“老有所为”。家庭成员应鼓励老年人走出家庭，积极参加社会性交往，鼓励其从事社会性事务，支持老年人发展各种兴趣爱好，帮助老年人规划适应身体健康状况的活动。

二 表达合理的利益与期待

欠发达地区农村健康养老服务针对的是老年人养老生活中的健康支持问题，其服务供给的目标群体是老年人及其家庭，健康养老服务体系所追求的核心利益所指向的也是老年人及其家庭。提升老年人养老生活中的健康支持水平是健康养老服务体系的核心目标，而可实现的其他目标都是这一核心目标的延伸。对于老年人及其家庭成员而言，自身有义务与责任将其养老生活中健康方面的困难、合理的利益诉求与期望向各方行动者积极地表达。

（一）展示老年人的困境与期待

欠发达地区农村医养结合服务和健康养老服务强调的医疗健康资源对养老生活的支持作用，涉及针对老年人的医疗服务、保健、健康管理、心理健康服务等方面。老年人在这些方面存在的困境都是健康资源支持养老服务所需要涵盖的内容，也是老年人应该积极表达的内容。为了更好地向社会传递老年人的健康诉求，也需要老年人做出相应努力。一是准确认知自身的身体状况，了解自身的健康需求。笔者在调研中发现，欠发达地区农村很多老年人的健康状况较差，但医疗条件有限和日常的健康管理欠缺使老人并不清楚自身所患疾病的状况，很多身体症状没有医生的诊断，其处置措施也缺乏医生的指导。这既是欠发达地区农村老年人健康服务中存在的问题，也进一步限制了健康资源对老年人养老生活的支持，所以老年人自身应通过正规的途径了解自身的身体状况。二是老年人要积极与他人交流。对于养老生活中健康资源获取的困难，老年人应以开放的心态主动与家庭成员交流，特别是老年人之间要加强交流，这样有利于发掘老年人在健康资源获取方面的共性问题，也能更好地促使这些问题成为公共议题，使之进入解决程序。三是积极配合各种渠道的调查。随着老龄化进程加快，各类行动者对养老生活中的健康支持也应给予更多的关注，不同的行动者会通过各种渠道了解老年人的健康需求，这就需要老年人配合，积极地表达自身的困境与期待。

（二）明确养老责任人的困境与期待

当前，欠发达地区农村老年人养老责任人主要是家庭成员尤其是老年人的子女。对养老责任人而言，在医养结合方面的利益诉求需要涵盖两点。一是因老年人的身体健康给养老责任人带来的困难，包括因健康问题带来的就医、照料、经济等方面的困难。对于这些困难，养老责任人首先应明确自身所承担的责任，将其具体表述；其次应对各种成本进行明确的表述；最后要对医疗、照料方面的资源与自身所获得的收益有个明晰的认识。在明确这些问题的基础上，养老责任人应通过各种合法途径积极地向社会传递其合法合理的利益诉求。二是需要协助老年人准确地表达健康方面的利益诉求。老年人因受身体机能的下降以及精神状态等因素的影响，往往很难准确有效地表达自身的健康诉求，而当前欠发达地区农村老年人的文化程度普遍不高，对健康诉求的表达更为困难，所以养老责任人要在日常的接触中帮助老年人进行准确的健康诉求表达。养老责任人首先应对老年人的健康状况与健康需求有清楚的认识。具体而言，当老年人身体出现不适时，养老责任人应协助老年人接受正规的医疗诊断，对于医疗人员给出的处置措施要给予配合，这也是养老责任人应尽的责任与义务。其次要给予老年人以更多的精神关注。“未来的农村家庭养老责任人将可能更多重视老年人的物质需求，极易忽略其精神慰藉的满足，为养老而养老的敷衍行为日趋常见。”（王彦斌、杨学明，

2018）健康包括身体健康与精神健康，一方面关注精神健康是健康支持的题中之义；另一方面，精神健康与身体健康相互影响，这就要求养老责任人多关注老年人精神健康，准确区分老年人的精神、身体的健康需求。

三　感恩多方行动者的努力

老年人及其家庭成员是医养结合服务的核心利益群体，核心利益群体对新制度的积极支持可以有效地促进制度的“沉淀”。老年人及其家庭成员可以从以下几方面着手，通过给予积极的行动反馈来促进欠发达地区农村健康养老服务体系保障制度的“沉淀”。

（一）接纳服务方式的多样化

老年人及其家庭成员首先应认识到医养结合服务的多层次性与多样性。医养结合服务针对的是全体老年人的整个老年时期，与较长的时间跨度和数量巨大的老年人群体相对应的是医养结合服务需求的多样性。针对老年人对医养结合服务需求多样性的特点，其提供主体不能只是单一主体，也不只是单一的模式。党的十九大报告指出，要“积极应对人口老龄化，构建养老、孝老、敬老政策体系和社会环境，推进医养结合，加快老龄事业和产业发展”①。老龄事业既是“事业”也是“产业”，医养结合服务体系自然也应有双重属性，服务提供主体既有政府也有市场和社会、家庭、个人。政府的“底线”“强调了基础的部分，这是政府必须保障的；底线以上的非基础部分，可以由市场、由家庭和个人去负责”（景天魁，2012）。那么一方面，政府要保证全体老年人都可以平等地享有医养结合服务带来的“基础”福祉。虽然只有部分是免费或是较低收费的供给，但是服务水准也是与时代相符的

① 习近平：《决胜全面建成小康社会　夺取新时代中国特色社会主义伟大胜利——在中国共产党第十九次全国代表大会上的报告》，中国政府网，2017年10月27日，http://www.gov.cn/zhuanti/2017-10/27/content_5234876.htm。

“底线”，“底线”以上的高水准服务就需要个人与家庭承担相应的成本。另一方面，随着社会的发展，其养老模式必然也会突破传统的方式，会有很多创新的模式，那么为养老生活提供健康支持的医养结合服务必然也有多种方式。这就要求老年人及其家庭以包容的心态，突破原有的认知根据自身的需要接受自身合适的养老方式。

（二）提升健康素养的水平

老年人及其家庭成员以自身的实际行动参与健康养老服务体系构建就是最好的接纳方式。健康养老服务体系主要的着力点是医疗资源对养老的支持，需要老年人及老年人的照护者提升接纳医疗资源介入的能力。所以，用实际行动接纳医养服务的一个重要表现就是老年人及其照护者提升自身的健康素养，为医疗资源支持养老提供便利。对目前的欠发达地区农村而言，主要着力点是医疗资源支持居家养老，而欠发达地区的居家养老照护者与责任者大多为家庭成员，对其具体行为无法“精确”要求，对其技能也无法强制性统一规定，只能更多依赖其自觉性。这就要求家庭成员学习针对老年人常见症状的急救知识，熟练掌握老年人的日常护理技能确保其生活护理中的清洁卫生，学习常规的老年人身体监测设备的使用方法。对于具有特殊健康状况的老年人家庭，如患有慢性病、失能、半失能老年人的家庭，不但需要照护者掌握常规的一些技能，还需要其有针对性地学习相关技能。其技能获取的途径一是积极参加各种公益性的健康卫生知识指导，二是谨记医生在老人疾病诊治过程中的指导意见。

（三）肯定健康服务者的工作

欠发达地区农村健康养老服务的开展需要多方行动者为老年人提供健康支持服务，各方行动者的服务行为也需要不断获得正强化。接受服务的老年人及其家庭成员对健康服务工作的肯定有利于各方行动者的行为模式稳定，从而推动整个服务体系流畅运转。接受服务的老年人及其家庭成员，可以从以下几方面着手对健康服务工作予以肯定。

第一，向服务者展示出友好的态度。服务者为老年人提供健康支持服务固然是其工作职责的要求，但老年人始终处于利益的焦点位置，所以老年人在接受服务时应以友善的态度面对服务者，应给予其相应的尊重。在这方面，需要家庭成员及其老年人对医养结合服务的推行有一个辩证认识，要充分地认识到健康养老服务是随着社会的发展，政府与社会提升老年人福利的一种努力。其供给既不是各方行动者的恩赐，也不是一种刚性的供给，这种福利安排具有一定的弹性。

第二，对不同的行动者要给予不同的肯定性反馈。对于政府行动者，老年人及其家庭成员应对其公共服务的供给表示积极支持，表示出对政策的拥护；对于社会行动者，老年人及其家庭成员应对其奉献精神表示感谢；对于市场行动者，老年人及其家庭成员对需要付费的服务应主动付费，也应赞赏其履行社会责任的行为。

小　结

在创建欠发达地区农村多层次医养资源整合的健康养老服务体系的保障制度过程中，政府、市场、家庭、社会四类行动主体可以立足于自身的特点发挥相应的作用以督促新制度的形成。政府是当今社会主要的规制性制度供给者，也是欠发达地区健康养老服务体系的主要资源供给者。政府可以通过明确“底线”职责清单，在行动中逐步地将守住养老领域的“底线公平”视为政府“理所当然”的职责；通过明确各方行动者的准入与职责和构建参与者的制度性回报体系等方式形成各方行动者的行动框架；利用自身的权威通过明确对各方的角色期望，强化对健康养老服务体系运行的监督，利用其科层制的优势促进制度的维持与扩散从而推动全社会形成健康促进养老的良好文化氛围。市场行动者可以通过行业内部行动明确有利于各方利益实现的行业规范，积极利用行业自律手段促成社会责任的价值取向。为老年人提供健康服务并非一种纯粹的市场行为，市场行动者应确定当前合适的介入健康养老行业的方案，努力促进行业共同体的形成，基于适宜的经济利益方案选择，为对外争取行业利益奠定基础，从而推动市场行动者的利益规范形成。市场行动者可以积极寻找补充政府行动的突破口；积极引入新的健康服务资源以引导需求，为服务提升创造可能性；通过自身体系吸纳研究者开展研究或为研究者提供经验性材料以及资金支持等措施为非市场行动者提供资源支撑。市场行动者也可以通过凸显市场行为的经济效益、展示市场行为的衍生收益从而赋予非市场行动者利益预期以增强制度创建的动力。社会则可以利用自身公益性身份以较为客观与中立的方式向政府及其他行动者传递欠发达地区老年人养老生活中的健康诉求，并积极推动议题的讨论从而推进农村健康养老问题进入公共议题；利用自身活动广泛性的特性以及自身工作范围内的专业性来推动欠发达地区农村健康养老服务体系框架设计；利用其较高的道德评价权威，对欠发达地区农村健康养老服务体系构建有利的行为赋予积极的公益性意义；利用自身专业能力探索核心问题与利益实现的可行性，推广实践创新成果从而促进农村健康养老集体实践理论化。作为养老领域“美好生活”追求的医养结合服务是一个历史的、动态的、发展的概念，老年人及其家庭成员应树立“好于当前”的理念，正确认识生命规律，接受身体健康上的不完美，积极参加各类社会活动，在行动中树立良好的健康养老理念；通过接纳服务方式的多样化、提升健康素养的水平、肯定健康服务的工作等方式给予多方行动者以积极反馈，从而发挥利益焦点的能动性来促进新制度的形成。

参考文献

A 县人民政府，《A 县 2017 年国民经济和社会发展统计公报》。

鲍捷、毛宗福、祝山惠，2016，《我国医养结合养老服务的公共物品理论浅析》，《医学与社会》第 1 期。

贝弗里奇，2008，《贝弗里奇报告——社会保险和相关服务》，中国劳动社会保障出版社。

陈芳、陈建兰，2013，《我国“自我养老”模式研究述评》，《学术论坛》第 1 期。

陈芳、方长春，2014，《家庭养老功能的弱化与出路：欠发达地区农村养老模式研究》，《人口与发展》第 1 期。

陈光燕、司伟，2019，《居住方式对中国农村老年人健康的影响——基于 CHARLS 追踪调查数据的实证研究》，《华中科技大学学报》(社会科学版) 第 5 期。

陈洪珠等，2017，《医养结合模式下社区卫生服务中心服务内容探讨——基于上海市嘉定区医养结合服务内容供需方调研》，《中国全科医学》第 24 期。

陈庆云，2006，《公共政策分析》，北京大学出版社。

陈卫，2016，《国际视野下的中国人口老龄化》，《北京大学学报》(哲学社会科学版) 第 6 期。

成秋娴等，2016，《我国发展社区医养结合的必要性、可行性、困境及建议》，《中国卫生事业管理》第 5 期。

崔树义、杨素雯，2019，《健康中国视域下的“医养结合”问题研究》，《东岳论丛》第 6 期。

戴维·伊斯顿，1993，《政治体系——政治学状况研究 》，马清槐译，商务印书馆。

邓大松、李玉娇，2018，《医养结合养老模式：制度理性、供需困境与模式创新》，《新疆师范大学学报》（哲学社会科学版）第1期。

杜鹏、董亭月，2015，《促进健康老龄化：理念变革与政策创新——对世界卫生组织〈关于老龄化与健康的全球报告〉的解读》，《老龄科学研究》第12期。

杜鹏、王雪辉，2016，《“医养结合”与健康养老服务体系建设》，《兰州学刊》第11期。

高矗群、李福仙、张开宁，2018，《破解少数民族地区农村养老服务“供需错位”难题的对策研究》，《云南民族大学学报》（哲学社会科学版）第1期。

耿爱生、曹倩倩，2017，《农村医养结合适度发展：理论依据、现实困境及其消解》，《山东行政学院学报》第3期。

耿爱生、王珂，2016，《英国“医养结合”的经验与启示》，《华东理工大学学报》（社会科学版）第5期。

郭金华，2016，《中国老龄化的全球定位和中国老龄化研究的问题与出路》，《学术研究》第2期。

国务院，2013，《关于加快发展养老服务业的若干意见》。http://www.gov.cn/zwgk/2013-09/13/content_2487704.htm，最后访问日期：2019年11月8日。

国务院办公厅，2011，《关于印发社会养老服务体系建设规划（2011—2015年）的通知》。http://www.gov.cn/zwgk/2011-12/27/content_2030503.htm，最后访问日期：2019年11月8日。

国务院办公厅，2011，《社会养老服务体系建设规划（2011—2015年）》。http://www.gov.cn/zwgk/2011-12/27/content_2030503.htm。

国务院办公厅，2013，《关于促进健康服务业发展的若干意见》。http://www.gov.cn/zhengce/content/2013-10/18/content_6067.

htm，最后访问日期：2019年11月8日。

国务院办公厅，2015，《关于印发全国医疗卫生服务体系规划纲要（2015—2020年）的通知》。http://www.gov.cn/zhengce/content/2015-03/30/content_9560.htm，最后访问日期：2019年11月8日。

国务院办公厅，2016，《关于全面放开养老服务市场提升养老服务质量的若干意见》。http://www.gov.cn/zhengce/content/2016-12/23/content_5151747.htm，最后访问日期：2019年11月8日。

国务院办公厅，2017，《关于推进医疗联合体建设和发展的指导意见》。http://www.gov.cn/zhengce/content/2017-04/26/content_5189071.htm，最后访问日期：2019年11月8日。

国务院办公厅，2019，《关于推进养老服务发展的意见》。http://www.gov.cn/zhengce/content/2019-04/16/content_5383270.htm，最后访问日期：2019年11月8日。

国政医管局，《关于印发促进护理服务业改革与发展指导意见的通知》。http://www.nhc.gov.cn/xxgk/pages/viewdocument.jsp，最后访问日期：2019年11月8日。

贺雪峰，2019，《如何应对农村老龄化——关于建立农村互助养老的设想》，《中国农业大学学报》（社会科学版）第3期。

侯建森、张羽，2015，《基于道德风险视角的我国社会医疗保险费用控制研究》，《现代管理科学》第8期。

侯彦宏、苏庆民、蔡秋杰，2019，《中医特色康复优势及发展策略研究》，《中华中医药杂志》第1期。

黄佳豪、孟昉，2014，《“医养结合”养老模式的必要性、困境与对策》，《中国卫生政策研究》第6期。

黄匡时，2014，《中国老年人日常生活照料需求研究》，《人口与社会》第4期。

黄希庭、尹天子，2012，《从自尊的文化差异说起》，《心理科学》第1期。

姜向群、郑研辉，2013，《中国老年人的主要生活来源及其经济保障问题分析》，《人口学刊》第2期。

景天魁，2004，《论底线公平》，《光明日报》8月10日。

景天魁，2012，《创新福利模式　优化社会管理》，《社会学研究》第4期。

孔银焕、王华丽，2018，《乌鲁木齐市医养结合养老模式路径探讨》，《卫生经济研究》第9期。

老龄健康司，2019，《〈关于建立完善老年健康服务体系的指导意见〉政策解读》。http://www.nhc.gov.cn/lljks/s7786/201911/4cbecd7450694416a268a181f9b37e92.shtml。

黎春娴、徐继红，2014，《农村社会资本与我国农村多支柱养老模式的建构》，《理论导刊》第12期。

李长远、张会萍，2018，《包容性发展视角下农村养老服务发展的非均衡性及调适》，《现代经济探讨》第11期。

李长远、张举国，2017，《我国医养结合养老服务的典型模式及优化策略》，《求实》第7期。

李凤月、董申琪，2017，《基于供需视角对上海市医养结合机构的调查分析与对策研究》，《中国卫生事业管理》第9期。

李捷枚，2015，《中国农村养老模式变革研究》，中国劳动社会保障出版社。

李滔、王秀峰，2016，《健康中国的内涵与实现路径》，《卫生经济研究》第1期。

联合国，《联合国老龄化议题——老龄化问题概况》。http://www.un.org/chinese/esa/ageing/introduction.htm。

林恩·G.朱克尔，2008，《制度化在文化延续中的作用》，载沃尔特·W.鲍威尔、保罗·J.迪马吉奥主编《组织分析的新制度主义》，姚伟译，上海人民出版社。

林卡、吕浩然，2016，《四种老龄化理念及其政策蕴意》，《浙江大学学报》（人文社会科学版）第4期。

刘清发、孙瑞玲，2014，《嵌入性视角下的医养结合养老模式初探》，《西北人口》第6期。

刘文、焦佩，2015，《国际视野中的积极老龄化研究》，《中山大学学报》（社会科学版）第1期。

刘晓梅、刘冰冰、成虹波，2019，《农村医养结合运行机制构建研究》，《延边大学学报》（社会科学版）第2期。

刘燕，2018，《西南欠发达地区农村老年人对医养问题的认知与需求分析》，《西北人口》第5期。

刘一伟，2016，《互补还是替代："社会养老"与"家庭养老"——基于城乡差异的分析视角》，《公共管理学报》第4期。

陆益龙，2016，《后乡土性：理解乡村社会变迁的一个理论框架》，《人文杂志》第11期。

陆益龙，2017，《后乡土中国的自力养老及其限度——皖东T村经验引发的思考》，《南京农业大学学报》（社会科学版）第1期。

吕琦、任晓雅，2019，《"医养结合"养老模式的必要性、困境与对策分析》，《劳动保障世界》第5期。

马丽丽、陈娜、汤少梁，2016，《医养结合养老机构养老服务发展政策研究》，《医学与社会》第4期。

毛一敬，2021，《重建社会交往：农村老年人精神慰藉的组织化实践路径》，《东北大学学报》（社会科学版）第5期。

穆光宗，2004，《老龄人口的精神赡养问题》，《中国人民大学学报》第4期。

彭华民，2011，《中国组合式普惠型社会福利制度的构建》，《学术月刊》第10期。

彭华民、黄叶青，2006，《福利多元主义：福利提供从国家到多元部门的转型》，《南开学报》（哲学社会科学版）第6期。

秦永超，2015，《福祉、福利与社会福利的概念内涵及关系辨析》，《河南社会科学》第9期。

全国老龄办，2006，《中国人口老龄化发展趋势预测研究报告》，《中国社会报》2月27日。

荣超等，2018，《基于社会支持与多中心治理理论的失独家庭父母医养结合型养老模式构建研究》，《中国全科医学》第16期。

山东省人民政府，2012，《关于加快社会养老服务体系建设的意见》。http://www.shandong.gov.cn/art/2012/12/24/art_2522_5404.html，最后访问日期：2019年12月5日。

山东省人民政府，2014，《关于加快发展养老服务业的意见》。http://www.shandong.gov.cn/art/2014/6/17/art_10231_14736.html，最后访问日期：2019年12月5日。

山东省人民政府，2017，《关于印发"十三五"山东省老龄事业发展和养老体系建设规划的通知》。http://www.shandong.gov.cn/art/2017/9/13/art_10231_12831.html，最后访问日期：2019年12月5日。

山东省人民政府办公厅，2016，《关于贯彻国办发〔2016〕91号文件全面放开养老服务市场提升养老服务质量的实施意见》。http://www.shandong.gov.cn/art/2017/8/3/art_10231_12771.html，最后访问日期：2019年12月5日。

山东省人民政府办公厅，2016，《关于印发山东省养老服务业转型升级实施方案的通知》。http://www.shandong.gov.cn/art/2016/3/21/art_10231_13544.htm，最后访问日期：2019年12月5日。

山东省人民政府办公厅，2018，《关于支持社区居家养老服务的若干意见》。http://www.shandong.gov.cn/art/2018/3/23/art_10231_13114.html，最后访问日期：2019年12月5日。

世界卫生组织，2000，《建立老年人长期照顾政策的国际共识》。http://www.who.int/publications/list/WHO_HSC_AHE_00_1/zh/。

司明舒等，2020，《青岛市不同医养结合机构老年人服务需求现状及影响因素》，《中国公共卫生》第 4 期。

宋朝利，2015，《社会资本视角下农村空巢老人精神养老问题研究》，硕士学位论文，华中师范大学。

宋吉东，2011，《老龄化背景下老年经济供养研究》，山东经济学院硕士论文。

睢党臣、彭庆超，2016，《“白发浪潮”下我国医养结合养老服务的发展困境与对策研究》，《宁夏社会科学》第 4 期。

隋雨荧、阮云军、吴赛珠，2019，《医养结合养老模式研究进展及我国现状》，《中华保健医学杂志》第 3 期。

孙鹃娟，2015，《中国老年人的婚姻状况与变化趋势——基于第六次人口普查数据的分析》，《人口学刊》第 4 期。

孙蓉，2018，《医养结合视角下养老护理员培训相关研究进展》，《临床医药文献电子杂志》第 13 期。

唐钧、刘蔚玮，2018，《中国老龄化发展的进程和认识误区》，《北京工业大学学报》（社会科学版）第 4 期。

唐莉、韩兹莹、张惠、胡莹，2021，《四川省老年人自尊与身心健康的现状调查》，《中国健康心理学杂志》第 10 期。

同春芬、王珊珊，2016，《关于医养结合的研究综述》，《老龄科学研究》第 7 期。

王浦劬、雷雨若、吕普生，2018，《超越多重博弈的医养结合机制建构论析——我国医养结合型养老模式的困境与出路》，《国家行政学院学报》第 2 期。

王素英、张作森、孙文灿，2013，《医养结合的模式与路径——关于推进医疗卫生与养老服务相结合的调研报告》，《社会福利》第 12 期。

王彦斌，2017，《欠发达地区农村医养结合养老服务体系构建》，《探索》第 6 期。

王彦斌、许卫高，2014，《老龄化、社会资本与积极老龄化》，《江苏行政学院学报》第 3 期。

王彦斌、杨学明，2018，《农村家庭养老责任人的制度支持要素及其功能》，《中国农业大学学报》（社会科学版）第6期。

王彦斌、袁青欢，2021，《资源配置、底线公平与欠发达地区农村医养结合——基于福利多元主义导向的反思》，《贵州社会科学》第2期。

王媛媛，2018，《“医养结合”与健康养老服务体系建设》，《学理论》第9期。

王昭茜、翟绍果，2018，《老年人精神健康的需求意愿、影响因素及社会支持研究》，《西北人口》第5期。

温兴祥、文凤、叶林祥，2017，《社会资本对农村中老年人精神健康的影响——基于CHARLS数据的实证研究》，《中国农村观察》第4期。

W. 理查德·斯科特，2010，《制度与组织》，姚伟、王黎芳译，人民大学出版社。

翁嘉英、杨国枢、许燕，2009，《华人多元自尊的概念分析与量表构建》，载杨国枢、陆洛编《中国人的自我：心理学的分析》，重庆大学出版社。

邬沧萍，2013，《积极应对人口老龄化理论诠释》，《老龄科学研究》第1期。

习近平，2017，《决胜全面建成小康社会　夺取新时代中国特色社会主义伟大胜利——在中国共产党第十九次全国代表大会上的报告》，人民出版社。

席杨娟、张文光、李晓俞、王巧倩、杨素云，2019，《医养结合模式下护理专业人才的现状分析》，《护理研究》第9期。

肖云芳、杨小丽，2017，《论医养结合模式下的过度医疗》，《医学与哲学》第11期。

徐广浩、李传实、崔瑞兰，2018，《农村医养结合养老模式存在的问题及对策》，《医学与社会》第9期。

徐宏、江伊诺，2017，《老年残疾人“医养结合”养老服务模式的实践困境与出路》，《湖南科技大学学报》（社会科学版）第3期。

徐洁、李树茁，2014，《生命历程视角下女性老年人健康劣势及累积机制分析》，《西安交通大学学报》（社会科学版）第4期。

X省人民政府办公厅，《关于全面放开养老服务市场提升养老服务质量的实施意见》。

X省人民政府办公厅，《关于印发X省进一步扩大旅游文化体育健康养老教育培训等领域消费实施方案的通知》。

X省人民政府办公厅，《转发省卫生计生委等部门关于推进医疗卫生与养老服务相结合实施意见的通知》。

杨翠迎、鲁於，2018，《医疗嵌入型医养结合服务的行为逻辑与实践经验——基于上海市六个区的调查分析》，《云南民族大学学报》（哲学社会科学版）第6期。

叶敬忠、贺聪志，2009，《农村劳动力外出务工对留守老人经济供养的影响研究》，《人口研究》第4期。

于长永、代志明、马瑞丽，2017，《现实与预期：农村家庭养老弱化的实证分析》，《中国农村观察》第2期。

于卫华、林丹、陈雪羚，2013，《医养结合型长期照护的研究现状》，《中国护理管理》第4期。

Y省人民政府办公厅，《关于印发Y省养老与健康服务业发展规划（2015—2020年）的通知》。

Y省人民政府办公厅，《转发省卫生计生委等部门关于加快推进医疗卫生与养老服务相结合实施意见的通知》。

Y省人民政府，《关于加快发展养老服务业的实施意见》。

Y省人民政府，《关于印发促进健康服务业发展实施方案的通知》。

翟绍果、袁晔，2017，《老年人精神需求、精神保障与精神福利：一个文献综述》，《老龄科学研究》第7期。

翟振武、陈佳鞠、李龙，2016，《中国人口老龄化的大趋势、新特点及相应养老政策》，《山东大学学报》（哲学社会科学版）第

3 期。

张彩、严运楼，2019，《PPP 模式下医养结合项目研究——基于社会交换理论》，《卫生经济研究》第 8 期。

张立龙，2015，《福利国家长期照护制度及对中国的启示》，《社会保障研究》第 6 期。

张琼月等，2019，《基于多中心管理的“焦点”连接医养结合机构养老模式研究》，《护理研究》第 8 期。

张燕等，2018，《医养结合模式下老年科分级护理服务内容和床护比的研究》，《中国医学创新》第 124 期。

赵晓芳，2014，《健康老龄化背景下“医养结合”养老服务方式研究》，《兰州学刊》第 9 期。

中国城乡居民基本医疗保险（新农合）信息平台。2017，https://www.xnh.org.cn/。

中国老龄科学研究中心课题组，2011，《全国城乡失能老年人状况研究》，《残疾人研究》第 2 期。

中华人民共和国国家统计局，2011，《第六次全国人口普查汇总数据》。http://www.stats.gov.cn/tjsj/pcsj/rkpc/6rp/indexch.htm。

中华人民共和国国家统计局，《国家数据》。http://data.stats.gov.cn/tablequery.htm？code = AD03。

中华人民共和国人力资源和社会保障部，2016，《中共中央印发〈“健康中国 2030”规划纲要〉》。http://www.mohrss.gov.cn/SYrlzyhshbzb/zwgk/ghcw/ghjh/201612/t20161230_263500.html。

周坚、邓绮琳，2019，《医养结合养老服务“供需错配”问题研究》，《卫生经济研究》第 10 期。

周玲玲、段鑫鑫，2017，《农村家庭养老经济供养状况及影响因素——基于山东省阳谷县 Z 镇的调查》，《贵州社会科学》第 10 期。

周文娟、潘正琼、陈江芸，2018，《湖北省医养结合机构护养人员培训现状调查》，《医学与社会》第 12 期。

周晓丽、焦艳会、王冲，2019，《西安市养老机构医养结合服务体系存在的问题及对策》，《中国老年学杂志》第5期。

周颖颖、薛兴利，2016，《医养结合养老模式研究综述》，《合作经济与科技》第10期。

朱碧波，2018，《美好生活：边疆社会的愿景想望与行进路径》，《中央民族大学学报》（哲学社会科学版）第3期。

朱凤梅、苗子强，2018，《老龄化背景下医养结合的内涵、现状及其困境》，《中国卫生经济》第3期。

朱震宇、李放，2018，《医养结合养老服务满意度及其影响因素》，《中国老年学杂志》第23期。

朱志伟，2017，《医养结合养老体系的构建性研究——以发展型社会政策的分析视角》，《医学与哲学》第10期。

邹波，2017，《中国老龄化的现状与积极应对》，《社会政策研究》第5期。

Alaszewski A., J. Baldock, J. Billings, K. Coxon, and J. Twigg. 2003. *Providing Integrated Health and Social Care for Older Persons in the United Kingdom.* Canterbury: University of Kent.

Andersson G., and Karlberg I. 2000. "Integrated Care for the Elderly." *International Journal of Integrated Care* 1.

Andy Alaszewski, John Baldock, Jenny Billings, Kirstie Coxon, and Julia Twigg. 2003. *Providing Integrated Health and Social Care for Older Persons in the United Kingdom.* Centre for Health Services Studies University of Kent at Canterbury UK.

Bath P. A., and Deeg D. 2005. "Social Engagement and Health Outcomes Among Older People: Introduction to A Special Section." *European Journal of Ageing* 1.

Billings J. R., A. M. Alaszewski, and K. Coxon. 2004. "Towards Integrated Health and Social Care for Older People: A European Review." *Journal of Integrated Care* 12.

Campbell, John Creighton, and N. IKegarni. 2003. "Japan's Radical Reform of Long-term Care." *Social Policy & Administration* 1.

Eileen Griffin, and J. D. Andrew Coburn. 2003. "Integrated Care for Older Adults in Rural Communities." *Maine Rural Health Research Cente* 5.

Fisher M. P., and C. Elnitsky. 2012. "Health and Social Services Integration: A Review of Concepts and Models." *Social Work in Public Health* 5.

Frank C., and Wilson C. R. 2015. "Models of Primary Care for Frail Patients." *Canad Family Physican Med De Famille Canad* 7.

Goodwin N., and J. Smith. 2011. *The Evidence Base for Integrated Care.* London: The King's Fund and the Nuffield Trust.

Griffin E., and J. D. A. Coburn. 2014. "Integrated Care for Older Adults in Rural Communities." *Research & Policy Brief* 5.

J. M. Li, X. L. Han, X. X. Zhang and S. X. Wang. 2019. "Spatiotemporal Evolution of Global Population Ageing from 1960 to 2017." *BMC Public Health* 19.

Leichsenring K., and A. M. Alaszewski. 2004. "Providing Integrated Health and Social Care for Older Persons: A European Overview of Issues at Stake." *International Journal of Integrated Care* 4.

Leichsenring K., and A. M. Alaszewski. 2004. *Providing Integrated Health and Social Care for Older Persons. A European Overview of Issues at Stake.* Igitur Publishing and Arching Services.

MacAdam M. 2008. *Frameworks of Integrated Care for the Elderly: A Systematic Review.* Ontario: Canadian Policy Research Networks Inc.

M. Powell Lawton and Elaine M. Brody. 1969. "Assessment of Older People: Self – maintaining and Instrumental Activities of Daily Living." *Gerontologist* 9.

PwC Australia. 2013. *Strategic Framework for Integrated Care of the Ol-*

der Person with Complex Health Needs. Sydney: Agency for Clinical Innovation.

Reed J. , G. Cook, S. Childs, and B. McCormack. 2005. "A literature Review to Explore Integrated Care for Older People." *International Journal of Integrated Care* 5.

Rowe J. W. , and R. L. Kahn. 1987. "Human Aging: Usual and Successful." *Science* 237.

Triantafillou J. 2004. *Integrating Services for Older People: A Resource Book for Managers*. Clonskeagh: European Health Management Association.

Watson J. 2012. *Integrating Health and Social Care from an International Perspective*. London: The International Longevity Centre – UK.

WHO. 2016. *World Report on Ageing and Health*. Geneva: WHO Press.

Wieland D. , and R. Boland. 2001. "Correction, Hospitalization in the Program of All – inclusive Care for the Elderly." *American Geriatrics Society* 6.

Yi Cai, Yali Yang, Ping Guo. 2014. "Helpless Dependents or Active Independence: A Cluster Analysis of Elders in China." *Social Indications Research* 119.

其他资料来源:

《D县养老服务业工作调查报告》《得石镇得石社区困难老人需求调查情况》《草场村农村养老统计情况》、《D县农村敬老院情况调研报告》《D县撒莲镇禹王宫社区60岁以上老人服务需求情况报告》《湾丘彝族乡60岁以上老人服务需求情况报告》《攀莲镇失能、空巢等老年人需求调查说明》《新山乡农村养老情况》《垭口社区老年人需求情况调查报告》《政府工作报告——2017年2月24日在A县第十七届人民代表大会第一次会议上》《B彝族傣族自治县二〇一六年国民经济和社会发展统计公报》《D县2016年国民经济和社会发展统计公报》《咬定目标创新实干努力建设实力、生态、和谐、幸福——解读C区2017年政府工作报告》《B县2016年12月份城乡居家养老服务中心项目建设进度月报表》《G县人民政府关于支持养老服务业发展的实施意见》。

附录1　农村医养结合养老服务调查问卷

问卷编号__________　调查地__________　调查村寨__________

农村医养结合养老服务调查问卷

大爹□/大妈□：

您好！

为了解农村老年人养老的现实状况和老年人对医疗和养老的愿望，帮助国家和政府在这些方面做的事情对老年人更好，耽误您几分钟的时间，请您告诉我们以下一些实际情况和您的想法。问题的答案没有对错之分，请您将自己的真实情况和想法告诉我们，我们不会把您的回答告诉其他人的！

非常感谢您的支持与合作！

请调查员尽可能放慢语速，如有必要请大声陈述。在答案前的数字上画“○”，若有补充或说明，将相应内容填写在横线上。请按照题目顺序逐一填写，以免遗漏。

国家社科基金项目“农村医养结合
养老服务研究”项目组

2016年12月

调查开始时间： □□年□□月□□日□□时□□分

1. 您是哪年出生的？________
2. 您是哪个民族的？________族
3. 您读过几年书？
   ①没上过学　②小学　③初中
   ④高中/技校/中专　⑤大专　⑥大学及以上
4. 您信哪样教？
   ①鬼　②耶稣/上帝　③佛教
   ④神仙　⑤真主　⑥不信教
   ⑦其他________
5. 您的婚姻状况：
   ①没结过婚（**●直接问第12题**）　②已婚，老伴健在
   ③离异，未再婚　④丧偶，未再婚　⑤其他________
6. 您有几个儿女（目前健在）？
   ①无儿无女（**●直接问第13题**）
   ②________个　其中，儿子________个，姑娘________个。
7. 您现在和哪个住在一起？（**●不和儿女同住的直接问第12题**）
   ①和老伴住在一起
   ②和儿女住在一起（**●直接问第8题**）
   ③和老伴与儿女住在一起（**●直接问第9题**）
   ④一个人住（**●直接问第10题**）
   ⑤养（敬）老院　⑥其他________

8. 您（丧偶或离异）与儿女一起居住的情况：

①住在儿子家

②住在姑娘家

③轮流住在儿子/姑娘/儿女家

9. 您和老伴与儿女一起居住的情况：

①与老伴一起住在儿子家

②与老伴一起住在姑娘家

③与老伴轮流住儿子/姑娘/儿女家

④与老伴分开，分别住在儿子/姑娘/儿女家

10. 您和儿女住的地方有多远？

①同一栋房子（**●请直接回答第11题**）

②同一个村委会

③同一个乡镇，不同村委会

④同一个县，不同乡镇

⑤其他________

11. 您（或您与老伴）是否有独立的一间住房？（**●仅问与儿女同住一栋房子的**）

①有　　②没有

12. 您为哪样一个人住？

①无儿无女

②生活能自理，不想麻烦儿女

③儿女家住房条件有限，生活不方便

④和儿女关系不好

⑤儿女外出打工/工作，不在家

⑥喜欢自己一个人住

⑦其他________

13. 您自己目前的生活自理情况？

（1）洗菜煮饭

①没困难　　②说不清　　③困难

（2）洗衣服、打扫卫生

①没困难　　②说不清　　③困难

（3）上厕所

①没困难　　②说不清　　③困难

（4）上下床

①没困难　　②说不清　　③困难

（5）穿衣服

①没困难　　②说不清　　③困难

（6）洗澡

①没困难　　②说不清　　③困难

（7）吃饭

①没困难　　②说不清　　③困难

（8）梳头、洗脸、刷牙等

①没困难　　②说不清　　③困难

（9）独自坐车外出

①没困难　　②说不清　　③困难

（10）打电话

①没困难　　②说不清　　③困难

（11）购买日常生活用品

①没困难　　②说不清　　③困难

（12）保管钱物、存取钱、领取养老金等

①没困难　　②说不清　　③困难

（13）独自行走 100 米

①没困难　　②说不清　　③困难

您老伴目前的生活自理情况？

（1）洗菜煮饭

①没困难　　②说不清　　③困难　　④不适用

（2）洗衣服、打扫卫生

①没困难　　②说不清　　③困难　　④不适用

(3) 上厕所

①没困难　　②说不清　　③困难　　④不适用

(4) 上下床

①没困难　　②说不清　　③困难　　④不适用

(5) 穿衣服

①没困难　　②说不清　　③困难　　④不适用

(6) 洗澡

①没困难　　②说不清　　③困难　　④不适用

(7) 吃饭

①没困难　　②说不清　　③困难　　④不适用

(8) 梳头、洗脸、刷牙等

①没困难　　②说不清　　③困难　　④不适用

(9) 独自坐车外出

①没困难　　②说不清　　③困难　　④不适用

(10) 打电话

①没困难　　②说不清　　③困难　　④不适用

(11) 购买日常生活用品

①没困难　　②说不清　　③困难　　④不适用

(12) 保管钱物、存取钱、领取养老金等

①没困难　　②说不清　　③困难　　④不适用

(13) 独自行走100米

①没困难　　②说不清　　③困难　　④不适用

14. 您现在主要做哪些活计?

①种植（种菜、种苞谷、种地、种甘蔗等）

②饲养（养猪、养鸡、放牛、放羊等）

③打零工　　④做手工　　⑤其他

15. 您现在生活的主要经济来源是靠哪样?**（限选三项）**

①务农　　②打工　　③儿女

④亲戚朋友接济　　⑤最低生活补助　　⑥出租房屋/土地

⑦其他机构或组织的赠予或接济

⑧社会保险　　　　⑨做手工/手艺　　　　⑩农业补贴

⑪其他________

16. 您去年一年得到的各种收入大概是多少钱？________元

17. 您觉得自己去年得到的收入和村寨里的其他人相比处于哪种情况？

①偏高　　　　②中等偏上　　　　③不高不低

④中等偏下　　　　⑤偏低

18. 您上个月的生活开支是多少钱？________元

19. 您每个月的开支主要用在哪些方面？**（限选二项）**

①日常生活（衣食住行等）

②医疗卫生（瞧病、住院、买药等）

③补贴儿女

④孙子女的零花钱

⑤人情往来　　　　⑥其他________

20. 您去年一年存下多少钱？________元

21. 您是否担心自己的养老问题？

①不担心**（●直接问第 22 题）**

②担心**（●直接问第 23 题）**

22. 您为什么不担心自己的养老问题？**（限选二项）**

①儿女多　　　　②儿女孝顺

③自己的收入足够，可以自己养老

④村寨有专门规定，同宗同族的人会给自己养老的

⑤民族/宗教信仰/教义让儿女不敢不给老人养老

⑥儿女不赡养老人，会被别人戳脊梁骨

⑦政府会管　　　　⑧其他________

23. 您主要担心的养老问题是哪些？**（限选二项）**

①没人愿意赡养　　　　②没经济收入

③在家庭/家族里没地位/威望

④无事可做　　　　⑤没心理安慰

⑥在家庭/家族里没用

⑦其他________

24. 您所在的村寨是否有专门的关于尊老、敬老、养老的规定等？

①有　　　　　　　②没有（**●直接问第26题**）

25. 您觉得这些尊老、敬老、养老的规定还有哪些需要改进的地方？（**限选二项**）

①应该组织村寨里的所有人集体学习

②在显眼的地方宣传

③内容不能太空洞

④内容太老，应该重新写

⑤村干部等要带头落实

⑥应该写清惩罚措施

⑦其他________

26. 您所在的村寨是否有专门的关于尊老、敬老、养老的活动？

①有　　　　　　　②没有（**●直接问第30题**）

27. 这些尊老、敬老、养老的活动一般在什么时候做？（**限选二项**）

①民族节日（如开门节、关门节、泼水节、祭龙、火把节等）

②九九重阳节

③不定期

④没有固定时间和节日，但日常生活中都在做

⑤其他________

28. 这些尊老、敬老、养老的活动一般在哪里做？（**限选二项**）

①家里　　　　　　②佛寺等宗教场所

③公房　　　　　　④村寨/社区

⑤乡镇　　　　　　⑥县上

⑦其他________

29. 您是否满意这些尊老、敬老、养老活动？

①满意　　　　　　②一般　　　　　　③不满意

30. 如果有可能，您愿意选择哪种方式来养老？

①自己存钱养老　　②儿女来养老

③政府帮助，儿女来养老

④进养老机构（如养老院、敬老院等）

⑤购买商业保险养老

⑥其他________

31. 您是否愿意进养老院/敬老院养老？

①愿意　　②不愿意（**●直接问第 34 题**）

32. 在哪样情况下您愿意到养老院/敬老院养老？

①生活不能自理　　②子女不愿意赡养

③经济能够承受　　④老伴去世

⑤其他________

33. 如果到养老院/敬老院养老，您认为每个月交多少钱比较合适？

________元

34. 您不愿意到养老院/敬老院养老的原因是哪样？（**限选三项**）

①怕没有面子，被别人说闲话

②怕儿女不同意　　③没钱

④养老院条件不好

⑤待在养老院不自由

⑥思想观念接受不了

⑦收费不合理

⑧养老院服务人员少，素质不高

⑨其他________

35. 如果村寨有幸福院/居家养老服务中心等日间养老服务机构，您希望它能为您的养老生活做些什么？（**限选三项**）

①午餐/晚餐

②娱乐设施及场地（电视、棋牌室、乐器、广场舞场地等）

③体检、医疗、卫生、康复等医疗卫生服务

④紧急医疗救援

⑤有专门的人陪您家说话

⑥教您家新的生活技能（打电话、存取钱、打牌、跳舞等）

⑦组织宗教活动（念经、抄经、讲经、烧香等）

⑧家庭服务

⑨其他________

36. 如果幸福院/居家养老服务中心等能为您提供家庭服务，您需要哪些方面的服务？**（限选二项）**

①买菜、煮饭　　②打扫卫生　　③洗澡

④洗衣服　　⑤买药　　⑥买日常生活用品

⑦其他________

37. 如果幸福院/居家养老服务中心等能为您家提供您想要的服务，您认为每个月交多少钱是比较合适的？________元 **（无儿无女的跳问第42题）**

38. 赡养您的儿女现在咯外出打工/工作？

①是　　②否 **（●直接问第42题）**

39. 儿女打工/工作的地点在哪里？

①家附近　　②镇上　　③县上

④市上　　⑤省上　　⑥省外

40. 外出打工/工作的儿女多长时间回家一次？

①每天都回　　②每个星期1～2次　③每个月1～2次

④半年1～2次　　⑤一年1～2次　　⑥不定期

41. 儿女和您多久联系一次 **（亲自来看望或打电话联系）**？

①每天都来　　②每个星期3次以上　③每个星期2～3次

④每个星期1次　　⑤每月3次以上　　⑥每月2～3次

⑦每月1次

⑧近三个月儿女都没有亲自来看望或打电话联系

42. 您需要儿女/其他人为您提供以下哪些生活照料？**（限选三项）**

①买菜、煮饭　　②打扫卫生　　③洗衣服

④洗澡　　⑤修理房屋　　⑥修理电器

⑦外出　　⑧上厕所　　⑨购买生活用品

⑩其他________

43. 您参加了以下哪些保险？**（可多选）**

①新型农村社会养老保险

②新型农村合作医疗

③失地农民养老保险

④商业保险　　⑤一样都没参加 **（●直接问第 44 题）**

⑥其他________

44. 您为哪样没有参加上面的保险？**（限选二项）**

①不信任　　②不理解相关政策

③保障力度小　　④保险赔付低

⑤没钱参保　　⑥不需要　　⑦其他________

45. 您是否认得新型农村社会养老保险的相关政策（如参保程序、保险金领取等）？

①知道　　②不太了解

③不知道 **（●直接问第 48 题）**

46. 您是否满意新型农村社会养老保险？

①满意 **（●直接问第 48 题）**

②一般 **（●直接问第 48 题）**

③不满意

47. 您不满意新型农村社会养老保险的原因是哪样？**（限选三项）**

①政策太复杂，搞不懂

②政策宣传不到位

③政府监督/管理不够

④每年要交的钱有点多

⑤集体/政府补助太低

⑥每个月可以领取的养老金金额有点少

⑦子女也要参保才能领钱

⑧其他________

48. 平时，您咋个打发空闲时间？**（限选三项）**

①抚养、教育孙子女

②串门

③参加民族/宗教活动

④看电视/看电影/看戏

⑤打麻将/扑克牌

⑥跳舞（跳广场舞、扭秧歌、弹葫芦笙、弹四弦等）

⑦唱戏/唱歌　　⑧读书看报　　⑨种菜/养鸡等

⑩体育锻炼　　⑪其他________

49. 您是否会参加村寨里举办的民族活动？

①每次都会参加　　②偶尔会参加　　③看情况

④不会参加

50. 您参加民族活动的原因是哪样？**（限选二项）**

①因为是村民　　②打发时间　　③寻求心理安慰

④参与村寨事务　　⑤加强与他人的联系和往来

⑥参与公益活动

⑦其他________

51. 您是否会参加村寨举办的宗教活动？

①每次都会参加　　②偶尔会参加　　③看情况

④不会参加

52. 您参加宗教活动的原因是哪样？**（限选二项）**

①信教　　②打发时间　　③寻求心理安慰

④参与村寨事物　　⑤加强与他人的联系和往来

⑥参与公益活动　　⑦其他________

53. 您愿意参加村寨的哪些事情？**（限选二项）**

①参与村寨议事　　②调解邻里/家庭纠纷

③主持/参与祭祀/祭神

④关心下一代

⑤参与村寨公共事务（如修路、挖井、装路灯等）

⑥制定、修改村规民约

⑦村委会选举

⑧其他________

54. 您今年是否接受过健康体检或类似医疗服务？

①有　　②没有（●直接问第57题）

55. 您今年接受的健康体检或类似医疗服务是由哪里组织的？

①乡镇卫生院　　②村卫生所/室

③自己去医院体检　　④其他________

56. 您的体检费用是否是自己出的？

①全部自己出钱　　②自己承担一部分

③免费　　④其他________

57. 经村医认定，您目前患有哪样慢性疾病？（可多选）

①关节炎　　②高血压　　③类风湿

④慢性支气管炎　　⑤颈/腰椎病　　⑥心脏病

⑦肢体残疾　　⑧视力残疾　　⑨听力残疾

⑩其他________

58. 您是否得到过关于慢性病/老年病治疗的相关指导？

①有　　②没有（●直接问第60题）

59. 您得到的关于慢性病/老年病治疗指导是哪些方面的？

①用药　　②饮食　　③锻炼

④生活规律　　⑤其他________

60. 您所在的村寨是否办过健康知识宣传活动？

①有　　②没有（●请直接回答第63题）

61. 您参加健康知识宣传活动的形式？（限选二项）

①健康宣传手册　　②健康宣传栏

③电影/电视/广播等

④集体讲座　　⑤文艺演出

⑥卫生宣传日　　⑦医护人员到所在村寨宣讲

⑧其他________

62. 一般会在哪里办健康知识宣传活动？

①公房　②活动中心

③村子空地（晒谷场等）　④村卫生所

⑤村委会

⑥祠堂/佛寺等祭祀场所

⑦其他________

63. 您一般去哪里瞧病？

①自己买药吃

②找彝医/傣医等懂医术的人

③找师娘婆/神汉等叫魂

④村卫生所/卫生室

⑤乡镇卫生院　⑥县医院

⑦市级/省级医院　⑧硬扛　⑨其他________

64. 您希望村卫生所/室能为您提供哪些服务？**（限选三项）**

①为重病、高龄、失能、部分失能老人提供上门医疗服务（巡诊、测量血压/血糖、送药、代煨药等）

②术后康复指导

③常见病/多发病诊疗

④慢性病管理/指导

⑤代挂号

⑥吃药指导

⑦养生/保健指导

⑧康复指导

⑨医保报销

⑩其他________

65. 您希望乡镇卫生院能为您提供哪些服务？**（限选四项）**

①为重病、高龄、失能、部分失能老人提供上门医疗服务（看病、巡诊等）

②提供家庭病床服务　③家庭医生签约服务

④义诊　　⑤常见病/多发病诊疗/康复
⑥专业陪护/护理　　⑦慢性病防治/管理
⑧康复指导/服务/培训　　⑨提供中医/民族医药服务
⑩养生/保健指导/培训　　⑪健康体检
⑫大病医保报销　　⑬临终关怀
⑭其他________

66. 您觉得村卫生所/室还有哪些地方可以改进？**（限选三项）**

①医术不高　　②服务态度/质量不好
③收费有点高　　④医护人员人手不够
⑤药品少　　⑥没有养生/保健/康复等服务
⑦场地小　　⑧没有中医/民族医药医生
⑨医保报销麻烦　　⑩其他________

67. 您觉得乡镇卫生院还有哪些地方可以改进？**（限选四项）**

①医术不高　　②服务态度/质量不好
③收费有点高　　④医护人员人手不够
⑤没有养生/保健/康复等医疗器械
⑥养生/保健/康复等服务内容太少
⑦场地小　　⑧床位少
⑨离家远　　⑩没有中医/民族医药医生
⑪没有中医/民族医药药房　　⑫很多病看不了
⑬医保报销麻烦　　⑭其他________

68. 最近一年，您是否去过县级以上的大医院瞧过病？

①有 **（●直接问第 70 题）**　　②没有
③没有生过大病 **（●直接问第 70 题）**

69. 最近一年，您没去过县级以上大医院瞧病的原因是哪样？**（限选四项）**

①没钱　　②交通不方便
③无法独自外出瞧病　　④离家远
⑤大医院限制多　　⑥转院/转诊麻烦

⑦人生地不熟　　⑧医生/护士态度不好
⑨住不进去，没有床位　　⑩医疗费用太高
⑪听不懂汉话　　⑫没有人照顾
⑬其他________

70. 最近半年，您吃药/瞧病/住院花了多少钱？________元

71. 您是否能独自吃药？

①能（**●直接问第73题**）

②基本可以（**●直接问第73题**）

③不能

72. 您不能独自吃药的原因是？

①不识字　　②听不懂医生说的话
③看不清吃药说明　　④其他________

73. 当您生病/住院时，主要是谁照顾您？（**限选二项**）

①自己　　②老伴
③儿子/儿媳　　④姑娘/姑爷
⑤孙子女　　⑥亲戚/朋友/邻居
⑦其他________

74. 您生病/住院时，希望得到其他人的哪些照顾？（**限选三项**）

①送饭　　②洗衣服　　③打扫卫生
④洗澡　　⑤穿衣服　　⑥陪护
⑦陪聊天　　⑧拿药/煨药等　　⑨上厕所
⑩其他________

75. 您是否认得新型农村合作医疗的相关政策（如参保程序、报销程序、报销比例等）？

①知道（**●直接问第77题**）

②不太了解（**●直接问第77题**）

③不知道

76. 您认不得新型农村合作医疗相关政策（如参保、报销程序、报销比例等）的原因是哪样？（**限选二项**）

①听不懂　　　　②内容太复杂，搞不懂

③没有学习过相关政策

④跟着别人参保

⑤没时间了解　　　⑥其他________

77. 您是否满意新型农村合作医疗？

①满意（●直接问第 79 题）

②一般（●直接问第 79 题）

③不满意

78. 您不满意新型农村合作医疗的原因是哪样？（限选三项）

①政策太复杂，搞不懂

②政策宣传不到位

③政府监督/管理不够

④每年要交的钱有点多

⑤集体/政府补助太低

⑥报销的比例有点低

⑦报销程序复杂

⑧报销限制多

⑨小病不能报，大病报销范围小

⑩不能在村寨里交费

⑪其他________

79. （1）近一个月以来，您是否会经常觉得生活没意思？

①不会　　　　②一般　　　　③会

（2）近一个月以来，您是否会经常为一些小事担心、害怕？

①不会　　　　②一般　　　　③会

（3）近一个月以来，您是否觉得心情时好时坏，容易发脾气？

①不会　　　　②一般　　　　③会

（4）近一个月以来，您觉得周围的人（包括社会、家庭）对您如何？

①尊重　　　　②一般　　　　③不尊重

（5）您近一个月以来对自己的才华、能力、外貌、身体状况等的综合评价是：

①比一般人好　　②与一般人差不多　③不如其他人

（6）跟村里的其他老人相比，您对目前自己的才能与外貌的评价如何？

①满意　　②一般　　③不满意

（7）您对目前自己在社会、家庭中的地位与人们对您的看法是如何评价的？

①满意　　②一般　　③不满意

（8）近一个月以来，当您需要别人帮助时，他们给您的帮助是哪样情况？**（请逐项问）**

老伴

①总是能得到　　②部分能得到　　③极少或没有

子女或父母

①总是能得到　　②部分能得到　　③极少或没有

亲戚/朋友/邻居

①总是能得到　　②部分能得到　　③极少或没有

家族

①总是能得到　　②部分能得到　　③极少或没有

（9）近一个月来，当下列人员需要您帮助时，您是咋个帮助他们的**（请逐项问）**：

对老伴

①能全力帮助　　②能给予部分帮助

③很少或不能提供帮助

对子女或父母

①能全力帮助　　②能给予部分帮助

③很少或不能提供帮助

对亲戚/朋友/邻居

①能全力帮助　　②能给予部分帮助

③很少或不能提供帮助

(10) 您对近一个月以来从社会、家庭获得的帮助与支持评价如何?

①满意　　②一般　　③不满意

(11) 近一个月来，您心中有苦恼时是否会跟家人说? **(老伴□，共同生活的亲人的关系□)**

①不会　　②有些保留　　③会

(12) 您觉得家里人对您在家里的重要性评价如何?

①满意　　②一般　　③不满意

(13) 和村寨里其他老人相比，您对自身健康总的满意程度是:

①满意　　②一般　　③不满意

(14) 您对自己生活总的满意程度是:

①满意　　②一般　　③不满意

(15) 您怎么评价最近一个月以来您的健康状况?

①好　　②一般　　③不好

调查结束时间:　　**□□年□□月□□日□□时□□分**

调查员: ____________________ **审核员:** ____________________

附录2　访谈提纲

县乡村相关部门座谈会资料收集：

1. 如何借中央“健康中国”和“医养结合意见”战略部署，利用现有社会资源并开发潜在的社会资源投入农村医养结合养老服务事业，促进现有社会医养资源能够真正惠及农村老年人？

2. 农村“留守老人”“失能/半失能老人”“失独老人”多层次社会需要和实际遇到的供给困境。

3. 农村建设医养结合养老服务体系的条件和可能性；农村医养结合体系应当包括哪些组成部分？除去现有的医养机构结合外，可能的具体方式和途径还有哪些？

4. 农村如何突破医养结合养老服务在目前政府体制上的民政、卫生与社保三个部门的不衔接？

5. 农村加速发展医养结合养老体系的政府、市场与社会多主体参与合作的实现途径；怎样看待养老服务市场化这一问题？

6. 构建欠发达农村医养结合体系主要的难点和问题有哪些？如何解决？需要出台哪些政策？

7. 当地农村公共服务体系的情况及现有公共服务体系介入或转入医养结合的可能性，例如计生系统转变和增加职能。政府在养老服务方面的投入现状、今后增加投入的计划。

8. 对于基层服务组织而言，可获得或可利用的社会资源有哪些？利用情况如何？存在哪些主要问题？

9. 如何发挥本地的风俗、文化、民族传统、宗教等对于实现医养结合战略的积极作用？或目前本地的风俗、文化、民族传统、宗教等对医养结合的支持作用存在哪些不足？未来应该从哪些方面着手加强建设？

10. 在欠发达地区地区农村，要实现医养资源的有机整合，在满足老年人需求方面目前所遇到的最主要的困难是哪些？为什么？有没有较好的解决困难的思路和办法？

乡镇及村级相关负责人访谈提纲：

乡镇卫生院：

1. 在预防、治疗、康复、保健、临终关怀等医疗卫生服务内容中，您认为基层医疗机构在老年人养老服务中能够有所作为并能发挥最大价值的是哪些方面？为什么？

2. 基层医疗资源应该如何向老年人群体倾斜？在实施过程中，可通过哪些具体措施或政策实现医养结合的基本目的？

3. 针对空巢老人、失能老人、留守老人等特殊老人群体，农村医疗资源如何实现服务目的和区别化对待？

4. 从医疗机构的角度来说，您认为实现医养结合的目的应该从哪些方面着手？怎样实现医疗资源和养老资源的有机整合？

村卫生室：

1. 在预防、治疗、康复、保健、临终关怀等医疗卫生服务内容中，您认为村卫生所/卫生室在老年人养老服务中能够有所作为并能发挥最大价值的是哪些方面？为什么？

2. 针对村子里空巢老人、失能老人、留守老人等特殊老人群体，您认为村卫生所/卫生室能为他们做些什么？

3. 您在服务老年人群体的过程中所遇到的最大困难是什么？您认为应该如何来解决这些困难？

乡镇民政部门：

1. 现有的养老资源能否达到保障老年人生活照料、精神慰藉、社会参与等基本目的？如能达到，哪些条件可作为保证？如不能，存在哪些限制因素和困难？

2. 针对空巢老人、失能老人、留守老人等特殊老人群体，农村养老资源如何实现服务目的和区别化对待？

3. 目前，乡镇养老机构所获得的来自政府和社会的支持和帮助主要是哪些方面？

4. 从养老机构的角度来说，您认为实现医养结合的目的应该从哪些方面着手？怎样实现养老资源和医疗资源的有机整合？

乡镇敬老院

1. 在管理敬老院、养老院的过程中，您所遇到的最大困难是哪些方面？您认为有哪些有效的解决办法？

2. 敬老院、养老院所获得的来自政府和社会的支持和帮助主要体现在哪些方面？您认为能解决目前院内老年人的基本需求吗？

乡村村医访谈提纲：

访谈地点：

村医基本信息：（姓名、性别、年龄）

访谈编号： 访谈者：

一、村卫生室基本情况

（一）村卫生室的位置、占地面积、资金来源、人员配备（人数、性别、学历、有职业医师资格的人数）、医务人员培训/进修情况

（二）医务人员配备（人数、性别、学历、有职业医师资格的人数）、医务人员培训/进修情况、设施配备［医用冰箱、观察床、药柜、常用诊疗设备（血压计、听诊器、体温表、出诊箱等）］、常用药品数量

（三）主要的医疗业务

（1）主要医疗服务业务的方式、内容、范围、收付费、考核等情况

（2）村寨老年人参加“新型农村社会养老保险”的基本情况（参保人数、人均参保金额、报销比例、领取/发放情况等）

（四）村卫生室公共卫生服务业务开展情况

一般情况

1. 资金拨付情况

2. 为村民建立“居民健康档案”及管理情况

3. 健康教育的主要内容

4. 健康教育的形式

5. 开展健康教育的场所

6. 其他公共卫生服务开展情况

老年人情况

1. 村里老年人主要慢性病病种（请列四种主要的疾病）

2. 老年人慢性病的防治随访情况

3. 村寨老年人死因确认参与情况

二、村医基本信息、现状

1. 您从事村医几年啦？每年的收入是多少钱？由哪几部分组成？是否有养老保险？

2. 你们现在每年要完成的国家规定任务有哪些？现在对村医的考核指标有哪些？

3. 去年有没有参加过相关的培训？是哪里组织的？对您的帮助大吗？

4. 现在村卫生室的诊疗设备、药品数量和医生诊疗水平能达到国家的要求吗？能满足老年人的基本医疗需求吗？

5. 国家每年对村卫生室的各方面支持与投入有哪些？这些支持能够改善目前的诊疗情况吗？

6. 村委会、乡镇卫生院、县级医疗计生办这些机构对村卫生室有支持吗？村卫生室和这些层级之间分别是怎样配合完成工作的？

7. 村卫生室现在主要为老年人提供哪些服务？老年人来看病

的多吗？主要是哪些方面的病种？（提示：常见病还是慢性病）前来看病的老年人的病情是多为慢性病的并发症吗？

8. 村卫生室一般会通过哪些形式为前来看病的老人诊断？主要用哪些方法治疗（开药，打针还是二者结合或是针灸、中医理疗）？

9. 村卫生室给老人看病是否有需要子女陪同的要求（如：必须子女陪同才能给开药、打针）？给老年人开药、打针有没有特别的剂量和用药规定（提示：如每次开药的量）？

10. 老年人来卫生室看病是否有特殊的优惠（如优先看病，报销比例更高等）？

11. 国家在公共卫生方面给老年人的优惠政策有哪些（包括免费体检、慢性病控制、健康档案的建立和管理等）？您觉得这些政策的效果如何？

12. 卫生室给老年人提供的服务会受到现行的哪些政策影响呢？

13. 您觉得村卫生室现在为老年人提供医疗服务过程中存在的困难有哪些？“医养结合”中村卫生室如何更好发挥作用，可以怎么解决？

14. 您觉得村卫生室现在为老年人提供公共卫生服务服务过程中存在的困难有哪些？可以怎么解决？

15. 如果要让村卫生室更好地为老年人服务的话国家需要提供哪些政策的支持？

16. 你们现在的福利待遇怎么样？您对国家提供的这些福利和待遇满意吗？您觉得应该如何才好？

老人访谈提纲：

访谈地点：

老人类型：（普通/空巢/失能、半失能）

问卷编号：　　　　　　　　　　访谈者：

（无特殊提示问题询问普通老人）

1. 请您谈谈现在养老生活吧（每天做些什么，主要是谁在照顾您的日常生活，主要的经济来源是什么？您的收入能满足您的看病需要和生活保障吗？对现在的养老生活您满意吗？）。

2. 是否存在代际照料情况（帮忙照看孙子女）？如果存在，该情况是否有助于老年人获得精神上的慰藉（主要是针对空巢老人）？

3. 您现在经常上哪里看病？方便吗？

4. 您一般是独自去看病还是儿女带您去？儿女不在家的时候自己会去看病吗？

［空巢老人］您通常去看病开药的时候是自己去吗？还是有人陪同？

［失能/半失能老人］如果您生病需要照顾和拿药打针，一般是谁替您做些事情呢（您的病情在通过一定的诊疗后有所好转吗？）？

5. 您现在的老年生活中最担心的问题是什么（提示：经济问题/健康问题/生活空虚？引导具体谈谈）？

6. 您对现在看病拿药还有身体保健有哪些需求，您觉得还有哪些没有满足的？

7. 您的慢性病给您造成的生活困扰有哪些？您最希望国家出台什么政策帮您解决这些困难（提示：对医养结合机构/日间照料机构的接受程度）？

8. 您生病到什么程度会去看病拿药？（感觉稍有不适还是严重才会去？）您现在觉得看病的过程有哪些难处（提示：路远，没有人陪同、看病太贵）？

9. 您知道现在国家提供的对老年人的优惠政策有哪些吗？您怎样评价这样政策？

10. 您对看过病的地方（村卫生室/乡镇卫生院/县级医院）服务水平满意吗？还有哪些你觉得做得不好的地方？

11. 本地在养老方面做了哪些事情（设施、规定、活动等）？这些事情您满意吗？

12. 当地有没有宗族？如果有宗族，是否有宗族组织？该组织对老年人养老（包括赡养人）是否有一些相关规定或共识？老人是否能从中得到物质帮助和精神慰藉？

13. 当地的俗语、节庆、（宗教、民间）信仰中是否有关于养老的流传与规定？尤其是追问宗教信仰是否对于养老行为有规束作用。

14. 村庄中老年人自身的地位如何？是否能得到村里人的尊重？（均包括被访者自身）如果尊重追问这种尊重源自何处，是亲缘、宗族关系，还是自身威望，近几年是否存在变化？

附录3　综合资料收集

县级：

一、县级人社局

1. 农村老年人的养老保险、医疗保险及其他方面的社会保障事业发展的基本情况。

2. 农村老年人养老保险的发展规划、基本政策、改革方案、相关标准的制定、执行、管理情况。

3. 农村老年人医疗保险的发展规划、基本政策、改革方案、相关标准的制定、执行、管理情况。

4. 本县级城镇居民养老服务格局（老年人由家庭自我照顾，社会化居家养老服务、机构养老服务各自所占的比例）具体情况。

5. 对农村养老服务有无经费补贴，如有，是否有实施细则？补贴项目、标准及承担比例怎样？

二、县级卫生局

1. 辖区内乡镇卫生院的基本情况：医务人员配备（人数、性别、学历、有职业医师资格的人数）、医务人员培训/进修情况、设施配备、常用药品数量。

2. 辖区内村卫生所的基本建设情况：卫生所医务人员配备（人数、性别、学历、有职业医师资格的人数）、医务人员培训/进修情况、设施配备［医用冰箱、观察床、药柜、常用诊疗设备（血压计、听诊器、体温表、出诊箱等）］、常用药品数量、村医的管理、考核及福利待遇等。

3. 公共卫生服务的开展情况及经费开支。

4. 福利院/敬老院卫生医疗服务及费用报销等。

5. 当地社会办养老机构和医疗机构的情况（机构数、规模和从业人员）。

6. 政府在老年人医疗服务方面的投入现状、今后增加投入的计划等。

7. 卫计委是否出台过有关城乡老龄人口居家养老服务工作的相关政策？具体有哪些措施？

三、县级民政局

1. 全县老龄工作的基本概况（老龄人口基本情况、老龄社团、老龄活动、老龄工作/内容/组织等）以及“十二五”老龄工作总结和规划，“十三五”老龄工作规划。

2. 老龄政策宣传、教育情况。

3. 老年服务设施（如老年医院、社会福利院、敬老院、老年公寓、老年活动中心等）的建设、经费投入、运营情况。

4. 老年人的优待、救助、维权与服务等情况。

5. 老年活动组织/开展情况（内容、频率、组织、时间、用品/设施配备等）。

6. 老体协、老协等组织的基本情况（组织名称、组织的活动范围/活动开展/内容/管理、负责人的产生方式/报酬/管理、入会会员/人数/性别比例/年龄分布、经费来源、人员构成等）。

7. 全县在农村居民养老服务方面的财政投入是多少？整合了哪些资源，有无规范性文件？落实情况如何？

8. 对加快全县农村居民养老服务工作有何想法？有何意见建议？

乡镇级：

一、（填写）________________乡镇养老、福利机构

1. 日间照料中心/“农村幸福院”/居家养老服务中心/敬老

院/老年公寓等养老服务机构的设施、服务配备情况

（1）名称及数量

（2）建筑占地面积

（3）建设经费来源、资金配备/到位情况

（4）服务人员的人数、来源

（5）设计容纳的人数/床位

（6）主要的服务内容

（7）养老机构的运营情况（收费、人员组织、老年人入住情况等）

二、（填写）________________乡镇老年协会（老体协）

1. 辖区内老年协会基本情况［有无专用场所、有无专人负责、基本配置（如桌椅、娱乐/文化用品等）、活动经费来源、经常举办的活动、老协负责人的基本情况/组成/酬劳及来源］

2. 会员情况（人数、性别比例、年龄分布）

3. 活动组织/开展情况（内容、频率、组织、时间）

4. 老年人殡葬

5. 其他情况

三、（填写）________________乡镇老龄办公室

1. 基本情况［有无专用场所、有无专人负责、基本配置（如桌椅、娱乐/文化用品等）、活动经费来源、经常举办的活动、老协负责人的基本情况/组成/酬劳及来源］

2. 会员情况（人数、性别比例、年龄分布）

3. 活动组织/开展情况（内容、频率、组织、时间）

四、（填写）________________乡镇卫生院

1. 基本情况：工作用房面积、编制床位数/实有开放床位数、职工总数、医务人员配备（人数、学历、性别、专业、有执业/助理医师资格的人数）、医务人员培训/进修情况、设施配备［医用冰箱、观察床、药柜、常用诊疗设备（血压计、听诊器、体温表、出诊箱等）］、常用药品数量

2. 主要的医疗业务

（1）主要医疗服务业务的方式、内容、范围、收付费、考核等情况。

（2）乡镇老年人参加“新型农村社会养老保险”（城乡居民养老保险）的基本情况（参保人数、人均参保金额、报销比例、领取/发放情况等）。

（3）有无建立“家庭医生签约服务”？如有，签约方式、服务人群、方式、内容、收付费、考核、激励等。

3. 公共卫生服务

（1）为乡镇居民建立“居民健康档案”及管理情况（老年人健康档案建档情况）。

（2）开展健康知识宣传活动的形式、地点、内容等。

（3）老年慢性病（高血压、糖尿病）管理情况。

（4）乡镇老年村民其他常见病和多发病的名称、种类等。

4. 基本医疗服务

（1）开展哪些常见病、多发病诊治服务？医疗业务收入情况。

（2）开展老年病、康复医学服务情况。

（3）对村卫生室的管理和培训的情况。

（4）辖区居民首诊在基层的情况。

5. 卫生院管理

（1）是否实行了“县乡一体化”管理？

（2）是否实行“收支两条线”管理？医务人员薪酬情况。

（3）医务人员的收入是否与医疗业务收入挂钩？

（4）开展老年人医疗服务的最大困难是什么？

6. 中医、民族医药使用情况

（1）基本情况：中医/民族医药医务人员配备（人数、性别、学历、有职业医师资格的人数）、医务人员培训/进修情况。

（2）设施药品情况：设施/器械配备（中药药柜、针灸用具、拔火罐等及中医器械）、常用药品及数量。

7. 乡镇居民死因监督协管（老年人）

五、（填写）__________________乡镇/民政部门

1. 社区救助（五保户、低保老人）和贫困医疗救助的情况。

2. 老龄工作（老龄人口基本情况、老龄社团、老龄活动、老龄工作/内容/组织等）。

3. 老龄政策宣传、教育情况。

4. 辖区内养老院/敬老院的建设、运营情况。

六、县/乡镇医保办公室

1. 目前农村居民基本医疗保险（新农合）的情况（参保率、保障水平、筹资情况、各级报销比例、门诊和住院报销比例）。

2. 大病保险和商业保险的情况。

3. 老年病、康复治疗纳入医保报销的情况。

村级：

1. 村委会基本情况［历史、地理位置、自然环境、行政归属/行政设置、人口情况（村寨人口基本情况、60岁以上老年人人数、性别比例等）、经济收入、附近是否有工矿企业等］。

2. 村委会的“农村幸福院”、养老院、敬老院等养老机构的设施、服务配备情况

（1）级别

（2）建筑占地面积

（3）建设经费来源、资金配备/到位情况

（4）服务人员的人数、来源

（5）设计容纳的人数/床位

（6）养老机构的运营情况（收费、活动开展、人员组织、老年人入住情况等）

3. 村寨老年人参保的基本情况

（1）村寨老年人参加“新型农村社会养老保险”的基本情况（参保人数、人均参保金额、报销比例、领取/发放情况等）。

(2) 村寨老年人参加“新型农村合作医疗”的基本情况（参保人数、人均参保金额、领取/发放情况等）。

(3) 村寨老年人领取“高龄补贴”的基本情况（人数、领取/发放等情况）。

(4) 村寨老年人参加“失地农民养老保险”的基本情况（人数、领取/发放等情况）。

(5) 村寨老年人领取“农村最低生活保障”的基本情况（人数、领取/发放等情况）。

后 记

本书的研究源于本人承担的国家社会科学基金资助项目“欠发达地区农村医养结合养老服务体系研究”。项目立项伊始，项目组成员即开始努力认真工作，做了大量的外围调查研究、方法探讨和理论探讨。

特别需要一提的是本研究的动因，五六年前，国家颁布了系列关于机构医养结合改善老年人健康状况的政策，我和昆明医科大学张开宁教授结合我们在中国欠发达地区农村的大量观察经验开始讨论这样的问题：欠发达地区农村的医养结合究竟应该如何做？尽管国家发布了机构医养结合的相关政策，但是在农村尤其是在欠发达地区的农村实现这种机构式的医养结合存在很多困难，这是必须解决的问题。这个问题促使我做了多方面的思考。

在本项目申请立项前期，昆明医科大学张开宁教授和张瑞宏教授、云南中医药大学赵晓荣研究员和高矗群讲师通过直接讨论和电子邮件沟通等方式使这项研究的申请书得以完善，并最终立项。项目申请下来后，为保证他们的精力不至于因为承担本项目繁重辛苦的实地调查和写作工作而受到太多影响，也为了使我的博士生得到更好的锻炼，项目组成员进行了更为细致的分工，分成了专家组、调查组和撰写组。专家组由张开宁、张瑞宏、赵晓荣和高矗群组成，他们承担完善思路的工作；调查组由我的所有在读硕士生和博士生组成，他们承担到各个调查地实施调查的艰苦任务以及对资料整理分析后的书稿撰写工作；撰写组则全部由我的已毕业或在读的博士生（他们都全程参与了实地调查的工作）

组成。

自本项目启动后，专家组、调查组和撰写组人员就按照研究计划、内容分工扎实地推进项目研究，定期召开项目研究成果汇报，调整方向进度。从 2016 年 7 月到 2019 年 7 月，项目课题组先后多次在云南省和四川省多地进行实地调查（其中云南省健康与发展研究会的熊源发秘书长直接参与了四川省的调查，并提出了许多有价值的研究建议），调查方法包括问卷调查、焦点小组访谈、个案访谈等。这个项目的调查人员，除下面提到的书稿撰写者之外，还有我当时的博士生崔璨，以及硕士生徐鸿望、杨学明、喻兴琼、郝艳红、孙美苏、唐显均、王紫盈。

中国的欠发达地区农村地域广阔，由于经费有限，为获得更为深入的研究结论，这项研究选择了一个具有典型性的中国西南部连片地区，调查地点选择范围相对集中，得出的结论可能在某种程度上难以具有代表性，无法推论中国整体的欠发达地区农村。但它确实是我们在三年的研究时间中与那些急需医养结合养老服务的欠发达地区农村老年人，以及直接或是间接服务于这些老年人的各类相关工作人员接触过程中获得的感性体验和理性思考的结果。

值得欣慰的是，这个项目的目的是帮助那些处于艰难中的欠发达地区农村老年人提升养老生命质量，是一项能给农村老年人带来福祉的研究，我们的调查所到之处，都得到了相关地区政府部门、医疗部门、农村两委人员和村医务室人员，以及农村老年人的支持和帮助。感谢云南省民政厅、楚雄州民政局、姚安县民政局和卫健委、大姚县民政局、南华县民政局、南华县五街镇党委、政府和镇卫生院、新平县委县政府、新平县戛洒镇政府和镇卫生院、新平县扬武镇政府和镇卫生院等；感谢四川省卫健委、攀枝花市老龄委、攀枝花市东区政府、攀枝花市仁和区政府、攀枝花市仁和区民政局、平地镇政府和镇卫生院、米易县民政局、米易县普威镇政府和镇卫生院。特别要感谢成都信息工程大学副教授陈锋博士，是他为我们的项目在四川省的调查进行了前期的协调沟通。

作为这项研究的负责人，全书的整体书写大纲思路由我提出，经过项目组成员多次讨论形成目前的书写架构。完成本书各部分具体写作工作的分别是以下成员。绪论：王彦斌；第一章：云南大学滇池学院副教授吕颖博士；第二章：云南大学博士生田雪青；第三章：昆明学院副教授廖峻博士、昆明学院讲师张显丽博士；第四章：云南师范大学讲师盛莉波博士、云南财经大学共青团干部代丽虹；第五章：云南师范大学讲师盛莉波博士；第六章：山西医科大学讲师刘燕博士、共青团瑞丽市委主任科员李涵；第七章：云南大学博士生李超超；第八章：常州工学院讲师袁青欢博士。书稿在写作过程中，盛莉波和袁青欢做了大量的组织协调及审订工作。经过大家的通力合作，书稿终于结笔，全书的统稿工作最后由我完成。

这项研究得以顺利完成，首先应该感谢所有参加项目的各位具名研究者，正是他们对欠发达地区农村老年人养老服务所持的热诚关怀和强烈的责任心以及对工作认真负责的态度，才使得项目顺利结束。同时这项研究的完成也是所有参与者共同努力的结果，其中不仅包括上面提到具体姓名的人员，也包括为这项研究提供各种资料的相关人员，以及涉及本研究的各方支持者和帮助者。感谢大家！

感谢社会科学文献出版社对本书出版的支持，特别是社会科学文献出版社群学分社谢蕊芬社长的支持，她不仅对我们的选题给予了充分肯定，还为这项成果能尽快面世尽可能地提供了帮助。同时要感谢本书的编辑林含笑，她的编辑工作不仅使书中的错误得以纠正，更使本书文字增色不少。一并感谢两位出版工作者！

实际上通过这次深入欠发达地区农村实施的调查，我们还发现了更多的现实情况，在调查中积累了丰富的访谈资料，问卷调查的内容资料尚可以深入挖掘，大量的现场观察更使我们增加了对中国欠发达地区农村的认识，以及对农村医疗卫生发展的思考，只是由于项目研究是有主题的，今后研究还可以对相关资料进行开发，向更深的层次和更广的范围延伸。本书的研究只是起到了抛砖引玉的作用，期待更多的人与我们一道前行，我的联系方式为：wangybxx@126.com。

王彦斌

图书在版编目(CIP)数据

以医促养服务体系构建：基于西南中部农村千名老人调查的探索 / 王彦斌，盛莉波，袁青欢著. -- 北京：社会科学文献出版社，2022.10
（社会政策丛书）
ISBN 978-7-5228-0205-3

Ⅰ.①以… Ⅱ.①王 ②盛… ③袁… Ⅲ.①农村-养老-社会服务-研究-西南地区 Ⅳ.①D669.6

中国版本图书馆 CIP 数据核字（2022）第 099425 号

社会政策丛书
以医促养服务体系构建
——基于西南中部农村千名老人调查的探索

著　　者 / 王彦斌　盛莉波　袁青欢

出 版 人 / 王利民
责任编辑 / 谢蕊芬
文稿编辑 / 林含笑
责任印制 / 王京美

出　　版 / 社会科学文献出版社・群学出版分社（010）59366453
地址：北京市北三环中路甲 29 号院华龙大厦　邮编：100029
网址：www.ssap.com.cn
发　　行 / 社会科学文献出版社（010）59367028
印　　装 / 三河市尚艺印装有限公司

规　　格 / 开 本：787mm×1092mm　1/16
印 张：21.75　字 数：291 千字
版　　次 / 2022 年 10 月第 1 版　2022 年 10 月第 1 次印刷
书　　号 / ISBN 978-7-5228-0205-3
定　　价 / 118.00 元

读者服务电话：4008918866